恐怖の法則

予防原則を超えて

キャス・サンスティーン 著
角松生史・内野美穂 監訳
神戸大学ＥＬＳプログラム 訳

勁草書房

リチャード・セイラーに

LAWS OF FEAR
by Cass R.Sunstein

Japanese translation published by
arrangement with Cambridge University Press
through The English Agency(Japan)Ltd.

恐怖の法則　予防原則を超えて

目次

謝辞　vi

第I部　問題編

謝辞

本書は二〇〇四年三月、ケンブリッジ大学において行ったシーリー講義*に基づくものである。当時私たちは、多くの恐怖の発生源——テロリズム、イラク戦争、地球温暖化、犯罪、狂牛病、水質汚濁、遺伝子組み換え食品等々——に脅かされていた。この滞在でとくに有益だったのは、リスクや恐怖について、アメリカとヨーロッパ、ヨーロッパ内部でも大きい相違があることを見る機会になったことである。ケンブリッジで受けたさまざまな親切にとても感謝している。ギャレス・ステッドマン・ジョーンズ、ティム・レベンス、ミリ・ルービン、デビッド・ランシマンのもてなし、優しさ、助力にはとても感謝したい。訪問期間中に、ロンドンのユニバーシティ・カレッジでロナルド・ドゥオーキンとステファン・ゲストが主催したワークショップは、第6章・第7章の議論の大きな助けになった。また、ケンブリッジ大学出版局の担当編集者リチャード・フィッシャーによる本書草稿に対するすばらしい数々の指摘もありがたかった。有能なリサーチ・アシスタントのビクトリア・ラベイ、ロブ・パーク、アンドレス・サヴィツキ、サラ・スルコフスキ、スミタ・シンにも感謝する。

この本のテーマに私は何年間か取り組んできた。いくつかの章の予備バージョンとして既に以下の論文を公表している。Beyond the Precautionary Principle, 151 U. Pa. L. Rev. 1003（2003）; Probability Neglect: Emotions, Worst Cases, and the Law, 112 Yale L. J. 81（2002）; Fear and Liberty, Social Reseach（2004）; Valuing Life: A Plea for Disaggregation, Duke L. J（2004）;（リチャード・セイラーと共著）Libertarian Paternalism Is Not an Oxymoron, 70 U. Chi. L. Rev. 1159（2003）. 本書の議論のいくつかについて、より技術的な側面に関心がある読者は、これら論文を参照することができよう。どれをとっても、これら予備バージョンには本書で相当の改訂を加えているが、その多くは、ケンブリッジ大学において、また多くの読者から頂いたコメントや指摘への応答である。

本書草稿の一部は、ペンシルバニア大学法科大学院、ハーバード大学ジョン・F・ケネディスクール、ニュー・スクール・フォー・ソーシャル・リサーチ、シカゴ大学法科大学院において報告した。その際の参加者からの貴重な批判と指摘に感謝する。ケリー・コリアニシー、エリザベス・エメンス、キャロライン・フランツ、ロバート・グッディン、ダニエル・カーネマン、ハワード・マーゴリス、マーサ・ヌスバウム、エリック・ポズナー、リチャード・ポズナー、ポール・スロビック、デビッド・シュトラウス、エイドリアン・バームール、キップ・ビスクシィ、そしてジョナサン・ウィーナーからのコメントと議論にとくに感謝している。エメンス、フランツ、ヌスバウム、E・ポズナー、R・ポズナー、アダム・サマハ、シュトラウス、バームールは原稿全体にコメントをくれた。深く感謝する。

この本は、良き友であり、同僚であり、行動経済学、合理性、予防について多くのことを教えてくれたリチャード・セイラーに捧げられる。

＊ 英国の歴史学者サー・ジョン・ロバート・シーリー（1834-1895）の名前をとった、ケンブリッジ大学において隔年で開講される連続講義。

凡例

- 文中の（　）は原著者によるものであり、［　］は監訳者または訳者が理解の便宜のために挿入したものである。
- 原著の誤記・誤植と思われる部分について、著者に確認して修正した部分があるが、それらの点については本文については該当箇所の行間右肩に、原注についてはそれぞれの末尾にアステリスク（＊）を付している。

はじめに

本書は恐怖、民主政、合理性、そして法について述べるものである。人々は時に恐れるべきでないときに恐れ、恐れるべきときに恐れを知らない。民主政国家においては、法は人々の恐怖に応答する。その結果、法は不適切なあるいは危険ですらある方向へと導かれてしまう。このような問題は、地球温暖化、遺伝子工学、核保有、生物多様性、農薬、輸血、食品安全、クローン、有毒化学物質、犯罪、テロリズム及びテロリズムと戦うための取り組みにまで及ぶ、無数の重要な分野にわたっている。「リスク・パニック」が集団、都市、ひいては国家においてさえ大きい役割を果たしている。

熟議と理論

民主主義政府は、いかにして人々の恐怖に応答すべきだろうか。恐怖と、法や政策とはどのような関係にあるのか。二つの理念を心に留めておくことで、これらの問題に最も適切にアプローチすることができるだろう。最初の理念は、よく機能する政府は**熟議民主主義**をめざさなければならない、ということである。確かに政府は人々に対して責任を負っている。定期的に選挙を開催し、公務員は民意に注意を払わねばならない。この意味では、人々の恐怖への応答は不可避的であり望ましくもある。しかしこの応答性は、熟考と理由づけという形をとる熟議にコミットすることによって、補完されなければならない。人々が些細なリスクに対して恐怖心を抱くとき、熟議民主主義は、そのリスクを減少させることでそれに応答すべきではない。人々のそのような恐怖心を——それが根拠のないものだと仮定した場合であるが——一掃するためにこそ、熟議民主主義は自身の制度を使うのである。このようにして熟議民主主義は、ポピュリズム的なシステムが、人々の根拠のない恐怖の餌食となるのを回避する。人々のパニックを抑制するために制度的予防手段を用いるのである。

本当は深刻な危険があるのに人々が恐れていない場合にも、同様の予防措置が機能する。そのような場合、熟議民主主義は人々がそれを求めているかに関わらず措置をとる。これらの点については、よく機能する民主主義システムは、科学的知識と専門家が何を言っているかを非常に重視し、単純なポピュリズムを拒絶する。確かに、科学は確実ではないかもしれない。専門家も誤りを犯すかもしれない。確かに、人々の価値観こそが究極的には大きな役割を果たすべきである。人々は、貧しい地域に集中するリスクに対してとくに異議を唱えているかもしれない。潜在的に壊滅的だったり制御不能だったりするリスクについて、市民は特別に心配しているかもしれない。

民主政においては、人々の思慮深い価値観が優先すべきである。しかし重視しなければならないのは、誤認された事実ではなく、価値観なのである。

私が主張したい第二の点は、よく機能する民主政は、しばしば**完全には理論化されていない合意**[1]の達成を求めるというものである。民主政、とくに異質性を孕んだ社会におけるそれにおいては、社会的紛争は、何が正しいか、何が良いかについての高いレベルの理論に基づく合意によっては解決されない。多様性を有する人々の間においても意見が収斂するような、実践に関する合意、あるいは低いレベルの原則についての合意によって解決される。自由な社会における市民は、最も重要な問題――神の本質や存在、自由と平等の関係、功利や効率性の位置づけ、公正・公平というものの正確な意味など――に関して異なる考えを持つものである。こうした考えの違いに直面したとき最善の策となるのは、議論を巻き起こすような特定の考え方に国としてコミットするのを可能な限り避け、その代わりに多様性を有する人々でも合意に達しうるような解を探し出すことである。スローガン的に言えば、**よく機能している社会とは、合意が必要なときには人々の合意を可能にし、合意が不可能なときには人々の合意が必要でないようにする社会**だとなろうか。

今述べた点は、人々の恐怖にどのように対処するかという問題にとってとくに重要である。政府がその根本的な任務に関わる大問題を解決すること、人間の生の本質とか意味とかについて深く考えることがそのために必要だ、と言われることがある。遺伝子組み換え食品、テロリズム、殺虫剤、地球温暖化といったものと関連するリスクにどのように対処するかについて人々の意見が一致しないとき、事実に関する論争もその原因の一部であるが、より根元的な論争もその原因となっている。私の考えは、そのような根元的な論争は可能な限り避けるべきだというものである。最大の問題から距離を置き、これらの問題の解決については意見が一致しない、あるいは確固たる意見を持てない人々の間でコンセンサスを得ることができれば、熟議民主主義は最善を尽くしているといえる。恐怖の文脈においても、そのようなコンセンサスを得ることがしばしば可能だと私は考える。

しかし、恐怖とはそもそも何だろうか。本書では恐怖を、なんらかの意味で私たちが危険な状況にあるという判断に依存するものと理解する。[2] 皮膚ガンのリスクにつながると信じているため、日なたで長時間過ごすことを恐れる人がいる。握手に感染のリスクがあると考えて、エイズの人との握手を恐れる人もいる。人類に対する深刻なリスクが生じそうだと考えて、地球温暖化の予測に脅える人がいる。このように恐怖はさまざまな信念を基盤とするものであるが、それら信念は正当かもしれないし、そうでないかもしれないのである。

「情動（affect）」は、恐怖の必要条件あるいは十分条件だろうか。多くの人々は、情動がなければ人々は本当に恐れることができないと考えている。人間の恐怖は、特定の生理的反応がなければ、恐怖とみなされないのかもしれない。脳が扁桃体と呼ばれる特有の領域を持ち、それが特定の感情をつかさどっており、とくに恐怖と関係していることは一般に認められている。[3] 実際、これらの生理的反応と、関連の脳領域によって、危険に対して非常に迅速な反応ができ、それによって私たちが生き続けるチャンスが増えるのである。しかしそれは、起こりそうもない危険に対する過度の恐れをも生み出しうる。これらの素早い反応が進化上の利点であることは言うまでもない。

今の点は、これから述べるいくつかの議論、とくに、良くない結果について発生確率を無視する人間の性向に関係した議論と強い関連がある。もっとも、恐怖とはそもそも何かについての論争の余地のある見解を採用せずとも、私の主張の大部分は受け入れてもらえると思う。

予防原則と合理性

本書は欧州全域で健康、安全性、環境について考える際に焦点となっている予防原則についての議論から始まる。事実、予防原則は世界中の注目を集め、リスク・健康・環境についてどのように考えるかについての無数の国際的議論の基盤となっている。テロリズムへの対処、「先制戦争」について、自由と安全の関係についての議論にも予防原則が入り込んでいる。二〇〇三年のイラク戦争を正当化する上で、ジョージ・W・ブッシュ大統領は、不確実性に直面している時にはこれらの行動が正当化されると主張し、ある種の予防原則を主張した。彼は言う。「もし我々が、脅威が完全に具体化するのを待つならば、長く待ちすぎてしまったことになるであろう。」[4]彼はさらに言う。「脅威を見つけたときには、それらの脅威が切迫する前に対処することがきわめて重要だと私は信じている。切迫してしまってからでは遅すぎるのだ。」[5]この考え方が、環境保護論者が地球温暖化や食品の遺伝子組み換えや殺虫剤について懸念するのと同じ考え方だということに特に注目すべきだ。これらの問題に対しては、疑いがあるときは、不作為よりも規制のほうが適切な策であると一般的には言われている。

予防原則は様々な形をとる。しかしそのすべてにおいて、根源となっているのは次のような考え方である。潜在的な危害が認められる場合、たとえ因果関係が明確でなくとも、現実となるかどうか分からなくても、規制主体は防御するための対策をとるべきであるというものだ。予防原則は、二つの理由から注目され続けるに値する。第一に、予防原則は危険・恐怖・安全に関する激しく実際的な議論の基盤となる。第二に、予防原則は、リスクと不確実性の下での個人や社会の意思決定に関して理論上魅力的な多くの論点を提起する。後者について言えば、予防原則は恐怖と合理性についての現在の論争、つまり、合理的な行動とは何かについての慣習的な理解に個人や社会が従っているか、あるいは従うべきかについての論争と密接に関連しているのである。

私が最初に言いたいのは、最も強い形式における予防原則は文字通り矛盾しているということである。一つには、社会状況のあらゆる側面においてリスクは存在する。したがって、予防原則は機能停止を招くものである。それが必要とするはずの手法を同時に禁止してしまうのだ。問題のあらゆる面にリスクが存在する。だから予防原則は、作為も不作為も、その中間にあるいかなる行為も許さないことになる。遺伝子工学、原子力、テロリズムに対して社会はどうすべきかという問いについて考えてみよう。それらに内在するリスクを制御しうる積極的な手法が、予防原則によって強いられる、と思うかもしれない。しかしそのような手法もまた、予防原則と衝突する。それが固有の新しいリスクを作り出してしまうからだ。だとすれば、リスク回避的だと言われる多くの人は現実にはそうではない。彼らは一般的なリスクではなくて、特定のリスクを回避しているのだ。飛行機のリスクを回避する人々は車の運転に関するリスクについて考慮していないかもしれない。投薬のリスクを避けようとする人々は、投薬せず自然に任せることのリスクをたぶん無視している。殺虫剤のリスクを恐れる人々は、有機食品に関連するリスクに無頓着でありがちである。

それなのになぜ、予防原則が指針を与えるものと広く思われているのか？　人間の認知に見られる一定の特徴ゆえに、この原則は作動し、あたかも指針を与えうるような幻影を作り出すのだと私は考える。［ある］人間が、［ある］文化が、［ある］国民が、しばしば一つあるいは少数のリスクを「重要な」ものとして選び出して他のリスクを無視するのである。人々がリスクを評価する中心的手段としての想起可能性ヒューリスティック［訳注］がここでの議論の中心である。統計的な知

［訳注］想起可能性ヒューリスティック　原語の“availability heuristic”には、（ア）記憶の鮮明さと新しさに基づく「想起の容易性（ease of recall）」と（イ）「記憶構造に基づく検索容易性」（retrievability）の二種類があるとされる（M・H・ベイザーマン、D・A・ムーア／長瀬勝彦訳『行動意思決定論――バイアスの罠』白桃書房、二〇一一年、二七―三二頁、谷口武俊『リスク意思決定論』大阪大学出版会、二〇〇八年、三一―三二頁。また、原注（3）であげられているトヴェルスキーとカーネマンの論文「不確実性による判断――ヒューリスティックとバイアス」では、これらに加えて（ウ）二つの事象の連想結合の強さにより、両者が高い頻度で同時に起きていたと判断されてしまう「錯誤相関」を挙げている（村井章子訳『ファスト&スロー（下）』三三二―三三九頁）。これらすべてを含む意味では「利用可能性ヒューリスティック」と訳すのがより適切であるが、本書の挙げる例はもっぱら（1）に偏っている。そのため、わかりやすさも考慮し、本書では「想起可能性ヒューリスティック」と訳した。

識を持たない場合、そのリスクが現実になった事例をより簡単に想起しやすいことで、人々はそのリスクを重大なものと考えてしまう。個人のリスク認知、さらには文化的なリスク認知に至るまで、同様の説明がある程度可能である。したがって、普遍的な大文字の予防原則なるものは存在しえない。さまざまな社会において、それぞれ特定のリスクに対する安全マージンを強調する複数の個別の予防原則のみが存在し、作動するのである。これも後述するが、潜在的なカタストフィ・リスクに可能性を割り当てることが許されない特殊な状況においては、予防原則を反カタストロフィ原則として再定式化することが可能になるだろう。

本書の構成

本書はⅡ部に分かれる。第Ⅰ部は個人的・社会的な判断の問題について扱い、第Ⅱ部はその可能な解決法について扱う。第1章と第2章は、私が先ほど要約的に述べた主張を詳しく述べるものである。第3章と第4章では、二つの点から認知論的、文化的話題を展開する。一つめは最悪のシナリオに人間が影響を受けやすいことの探究、二つめは行動と信念に対する社会的影響についての理解の発展である。第3章はまず、顕著性のある出来事は現実によって正当化される以上の恐怖を人間に感じさせることについて述べる。よく喧伝された事件、たとえばテロリストの攻撃、狂牛病事件、携帯電話の使用頻度が高い地域への白血病が一見集中しているように見えることなどが、そのリスクを実際のリスクよりも大きいものと人々に信じさせることがある。しかし、

同章の議論の大部分は「確率無視」という現象に焦点をあてる。この現象によって、人々は最悪のケースに焦点をあて、そのケースが実際に起こるであろうという蓋然性を無視するのである。とくに感情が激しく引きつけられたとき、最悪のケースは危険性の実際の大きさを調べることを閉め出す傾向がある。

第4章で強調されるのは、社会的交流が皆無の状態においては恐怖は作動しないことである。恐怖は社会的交流を通して広まるのである。ここで恐怖という文脈において、**社会的カスケード**と**集団極化**という二つの現象の動態を調べることになる。社会的カスケードによって、人々は他の人々が表出する恐怖に注目し、たとえその意見が間違っていたとしても、危険が非常に深刻であるという意見（あるいは、これも少なくとも同じ程度に有害なのだが、まったく深刻でないという意見）の急速な伝播を導くことになる。他の多くの感情と同様、恐怖も伝染する。カスケードはその理由を説明する助けとなる。集団極化によって、社会的交流は、集団を個人でいるときよりもより強く恐怖へと導く。広く認識されていることだが、多くの場合、集団の熟議によって、そのメンバーの立場は、熟議する前と同傾向の、しかしより極端な立場へと結局は落ち着くことになる。したがって集団は、熟議を始める前の各人よりもはるかに恐怖を感じるといえる。社会的カスケードと集団極化を理解することは、「モラル・パニック」というよく議論されてきた考えを明らかにするのに役立つ。実のところ、私がここで強調している類の社会的恐怖は、しばしばモラル・パニックに至る。そして予防原則は、モラル・パニックが生じている状況においてしばしば作動するのである。

第Ⅱ部では、人々の不適切な恐怖という問題に対するいくつかの解決策を議論する。第5章は、予防原則に対する批判から得られるいくつかの肯定的な教訓を抜粋する。不確実であり、潜在的に厳しい危害を発生させうる状況のためにとくに設計された反カタストロフィ原則の概略についてそこで述べる。カタストロフィ状況以外における、不可逆性との関連性を検討し、安全マージンが必要であることも述べる。もっともこの安全マージンは、何が問題になっているかを狭く理解するのではなく、広く理解することを基本にして選択されねばならない。さらに、恐怖の公的管理という問題も扱う。

第6章・第7章においては、費用便益分析の利用と限界について探求する。費用便益の衡量を行うことは、それがリスク評価に関する広い視野をもつ限りにおいて、予防原則よりも優れていると考えられる。しかし、費用便益分析には一つの深刻な問題がある。それについてのある種の理解によれば、確実に証明されてはいない危険を無視してしまうことがあるのだ。それゆえに賢明な費用便益分析者は、実証可能な損害だけでなく、推論にすぎない損害にも目を向ける。しかし、リスクはどこまで金銭に換算できるだろうか。一〇万分の一の死亡率が金銭換算すると五〇ドル、あるいはその倍、あるいはその半分の金額であると述べることは、果たして道理にかなっているだろうか。これらの章の主な目標の一つは、現在実施されている費用便益分析の理論的基盤を詳述すること、つまり、リスクの金銭評価は、そう思われているよりも実は妥当で直観適合的だと示すことである。しかしまた、費用便益分析の現在の実施方法には重大な問題点もある。費用便益分析は、統計上等価とされるリスクに対して**均一**の価格評価を用いている。しかし、現在の実施方法の根底にある理論からすれば、多様な価格評価こそが必要とされるはずである。その理由は、人々はリスクの質的な違いを気にするからである。人々は、統計的に同等なリスクを同じとは見なさないのだ。

第7章は、費用便益分析に関するより根本的な疑問について探求する。場合によっては、費用と便益の合計よりも、何がなされるべきかという民主的熟議こそが必要だと私は考える。一定の状況における費用便益の衡量についての強い疑念をこのことは提起する。また、何がなされるべきかを決定する場合において、規制主体は、誰がそれによって助けられ、誰が被害を受けるかに焦点をあてねばならない。これは費用便益の衡量では解くことができない問題だ。しかし、これらの指摘が、費用便益の衡量を拒絶すべきことを意味すると理解すべきではない。これらの指摘は単に、費用と便益の評価から得られることは、私たちが知る必要があることよりもずっと少ないことを意味しているだけである。

第8章は、人々が愚かにも予防を怠るケースに重点をあてる。ここでの問題は過度な恐怖よりむしろ不十分な恐怖である。「リバタリアン・パターナリズム」の可能性がここで示される。これは、選択の自由を妨げることなく幸福を促進する方向へと人々を導くアプローチである。その理論上の主たる主張は、人々は、安定した秩序ある選好を持たないことがしばしばだというものである。その実践上の主たる主張は、(私的な選択の自由を尊重するという意味で) リバタリアンでありつつ、同時に (幸福を促進する方向へ人々を導くアプローチを通じて) パターナリズムを受け入れることもできるということである。人々が恐怖によって間違った方向へ導かれるとき、リバタリアン・パターナリズムによるその矯正には価値がある。

第9章は、恐怖と自由の関係を探る。テロリズムや国家の安全に対する脅威という文脈において、市民の自由に対する不当な制限が生じがちである。それに賛成する多数派には、それら制限の負担が負わせられないときにはとくにそうである。実際、ある種の予防原則はしばしば、およそ擁護できないような自由の制限をもたらす。三つの方法によって、過度の恐怖が引き起こすリスクを裁判所が減少させることができると私は主張する。まず、基本中の基本として、自由に対する侵害に対しては、裁判所は法律による明白な授権を要求すべきである。執行権がそれらの侵害を支持するというだけで、裁判所はそれを許すべきではない。第二に、市民全体ではなく、容易に識別可能な一部のグループの人々に制限を課し、不均一な利益と負担をもたらすような自由への侵害に対しては、裁判所は、厳格な審査を行うべきである。第三に、個別事例衡量に付随する誤りのリスクを減殺するために設計された「セカンド・オーダーの衡量」とでも呼ぶべきものを反映するようなルールや推定則を裁判所は採用すべきである。

アプローチと政策

特定の危険に対する対処について、最終的な結論に達することは、本書の意図ではない。もちろん私は、その多くについて自分自身の見解を持ってはいる。たとえば、電磁波については、ほとんどリスクはないと考える。証拠に裏付けられているよりもずっと過剰に、人々は電磁波のリスクを恐れていると思う。それに対して、世界中の国々は喫煙を減らすためにもっと積極的な行動をとるべきである。喫煙は、毎年数百万人（合衆国だけで五〇万人近く）もの、本来防げたはずの死亡者を生み出しているのである。とくに貧しい国々においては、HIV／AIDSの蔓延を防ぐためにより多くのことが行われるべきである。地球温暖化を防ぐために有意義な対策がなされるべきであり、したがって、ジョージ・W・ブッシュ大統領の下における合衆国の規制反対の姿勢は、単に不運というだけではすまないほどひどいものだったと私は考えている。地球温暖化による深刻なリスクが生じる恐れがあり、豊かな国々はこれらの危険性を減らすために特別な義務を負っているのだ。これら国々にはこの問題に対する責任があるし、それに対処するための手段もあるからである。原子力や化石燃料に関連するエネルギー源よりも、危険性がより低い代替エネルギー源の可能性へ多くの注目が注がれるべきである。そして、重要だが、あまりにしばしば見過ごされていることとして、太陽光を浴びることとの社会的リスクがある。太陽光が皮膚がんを引き起こす事実は、いまだに人々の生活習慣に大した変化を生じさせていない。

一般的方向性として、政府規制それ自体に反対すること、あるいは「規制緩和」が公衆の過度な恐怖に対する適切な対応であると論じることには、まったく意味はないと思う。もちろん、過剰規制は多くの場所で見受けられるし、それは問題である。しかし、過少規制もまた深刻な問題なのである。多くの分野、とくに健康や安全、環境に関連する分野において、政府規制は不可欠である。本書のいかなる主張も、それを否定する意味に理解されるべきではない。

私はまた、費用と便益双方を評価することが、規制に関わる選択との関連性が非常に強いと信じている。多くの問題において、費用便益衡量の定式は、予防原則よりもはるかに有用である。しかし私は、「経済効率性」が規制を決定する際の唯一の基盤たるべきだとは思わない。そのような考えはとても不合理に思える。経済効率性は、「支払意志額」によって測られるところの人々の既存の選好を充足させようと試みるが、これは、法や政策にとっては不適切な基盤である。規制に関わる問題は、人々の既存の選好の単なる総量ではなく、それらの選好の再評価を時に必要とする。そして、分配の問題もとても重要なのである。いずれにせよ、規制問題の経済分析における中心概念である「支払意思」については疑問を提起しておく。もし、貧しい人々がリスクを低減させるために十分な額を支払うことが不可能であり、したがって支払意思がない場合であっても、私的機関、公的機関が行動すべきではないということにはならない。もっとも困窮している人々を支援するために特別な措置が執られるべきなのである。

以上すべての点は、今後の議論の中で重要となってくる。しかしまずは、予防の問題から始めることとしよう。

Part I　PROBLEMS

第 I 部
問題編

1　Precautions and Paralysis　予防とその機能不全

2　Behind the Precautionary Principle　予防原則の背景

3　Worst-Case Scenarios　最悪のシナリオ

4　Fear as Wildfire　野火のように広がる恐怖

第1章　予防とその機能不全

世界中で、リスク規制に対する単純な発想に対する関心が広がっている。そう、「疑わしき場合は**予防原則**[1]に従え」というものだ。危害のリスクを発生させる行動は避けよう。安全が確保されるまでは警戒しておこう、確固たる証拠を求めてはいけない、というのだ。「後悔するよりも安全が第一」というのがそのうたい文句である。日常生活においては、この種の訴えは賢明であり、通常人の合理性の一部分であるように思える。人々は火災探知機を設置し、保険に加入する。たとえ、事故に巻き込まれそうになくてもシートベルトを締めバイクのヘルメットをつける。合理的な規制主体もそれと同じアプローチをとるべきではないか?

とくにヨーロッパでは、多くの人々がそのように考えているように思える。実際のところ、リスクに関しては、ヨーロッパとアメリカ合衆国は単一の対立軸で区別できる、ヨーロッパは予防原則を容認しアメリカは容認していない、と述べることが標準的にすらなってきている[2]。このような見方からすると、ヨーロッパの人々は、確実とはいえないリスクに対しても市民の保護に配慮して「安全マージン」を公共の決定に組み入れようとしている、対照的にアメリカ人は、規制を正当化するためには有害性の明白な証拠を必要とし、予防策を講じることに消極的だというのである。地球温暖化や食物の遺伝子組換えに関連するリスクについてアメリカ人が比較的無関心であるように思われる事実を考慮すると、この主張はもっともらしく思える。これらの文脈においては、ヨーロッパの人々は予防を支持し、対してアメリカの人々は危険性の証明に近いものを要求するようである。確かに、国家安全保障が脅かされている状況では事情はかなり異なる。イラク戦争のときは、アメリカ合衆国（とイギリス）は一種の予防原則に従った、一方、他国（とくに顕著なのはフランスとドイツ）は危険のより明白な証明を要求した。だが、健康と安全に対する脅威に関する限り、ヨーロッパは予防志向的でありアメリカはそうではないという見方で、多くの人は意見が一致している。

私は、ヨーロッパとアメリカをこのように対比することは間違いであり、錯覚でさえあると思う。ヨーロッパの人々がアメリカの人々よりも予防志向だ、というのはまったくの間違いである。経験的事実として、どちらかが「より予防志向的である」とは言えない。ヨーロッパの人々は、アメリカの人々よりもリスク［一般］を嫌っているのではない。地球温暖化関連のような、特定のリスクをヨーロッパの人々はより嫌っているのである。アメリカ人はアメリカ人で、彼ら自身の優先的関心事をもつ。たとえば、二一世紀初頭、アメリカ人は積極的規制そのものがもたらすリスクについて非常に「予防志向的」だった。地球温暖化であれ、他の環境問題であれ、それらに対処するための高価な措置が、失業や、ガソリン等のエネルギー価格の高騰を招くことを彼らは恐れていたのである。この恐れが理にかなっていようとそうでなかろうと、これはこれで「予防志向的」である。

より重要な点――本章の主たる主張であるが――は、概念的なものである。強い形態の予防原則に関する真の問題は、その原則そのものに一貫性が欠如していることである。予防原則は指針を与えることを目的としているが、この原則が要求するまさにその措置を予防原則自体が使えなくしてしまうので、［結局は］指針を与えることに失敗してしまうのだ。予防原則が要求する規制は、いつもその規制自体がリスクを発生させる。予防原則が要請するまさにそのことを、同時に差し止めてしまうのである。私は予防原則を、それが悪い方向へ導くといって批判しているのではない。文字どおりの意味に理解するならば、それがまったく何も方向性を示さないことを批判しているのである。予防原則は、規制すること、規制しないこと、そしてその中間にあるいかなる行為も動きのとれないものにし、禁じてしまう恐れがある。リスクに関係する状況の様々な側面に目をつぶり、問題になっている事柄のうちのごく狭い部分のみに注目したときに限って、予防原則は役立つ。このように自分で自分の目をつぶることで、予防原則が指針を与えてくれるように思ってしまうのである。なぜ人々や社会は恐怖を選別するのかについて、本書で多くを語ることになるだろう。

多くの人が予防原則を支持するのは、それを動機付けるような目標があるからであり、それら目標を私たちが擁護することには十分理由がある。最終的には私は、予防原則をより洗練すれば理にかなうような分野をいくつかあげることになる。発生確率を確信を持って判断できないような、潜在的カタストロフィの損害をどうコントロールするのか、ということもそれに含まれる。反カタストロフィ原則は公的に支持される価値がある。五大湖国際合同委員会[訳注]の「科学的優先事項に関する隔年報告書」の次のような賢明かつ冷静な声明についてよく考えてみよう。「予防原則は――慎重な回避と呼ばれることもあるが――今現在の選択によって、信頼し得る確率で引き起こされうるカタストロフィ的被害を防ぐための倫理的要請である」[3]。第Ⅱ部で私は、このような一般論に沿って予防原則を再構成する。しかし反カタストロフィ原則は、一般的な予防志向よりもはるかに狭く、的を絞ったものであり、私が異議を唱えているのは後者に対してである。

予防原則

予防原則は国際的に広く支持されていると私は述べた[4]。実のところ、それは過去十数年の間、規制政策の中心的要素になってきている[5]。国際司法裁判所、国際海洋法裁判所、世界貿易機関上級委員会、そしてカナダやインドの最高裁判所も含む各国の裁判所などにおける司法的手続の中で、予防原則についての言及が増加している。予防原則は拘束力を有する国際慣習法になりつつあると主張する人もいる[6]。アメリカではニューヨーク・タイムズ・マガジンにおいて、予防原則は際だった支持を受け、二〇〇一年における最も重要なアイディアの一つとされた[7]。他方ウォール・ストリート・ジャーナルは、賛美とは程遠い論調で、予防原則を「環境保護論者たちの新造語であり、科学的証拠に対抗する切り札として持ち出され、彼らが気に入らないもの――バイオテクノロジーや無線技術や炭素排出などを——禁止することに直結する」と評した。[8]

法的文書の中で一般的な予防原則が最初に使われたのは、一九六九年のスウェーデンの環境保護法であるようだ。[9] 同じ時期にドイツの環境政策は、予防原則の前身である**事前配慮原則**（Vorsorgeprinzip）に基づくべきものとされた。[10] リスクに関しては、ドイツの政策は、「予防」をきわめて介入主義的な発想として、「縛りがなく無制限な『予防』の解釈」を具体化するものとしてとらえていると言われる。[11] アメリカでは連邦裁判所が、「予防原則」の言葉をはっきりとは使わないが、慎重な想定（conservative assumptions）に基づいた規制を容認したり要求したりするときに予防概念を支持してきた。[12]

予防原則は、国際的な協定や条約において重要な役割を務め、遍在するとまで言えるようになった。少なくとも一四の国際的な公文書に、この概念の変種を見つけることができる。[13] 一九八二の国連世界自然憲章が、「潜在的な悪影響が十分には分かっていない」ときには「その［自然界に重大なリスクを引き起こしそうな］活動は行うべきではない」[14]と示して、予防原則に国際的な承認を与えたのが最初であるようだ。ヨーロッパの環境法は、ドイツ版予防原則の影響をますます見せている。一九九〇年の国連ヨーロッパ経済会議で、総括の閣僚宣言は次のように断言している。「持続可能な発展を達成するためには、予防原則に基づいた政策をとらねばならない。……深刻又は不可逆的な損害のおそれがある場合は、十分な科学的確実性を欠いていることを、環境

［訳注］五大湖国際合同委員会　アメリカ合衆国とカナダの間で一九〇九年に締結された条約により設立された、両国境界水域にかかる紛争の予防・解決のための機関。

悪化防止のための手段を先延ばしにする理由として使うべきではない。[15]」一九九二年に採択された欧州連合のマーストリヒト条約は、環境に関して、EUの政策は「予防原則に基づくものとする」と言明している。[16]

一九九二年から一九九九年までの間に、欧州議会における二七件もの決議が、予防原則に明示的に言及した。[17] 予防という発想が、ヨーロッパによる遺伝子組み換え作物やホルモン牛肉の禁輸などをめぐる、注目を浴びたヨーロッパと米国との間における多くの紛争で持ち出されている。[18] 二〇〇〇年二月に、予防原則はその実施ガイドラインと同時に、欧州委員会によって正式に採択された。予防原則は、欧州連合憲法草案にまで登場している。

環境に関する欧州連合の政策は、連合の様々な地域における状況の多様性を考慮しつつ、高水準の保護を目指すものである。それは予防原則並びに未然防止措置がとられるべきであるという原則、環境被害はその発生源において優先的に是正されるべきであるという原則及び汚染者負担原則に基づくものである。[19]

弱いバージョンと強いバージョン

予防原則は実際には何を意味し、また何を要求しているのだろうか。それに関しては二〇あるいはそれ以上の互いに両立しない定義がある。[20] 様々な理解の連続体、とでも考えればよいだろうか。解釈の一方の極端は、分別のある人間であれば誰も反対しないであろう弱いバージョンである。もう一方の極端は、規制政策の根本的な再考を求める強いバージョンである。

最も慎重で弱いバージョンは、害悪の決定的な証拠が欠けているということを、規制を拒否することの理由とすべきではないと提言する。これはきわめて良識的だ。たとえば、発ガン物質に対する低レベル暴露と、人間の健康への有害な影響との間の因果関係を明確に確定することができなくても、それに対する規制は正当化されるだろう。一九九二年のリオ宣言は次のように述べる。「深刻な、あるいは不可逆的な被害のおそれがある場合には、完全な科学的確実性の欠如が、環境悪化を防止するための費用対効果の大きい対策を延期する理由として用いられてはならない」[21]。一九八七年にロンドンで開かれた第二回北海保護国際会議の大臣宣言も、同じような論調で、「最も危険な物質によって発生する可能性のある有害な影響から北海を守るためには予防原則を受け入れることが必要であって、それによれば、絶対的に明確な科学的証拠によって因果関係が確立される前であっても、そのような物質の投入を規制する活動が必要とされることがある」[22]。同様に、気候変動に関する国際連合枠組条約も、次のように慎重に述べている。

深刻な又は回復不可能な損害のおそれがある場合には、科学的な確実性が十分にないことをもって、このような予防措置をとることを延期する理由とすべきではない。もっとも、気候変動に対処するための政策及び措置は、可能な限り最小の費用によって地球的規模で利益がもたらされるように費用対効果の大きいものとすることについても考慮を払うべきである[23]。

一九九八年の環境保護主義者の会議で合意され、広く報じられたウィングスプレッド宣言は、さらに一歩進む。「ある活動が人間の健康や環境に対する危害の脅威をもたらすときは、たとえ因果関係が科学的に確証されていないとしても、予防的対策がとられるべきだ。この場合、立証責任は、公衆よりもむしろその活動の推進者こそが負うべきである」[24]。第一文はリオ宣言よりも積極的である。深刻な、あるいは不可逆な損害の脅威に限定されていないからだ。そして、立証責任を転換する第二文はさらに先に進んでいる。もちろんすべては、立証責任を負う側がいったい何を証明しなければならないかに依存しているわけだが。

ヨーロッパでは、予防原則は時にさらに強いものとして理解される。「あらゆる意思決定において、安全マージンを」構築することが重要だというのである[25]。また、ある定義によれば、予防原則とは「損害がすでに起きてしまった後にではなく、損害が起こるかもしれないという証拠があればできるだけ早く、問題を是正するための行動がとられるべきだ」ということを意味する[26]。ここでは「かもしれない」という言葉が重要である。同様に強いバージョンとしては、「他者に対して、もしくは次世代の健康や環境に対して重大な被害を及ぼすリスクがある場合、そして損害の性質やリスクの発生可能性について科学的不確実性がある場合、科学的な証拠によって損害は起こらないだろうことが示されない限り、またそれまでの間は、そのような活動が行われるのを防ぐための意思決定がなされるべきことを予防原則は要求する」[27]というものがある。「起こらないだろう」という言葉からは、まったくリスクがないことを当該活動の提案者が証明することが要求されていると思われる。それはしばしば、果たすべくもない負担である。二〇〇〇年に採択された、生物の多様性に関する条約のバイオセーフティに関するカルタヘナ議定書も、強いバージョンを採用するようである。(28) ヨーロッパ「リスクに直面する海」第一回協議の最終宣言は、「もしある活動の『最悪のシナリオ』が十分に深刻ならば、当該活動の安全性に関するわずかな疑いでさえも、その活動を止めるのに十分である」と述べている。(29)

予防の実際：ヨーロッパの状況の瞥見

私が既に示したように、ヨーロッパにおける公式説明は、予防原則のいずれかのバージョンを強く支持しているのであり、欧州委員会がそれを正式に採択することになった。(30) しかし、ヨーロッパの実際の状況は非常に複雑である。(31) 一つ例をあげれば「ヨーロッパはホルモン牛肉に対して予防志向的だが、一方アメリカは狂牛病（ＢＳＥ）と献血に対してより予防志向的である」。(32) ヨーロッパの国々は、遺伝子組み換え食品に対して高度の予防的アプローチをとってきたが、(33) アメリカは、食品添加物の発がん物質と関連するリスクをコントロールすることにより積極的である。(34) 業務上のリスクの文脈においては、アメリカの法律は、スウェーデンの法律よりずっと予防的である。(35)

きちんとした調査をここで行おうというのではないが、実際の状況から見ると、予防の程度に関するなんらかの連続線に沿って各国を妥当にランク付けるといったことはできそうもないと推測する方が合理的だ。どの国も、あるリスクに対しては予防志向的であるが他のリスクに対してはそうではないのであって、わが国は予防原則を採用したのだという各国の主張は、このような不可避的な事実を隠している。[36] にもかかわらず、予防概念が公共的議論の中で大きな役割を担っている事実だけからしても、欧州における予防原則の重要性の増大は綿密に注視する価値がある。実際、予防原則はＥＵの各裁判所によって何度も言及されており、最終的な判決においてもしばしば重要な要素とされてきた。[37] 欧州司法裁判所の法務官は，ある公式意見において、予防原則は「具体的な脅威は……まだ示されていないが、初期の科学的知見がリスクの可能性を示す」際に適用されるとしている。[38] また、［別の公式意見では］、予防原則は「考えられる限り最低水準にまで」リスクを減らすように要求しているとも述べている。[39] しかし、欧州連合の諸裁判所は、予防原則の弱いバージョンと強いバージョンのどちらをとるかを未だ選択していない。諸判決の中に、どちらにつながりそうな部分も見つけることができ、事例ごとに大きい揺れが見られるのである。代表的な事例をいくつかみてみよう。

欧州連合は、人間に感染する耐性菌を生み出す可能性があるとして、動物飼料に含まれるバージニアマイシンという抗生物質の使用を禁止した。[40] 欧州第一審裁判所では、当該禁止を理論的に支持する証拠が欠如していると主張された。それにもかかわらず、裁判所は当該禁止を是認した。「リスク評価が行われなかった場合であっても、菌の耐性が生じているという証拠が限定的にしか存在しない、または、まったく存在しない場合であっても、当該抗生物質の使用が人間に対する医療にとっては当面は不必要な場合であっても」、そしてＳＣＡＮ（欧州連合家畜栄養委員会）

が禁止への反対を表明している本件の場合であっても、飼料への添加を禁止してもよいというのである。[41]予防的措置の概念を持ち出して、裁判所は、リスクの現実性についての決定的な証拠を要求すべきではないとする。本件の場合、菌の耐性が生じた、または、人間に害を与えると判明したという証拠はない。それにもかかわらず、予防志向的な立場から当該禁止が正当化されると裁判所はいう。

これも動物の飼料に含まれる抗生物質である亜鉛バシトラシンについても類似の判決が下されている。[42]欧州第一審裁判所は、リスクが極めて思弁的なものであって、SCANが禁止しないことを推奨した場合であっても、正式なリスク評価の必要はないと繰り返した。「リスクが存在し、学術文献や様々な会議団体の報告書においてそれに対する重大な懸念が表明され、もしにそのような感染が実際に起こったとしたら人間の健康に重大な結果をもたらしうる、というだけで十分である」。[43]「科学的には実証されていない単なる憶測に基づく純然たる仮説的アプローチに基づく場合は、予防的措置は正当化されない」ことを裁判所は認める。[44]しかし、裁判所自身が依拠する根拠は、もしその抗生物質が「人用の医薬品に使われるかもしれない」のであれば、それらを動物の飼料に混入することをやめることを推奨するというWHO報告書のみなのである。[45]これは行き過ぎた予防ではないか。欧州第一審裁判所は、より一般的に、規制に関わるいかなる選択においても「公衆の健康、安全、環境が経済的利益に優越するという原則を満たさねばならない」と述べた。[46]そして裁判長は、「それらが人間の健康に現在もしくは将来にリスクをもたらさないことが決定的に実証されるまで」、潜在的に危険な製品は回収することが適切であると述べたのである[47]。

欧州司法裁判所は第一審裁判所よりも予防原則について慎重であった。イタリアは〇・〇四から〇・三PPM［一PPM＝一〇〇万分の一］の遺伝子導入たんぱく質を含んだ遺伝子組み換えトウモロコシを禁止した[48]。イタリア国立衛生研究所が、入手可能な証拠により示されるヒトや動物に対する健康リスクはない、と結論付けているにもかかわらず、である[49]。欧州司法裁判所は、イタリアの禁止が支持されるためには、少なくとも、何らかの証拠によって、その消費がヒトの健康を脅かすということが示されねばならないと判示した。「リスクは適切に科学的証拠によって立証されなければならない」というのである[50]。単なる危険の可能性だけでは十分でないという立場を、欧州司法裁判所は明確に示している（この原則自体については、第一審裁判所も合意している）。

牛海綿状脳症（BSE）――いわゆる狂牛病――に関連するリスクの減少措置について、EUの裁判所の判決は五つあるが、それらには一貫したパターンは見られない。判決のうちいくつかは、「リスクフリー」な肉という考えを退け、予防原則は「ゼロリスクの達成」を求めるものではないと主張している[51]。これらの決定には、国家間の通常の貿易関係を壊さぬために、なお存在するリスクをも許容しようとする姿勢がみられる。しかし他の判決には、完全にリスクがないことを求めることも受け容れられるという立場をとるものもある[52]。

まだ答えが出されていない本当の問題は、規制を正当化するためにはいったい何が証明されなければならないか、ということである。また、措置を検討する際の調査において、「ターゲット」とされるリスクの周辺に存在する他のリスクを含めてもよいか、あるいは含めなければならないかという問題である。一つのリスクに対する規制が実際は他のリスクを増加させるかもしれないという可能性に対しても注意を払いながら、予防原則を適用すべきだろうか。この問いについて、欧州の各裁判所は解答を示していない[53]。この問いこそが鍵なのに、ヨーロッパ法はそれを未だ解決していないのである。これは全世界に関連する中心的な問題だ。どうやって解決したらよいだろうか。

備えあって憂いあり?

予防原則の弱いバージョンは異論の余地のないものであり、かつ重要であるということは既に述べた[54]。人々は日々、確実とはとうてい言えない危険を避けるため、いろいろな措置をとる。そこそこ危険な地域は夜には歩かない。運動する。火災探知機を買い、シートベルトを締める。脂っこい食品(もしくは炭水化物)を避けることもあろう。賢明な政府であれば、個々のリスクの実現可能性が総計しても一〇〇%をかなり下回るような場合でも、規制するものである。五〇万分の一の死亡リスクといえば非常に小さいので、個人ならこれを無視するかもしれないが、もし一億人の市民がそのリスクに直面している場合は、国家はそれを深刻に扱うべきである。

弱いバージョンの予防原則は、[単に]自明の理を述べているだけである。この原則そのものに異論の余地はなく、人々が混乱しているため、あるいは私的な集団の自己利益のため、「危険についての明白な証拠」が要求されるときに、それに対抗するためにのみ必要となるものである。合理的な社会であれば「危険についての明白な証拠」などは求めないものだ。「もっとも」、この機能を過小評価してはいけない。たとえば、アメリカ人の五分の一近くもが、「地球温暖化が真に問題であると判明するまでは、経済コストを伴うどんな手段も取るべきではない」という主張に賛成している(55)。これはばかげている。「地球温暖化が真に問題であると分かる」前であっても、緩やかな対処であれば間違いなく正当化されうるからだ。確実性を求める傾向に対して対抗する限りにおいては、予防原則は承認されるべきである。

もっとも弱いバージョンの予防原則は異論の余地のないものであり、凡庸とすら言えるものであるから、ここでそれは議論しないでおく。さしあたり予防原則を強いバージョンの意味で理解しておこう。健康、安全、環境に対するリスクの可能性があるときには、それを支持する証拠が未だ思弁的なものである場合でも、規制にかかる経済コストが大きい場合でも、規制が必要だと主張するものである。これがばかげた主張にならないためには、「リスクの可能性」には科学的妥当性の一定の閾値を必要とされているものとして理解しなければならない。もし誰かがどこかで、「あるリスクは深刻に考える価値がある」と主張するだけで規制を支持するのに十分であるなどとは誰も考えない。ところが、予防原則のこの理解の場合、必要とされている閾値が極小であり、一度それを超えてしまえば、規制による管理の支持が推定されてしまうのである。

このような予防原則理解は、その熱狂的な擁護者の一部による理解に一致するだろう。もう少し弱い控えめなバージョンであれば、法律上の制度の多くともまた合致する。最も強いバージョンが、究極的には誰も取ろうとは思わないような立場を反映しているとしても、それはそれで構わない。その欠点を理解することが、リスクや恐怖への向き合い方についての、より有用な理解へとつながるのだ。そのような理解は、予防原則に引きつけられる人々がもっている［本来は］有益な目的を満足させるようなやり方で、予防原則を精緻化してくれるだろう。

予防原則の強い理解は、なぜこんなにも人々に訴える力を持つのか。一見したところ、答えは簡単である。予防原則にはいくつかの重要な真実が含まれているからだ。確かに私たちは、（たとえば二万五〇〇〇分の一のような）小さい確率であっても（たとえば一〇〇万人の死のような）深刻な危害に繋がるのであれば、それは極度に深刻な注意に値すると認識すべきだ。そのようなリスクを取り除くのに、たくさんの金銭を費やす価値はある。経済性志向の批判者は、「我々の資源は有限であり、非常に思弁的な危害に対して多くの資源を投入してしまうと後々それらの資源を適切に配分できない」というかもしれない。実際これは、予防原則に対するもっともわかりやすい批判である。[56] ありそうにもないことだが、私たちがすべてのリスクに対して費用のかかる手段で立ち向かうことにしたら、私たちは急速に貧しくなるだろう。この見方からすれば、予防原則は「暗い未来を生み出す」ことになる。[57] それはまた、人々の生活をより安楽にし、より便利で、健康的で長生きできるものにしうるような技術や戦略を不可能にしてしまうだろう。

二〇〇三年に科学者に対して行われたアンケート調査をこの観点から見てみよう。「もし当時の科学が予防原則によって制限を受けていたとしたら、限定されあるいは妨げられていたであろうと思われる最も重要な科学的、医学的、技術的な発見と達成は何ですか？　一つ以上あげてください。」[58]というのがそこでの質問である。あげられたものは、飛行機、エアコン、抗生物質、自動車、塩素、はしかワクチン、開胸手術、ラジオ、冷蔵庫、天然痘ワクチン、そしてX線である。ある遺伝子統計学者は「その当時、列車、飛行機そして抗生物質が妨げられていただろう。」と答えた。ロンドンのキングズ・カレッジの上級研究員は「手始めに、X線、予防接種、輸血、緑の革命」と答えた。植物分子遺伝子学のある教授は「殺菌法、免疫化、作物多様性の発展における化学物質と照射の利用」と回答した。

このような種類の異議のいくつかには確かに説得力がある、しかしそれは人間行動のある点を見落としている。[59]ある種の状況において、規制は一種の保険なのである。ドアに特別な鍵をつけるようなものだ。次の選択を考えてみよう。あなたは、

a. 確実に二〇ドル失う

b. 一パーセントの確率で一九八〇ドル失う可能性がある

のどちらを選ぶだろうか。

期待値の観点からすると、(b)は一九・八〇ドルの統計的損失に相当するから、(a)よりもほんの少しだけマシである。しかし、多くの人々は、二〇ドルの確実な損失を選ぼうとするだろう。相当大きい損失を被る小さなリスクを人々は冒そうとはしないのである。たとえ期待値分析によってその行動が正当化されなくても、人々が保険をかけ、深刻な危害に備えた特別な予防措

置をとる理由はこれである。人間の行動の有力な説明であるところのプロスペクト理論[訳注]は、発生確率の低い重大な危害を避けようとする人々の気持ちを強調する。もし政府が一般の人々の判断に従うものなら、この意味でリスク回避的になるだろう。期待値がより低い低確率の危害よりもむしろ確実な損失を進んで受けようとすることは、外交政策を含むあらゆる分野における決定を説明することに役立つ。

この点が示すのは、人々の意見を反映する民主主義社会では、深刻な危害をもたらし得る低確率のリスクについて回避的な姿勢を採用するだろうということだ。その結果は、予防原則によって示されるものと同じ方向になるだろう。しかし、プロスペクト理論によってもリスク回避によっても、強い形態の予防原則に対する擁護論とはなりえない。その理由をこれから説明する。

[訳注] プロスペクト理論　ダニエル・カーネマン（Daniel Kahneman）とエイモス・トヴェルスキー（Amos Tversky）が一九七九年に発表した論文（Prospect Theory: An Analysis of Decision under Risk, *Econometrica* Vol. 47, No. 2, 263–292）により提示された理論。行動経済学の発展に大きい影響を与えた。伝統的な経済学の期待効用仮説（所得の絶対水準に対する効用を問題にする）に対して、「参照点」（例：現状）からの変化に対応した「価値関数」（S字カーブをなす）を提示する。それにより、（1）一定の額の利得からの満足感よりも、同じ額の損失からの不満足感の方を大きく評価する（損失回避性）、（2）一〇〇円から二〇〇円への変化と九九〇〇円から一万円への変化とを比較すればわかるように、損失であれ利得であれ、値が小さいときは変化に敏感だが値が大きくなると鈍感になる（感応度逓減性）、（3）低い確率を過大評価し高い確率を過小評価する（確率加重）といった、人々の現実の意思決定に着目した分析を試みている。提唱者の一人による解説として、ダニエル・カーネマン『ファスト&スロー（下）』（ハヤカワ・ノンフィクション文庫、二〇一四年）七三頁以下。

なぜ予防原則は機能不全に陥るのか

予防原則はどうしようもなく漠然としている、といって異論を唱えたくなるのはわかる。どのくらいの予防が適当か、予防原則自体は何も教えてくれない。既に述べたように、予防原則はコストに目を瞑っているとも反論したくなるだろう。いくつかの予防措置は、それに見合う価値をまったく有していない。しかし、もっとも深刻な問題は他の点にある。真の問題は、この原則が何の指針も示していないことだ。すなわち、予防原則が誤った方向を示していることが問題なのではなく、規制をも含めたいかなる行動方針をも取れなくしてしまうことが問題なのである。予防原則は、まさに予防原則が求める措置そのものを禁止する。予防原則が飛行機、抗生物質、冷蔵庫、それにもっと多くを禁止してしまうだろうと文句を言っていた科学者達は完全に間違っていた。彼らは予防原則を実際よりもはるかに筋の通ったものとして扱っていたのである。飛行機や抗生物質や冷蔵庫が、リスクを削減するものだとしたら――そうであることは明らかだろう――、予防原則は、それらを禁止する規制を義務付けるどころか、禁止を許さないことになるのではなかろうか？

ここでの問題を理解するには、いくつかの具体的な問題と結びつけるのが有用だろう。

1．遺伝子組換え食品は広く作られるようになってきている(60)。その正確なリスクはほとんど知られていない。遺伝子組換えは生態系に深刻な害をもたらし、人間の健康に対する大きなリスクとなるだろうと恐れる人々がいる。一方で、遺伝子組換えはより栄養を含む食品を作り出し、人間の健康を大幅に改善する結果になると考える人々もいる。

2．科学者たちの間で、地球温暖化に関する危険についての共通の見解はないが[61]、地球温暖化が実際に起こっているという点においては一般的に合意されている。気候変動に関する政府間パネルの高い方の予測値によると、地球温暖化は二一〇〇年までに平均気温をおよそ四・五度上昇させる可能性がある。これは五兆ドルもしくはそれ以上の金銭的被害をもたらし、マラリアによる多数の死傷者を出す結果になりうる。京都議定書は、大半の工業先進国に対して、温室効果ガスの排出量を一九九〇年水準の九二〜九四パーセントに削減することを求めた。多くの学問的業績が、このようなガスの削減は多くの利点をもたらすとするが、懐疑論者たちは、温室効果ガスの削減費用は多くの人々、とくに社会的弱者の福祉を害すると強く主張する。

3．多くの人はカタストロフィの可能性も含めて、原子力発電が様々な健康や安全性へのリスクを持ちうるという理由で、原子力を恐れている。しかし、ある国が原子力に頼らないなら、代わりに化石燃料、とくに石炭燃料発電に頼ることになるだろう。そのような発電は地球温暖化と関連したリスクも含めたそれ自身のリスクを作り出す。たとえば、中国は核エネルギーに頼ってきたことによって、ある意味では、温室効果ガスや大気汚染の面での問題を減少させている[62]。

4．二一世紀初頭のアメリカにおいて、最も議論された環境問題の一つに飲料水中のヒ素の規制がある。水の中の低濃度のヒ素によってもたらされるリスクの正確な水準については深刻な論争が存在している。しかし、「最悪のシナリオ」の下では、クリントン政権が改訂しようとした従来の五〇ＰＰＢ［一ＰＰＢ＝一〇億分の一］という基準によれば一〇〇以上の命が毎年奪われる結果を招く。他方で、提案された一〇ＰＰＢという基準には、毎年二億ドル以上のコストがかかるが、それにより毎年わずか六人の命を救うことができるだけである。

5．海洋哺乳類の保護と軍事演習の間には対立が存在しうる。たとえば、アメリカ海軍が演習に多く従事することによって海洋哺乳類が脅かされることがありうるだろう。海での軍事活動は重大な損害をもたらすが、そのような活動を停止すれば、潜在的損害があるような場合に、防衛体制を弱めることになる、少なくとも政府はそう主張している(63)。

これらの場合、予防原則によってどのような指針が示されるというのだろうか。予防原則はヒ素、食物の遺伝子工学、温室ガス、海洋哺乳類に対する脅威、そして原子力に対して強い規制を要求していると言うだろうか。実際、そのような見方は標準的ですらある。これらすべての場合において深刻な損害の可能性があり、そして、可能性がほぼゼロであることを示す信頼すべき科学的根拠はない。もし問題とされた活動もしくは措置の側に立証責任があるのなら、予防原則は、決して果たしえないような立証責任を課しているようにみえる。これらの事例において予防原則が厳重な規制を強いるものと理解できるとしたらそれは合理的か、という問題はひとまずおく。

まずはもっと根元的な疑問を取り上げよう。予防原則は、そもそものような厳格な規制を強いているのだろうか？

答えを言えば、そうではない。これらの事例のいくつかを見てみれば、厳格な規制自体が予防原則と衝突することが容易に分かるだろう。(64) もっともわかりやすい理由は、そのような規制が社会から重要な便益を奪い、それゆえ、もし厳格な規制をしなければ起きなかったであろう深刻な危害を生み出すというものだ。いくつかのケースでは、規制は措置や活動の「機会便益」を失わせ、予防できたはずの死を引き起こす。そのような規制は、予防志向的とはとうてい言えないだろう。「ドラッグ・ラグ」について考えてみよう。新たな医薬品を市場に導入する際に政府が厳しい予防的アプローチをとると、この問題が常に生じる。政府がそのようなアプローチを頑なにとり続ければ、不適切な試験しか経ていない薬によって人々が苦しむことを防ぐことができる。しかし他方で、まさにその薬による潜在的な便益を人々が享受することも妨げるのだ。市場に出る前に広範な試験を要求することが「予防志向的」なのだろうか、それともその逆だろうか。

エイズ予防薬の文脈では、「予防」を好む人々が、まさに健康上の利益のために、市場導入前の試験のレベルを低くするよう政府に求めている。ところで、アメリカはヨーロッパの多くの国よりも新たな医薬品に関して予防志向的である。しかし、そのような医薬品を市場に導入することを許可しないことによって、アメリカは、より速やかな許可手続をとれば減らすことができたであろう疾病の予防に失敗しているとも言える。

あるいは、ある抗うつ剤が乳がんの（小さな）リスクをもたらすかどうかに関する現在進行中の議論を考えてみよう[65]。予防的アプローチからすれば、発がん性がある以上、この抗うつ剤の使用に対して警告を与えるべきだとなるかもしれない。しかしその抗うつ剤を使わないことは、精神的に、ひょっとしたら身体的にも（精神的な不調は時に身体的不調に関連する）使わないこと自体のリスクを確実にもたらすかもしれない。あるいは、チェルノブイリの死の灰から生じる悪影響のリスクに対して、二七万人以上の人を避難させ移動させたソ連の決定を考えてみよう。この大規模な移住計画が健康上正当化されるものだったのかは、結局のところ明らかではない。すなわち、「この措置の精神的、医学的な負担（不安、心身症、憂鬱あるいは自殺）と、防がれたであろう危害との間で比較がなされるべきなのである[66]」。より一般的に言って、予防的対応によって、その対応の健康上の便益を上回る恐怖が引き起こされそうだという理由から、賢明な政府が、低レベル放射線に関連した小さなリスクを無視することもあるかもしれない[67]。

あるいは、発ガン物質も含めた低レベル有毒物質に対する対処の仕方に関するより一般的な問題を考えてみよう。それら物質は、有害な影響を及ぼすだろうか？　明確な証拠がない場合、影響があると仮定し、また、不確実性の状況である以上、用量反応曲線は線形であって安全な閾値はないと仮定することが「予防志向的」と思えるかもしれない[68]。合衆国においては、これが環境保護庁の標準的な仮定となっている。しかし、このアプローチは間違いなく予防的と言えるのだろうか。相当数の証拠が、多量だと有害な多くの有毒物質が少量では実は有益であることを示している[69]。この「ホルミシス効果」は、少量では望ましい影響を促進するが多量ではそれを妨げるような用量反応関係のことを指す。ホルミシス効果が存在するのであれば、安全な閾値がないことを仮定する線形の用量反応曲線による管理方法は、実際には死者や病者の増加という効果をもたらすことになろう。用量反応曲線については、デフォルトでどちらのアプローチをとる方がより予防志向的なのだろうか？　この疑問を提起したのは、何かの（あるいは多くの、あるいはすべての）有毒物質が、非常に少量の投与の場合において有益か有害かについて、特定の立場をとろうとするものではない。低レベルの場合において、有益な可能性と有害な可能性のどちらも同時に存在するのであれば、予防原則は機能不全に陥ってしまうということを述べたに過ぎない。予防原則は、線形閾値無しモデルの利用を要求しているが、それは同時にまさにそのモデルの使用を非難することになる。この理由、そしてその他の理由から、熟考されていない予防原則の使用は、食品リスクを減少させるどころかむしろ増大させてしまう恐れがあるとして非難されているのである。(70)

また、遺伝子組換え食品の場合を考えてみよう。遺伝子組換えを認めなければ、沢山の人が死ぬこととなることが十分ありうる、小さい確率だがさらに多くの人が死ぬこともありうると多くの人々が考えている。その理由は、より安く、より健康的な食糧を生産できる可能性を遺伝子組換えが提供するからだ。たとえばゴールデンライス[訳注]は、発展途上国に多大な利益を与えるかもしれない。私はここで、遺伝子組換えにはこれらの利点があるとか、その利益はリスクを上回るとか、

[訳注] ゴールデン・ライス　遺伝子組換えにより、体内でビタミンAに変わるベータカロチンを多量に含むように改良されたイネのこと。多くの発展途上国において深刻な問題になっているビタミンA欠乏症の解決策となると期待される一方で、環境問題や安全性を懸念する主張も強く、論争となっている。

か言いたいのではない。予防原則を文字通りに理解すると、規制しないことのみならず、規制することによっても予防原則違反となってしまう、ということのみがここで主張したいことである。

遺伝子組換え作物の究極的可能性はともかくとして、予防原則の使用が、規制に関して明らかに馬鹿げた結論を生みだすことはありうる。二〇〇二年に、アメリカ政府はザンビア政府に数千トンのトウモロコシを寄付したが、遺伝子組換えの穀粒を含んでいる可能性があることを理由に、ザンビア政府は辞退した[71]。辞退の根底には予防原則があった。ザンビアの科学者や経済学者グループはアメリカの農場や揚穀装置を視察し、遺伝子組換え作物の健康リスクについての結論が出ていないことから、トウモロコシの寄付を辞退するように要求したのである。ザンビア政府の代表者の中には、被援助者が種を植えて、それによってEUへの輸出作物を「汚染」してしまうのではないかと心配する者もいた。アメリカは、トウモロコシを製粉して提供すると申し出た（こうすれば種が植えられることはない）。しかし、ザンビア政府はこの申し出も拒否した。国連食糧農業機関によれば、この辞退によって二九〇万の人々が飢餓の危機にさらされたということだ。そしてWHOの「控え目なシナリオ」による予測によれば、もっとトウモロコシを入手しなければ、少なくとも三万五千人のザンビア人が飢餓により死亡すると予測した。このようなトウモロコシの受取り拒否は、本当に予防志向的といえるのだろうか？

規制がハザードの発生や増大という形における**代替リスク**を引き起こすため、それが予防原則に違反することがありうることを、先の例は示している[72]。鳥や人間に対するリスクを減らすために、しばしば禁止・規制されたDDTの場合を考えてみよう。DDTの禁止の問題点は、貧しい国々においては、マラリアと戦う上で最も効果的と思われる方法をこの禁止が奪ってしまうことである。その結果公衆衛生が著しく損なわれてしまう。[73] また、アスベストを禁止しようとする環境保護庁の取り組み[74]について考えてみよう。この禁止は予防原則によって正当化され、必然的であるかのようにすら見えるかもしれない。しかし予防原則の観点からは、アスベストの代替品もまたリスクを生み出すことが問題になる。こういった問題はいたるところに見られる。ヒ素の場合も、環境保護庁長官は、積極的な規制をとると、人々は費用の理由から地元の水道を使うのをやめ、より汚染されている個人の井戸に頼るようになるという懸念を表明した。[75] そうだとしたら、ヒ素の緩やかな規制が予防原則に違反するのと同様に、厳格な規制も予防原則に違反することになる。このような状況は一般的である。機会便益や代替リスクが問題になることは、原則であって例外ではない。[76]

さらに議論を進めることもできる。費用のかかる規制が生命や健康に有害な影響をもたらしうる可能性を、[77]多くの証拠が示唆している。七〇〇〇万ドルの支出ごとに統計上は一名の命が失われると主張される。[78] ある研究では一五〇〇万ドルの支出ごとに一人の命が失われるともされる。[79] また別の研究では、貧しい人々がとくにこの影響を受けやすいことが示唆される。人口のうち最も貧しい二〇パーセントの人の富を減らす規制は、最も豊かな二〇パーセントの人の富を減らす規制と比べて、死者数が二倍も大きいというのである。[80] 確かにこの現象の成否、その背後の機序については争いがある。[81] ここで特定の数字を採用すべきだとは思わないし、死者数と規制の費用の間の相関関係が明確に示されているとすら言うつもりはない。唯一言いたいのは、その相関を信じている合理的な人々がいるということである。そうだとすれば、「予防」のための数百万ドルの費用は、（最悪のシナリオの場合だが）重大な健康上の悪影響を招き、二億ドルの支出が二〇人、三〇人もの命を失うことに繋がることになる。

このことからすると、規制が「機会便益」を失わせたり、代替リスクをもたらしたり増加させたりする場合だけではなく、規制が莫大な費用を要するようなすべての場合において、予防原則は適用困難なものになる。そのような場合、予防原則は、まさにその理由から、多くの規制に対して疑いを生じさせることになる。もし重大な危害をもたらす小さなリスクを有するいかなる行動に対しても予防原則が異議を唱えるのであれば、リスクを減らすために多くのお金を費やすことも、我々は渋るべきである。単にそれらの支出そのものがリスクを生じさせるからである。このような意味において、予防原則の意義を突き詰めてみれば機能不全に陥るのである。規制すること、規制しないこと、またそれらの中間にあるすべての行動に対して、予防原則は障害として立ちはだかるのだ。

私は先に、ヨーロッパの国々は予防原則を形式上熱心に唱えているが、それらがアメリカよりも「より予防志向的」ということはできないと述べた。この点を理解してもらうのも既に容易だろう。単に論理の問題として、社会であれ個人であれ、すべてのリスクに対して高度に予防志向的であることはできないのである。それぞれの社会も個人も、特別に注意を払うべきリスクを選別しければならない。この観点からすれば、予防対象の選別性は、単なる経験上の事実ではない。概念的必然なのである。

ヨーロッパとアメリカ合衆国を比較して、ジョナサン・ウィーナー（Jonathan Wiener）とマイケル・ロジャース（Michael Rogers）はこの点を経験的に論証した[82]。たとえばアメリカは、二一世紀初頭、放置された有害廃棄物やテロリズムに関係したリスクに対して、高度に予防的なアプローチをとる一方で、地球温暖化、屋内大気汚染、貧困、貧しい食習慣、そして肥満に関係したリスクに対しては高度に予防的なアプローチをとっていないように思われる。どの国がどのリスクについてとくに予防的であるか、それが時代とともにどう変わってきたかを調べることには非常に価値があるだろう。

ドイツ連邦環境庁から委託された国際的研究は、先進工業国の中に二つの陣営があると結論付けてすらいる。「予防的な国々（ドイツ、スウェーデン、オランダ、アメリカ）」と「保護的な国々（日本、フランス、イギリス）」の二つである[83]。この結論は私にはとても信じがたい。リスクの世界の広大な広がりからすれば、このようなカテゴリー化は許されない。そして、総論的に言えることとして、いかなる国家も「一般的に予防志向的」ではありえない、そして、費用のかかる予防は、とくに顕著な、あるいは繰り返し生じるハザードに対してのみなされるのが必然的である。予防原則の問題は、リスク回避の一般的形態なるものを国家が採用できる、あるいは採用すべきであるという誤った提唱を行っていることなのである。

私は予防することが間違いだと主張しているのではないし、賢明な基盤の上に予防原則を再構成することが不可能だと主張しているわけでもない。現時点での私の主張は、予防原則とは粗っぽいものであり、望ましい目標を達成するための手段としては歪んだものだということ、そして、予防原則の意義を突き詰めてみれば機能不全に陥り、まったく役に立たないというものである。

第2章　予防原則の背景

実際のところ、予防原則は我々に具体的な指針を与えるものと広く思われている。なぜそうなるのだろうか。思うに、予防原則は、それを適用する人がある種の目隠しをしている場合に（そしてその場合にのみ）機能するのではなかろうか。つまり、規制に関わる状況のうち特定の側面にのみ着目し、それ以外の側面を軽視、ないしは無視している場合ということである。しかし、こう考えても、すぐに新たな疑問が生じてくるだけである。予防原則の適用の前提となるような特定の種類の目隠しをどう説明するのかということだ。人々が振り向ける注意が選別的だとして、それはなぜ、実際にそうであるような形で選別的なのか？　これに対する答えの大部分は、行動経済学と認知心理学の理解によって得られるだろう。以下にあげる五点が、とくに関係が深い。

- 想起可能性ヒューリスティックによって、何らかのリスクが、実際にそうであるよりもはるかに実現しやすいかのように考えてしまう。

- 確率無視によって、実際にはほとんど起こりえないものであっても、起こりうる最悪のケースに目を向けてしまう。
- 損失回避性によって、現状と比較して損失が出ることに対して回避的になる。
- 慈しみ深き自然への信頼によって、人為的な決定や過程に対してとくに疑念を抱いてしまう。
- システムの無視によって、リスクはシステムに内包されたものであるという見方や、システムに介入することがそれ自体リスクを発生させてしまうといった見方が出来なくなる。

政治家や利益集団は、人々に内在する心理メカニズムを使って、世間の関心を何らかの方向へと向けている。そしてこれらの心理メカニズムをあわせて見ると、さきほどの目隠しが恣意的でも偶然的でもないという意味がわかる。これらメカニズムは明確な構造をもっているのである。人間のこういった認知的特徴は万国共通であるが、同時にそれは、文化間の差異、そして民族間の差異までも説明できる利点を有している。たとえば、もし狂牛病の顕著な例が、ロンドンでは想起されるがニューヨークではされないとすれば、ロンドンの人々はニューヨークの人々よりもはるかに狂牛病を心配することになるだろう。もしも放棄された有害廃棄物処理場による病気がカリフォルニアで起こった例が知られていてベルリンではないとすれば、カリフォルニアの人々はベルリンの人々よりも、有害廃棄物処理場についてより強く関心を払うだろう。リスクが本質的にはどの場所でも同一だとしても、上記のようになるのだ。それでは次に、想起可能性ヒューリスティックから考察を始めることにしよう。

想起可能性ヒューリスティック

人々がリスクを考える際に、何らかのヒューリスティックや経験則に頼って問いを単純化させることは、十分に立証されている。[1] ヒューリスティックは、難しい疑問を簡単な疑問に置き換えて答える「代替帰属」の過程を通して典型的に働く。[2] 原子力やテロ、子供の誘拐、殺虫剤などを恐れるべきかという問いを考えてみよう。人々が想起可能性ヒューリスティックを使うとき、その例を容易に思い浮かべることができるかどうかによってリスクの大きさを測る。[3] もし容易に思い浮かべることができるならば、思い浮かべられない場合よりもそれを恐れる可能性が高い。想起可能性ヒューリスティックは、視野に入る危険もあれば無視される危険もあるのがなぜなのかを示し、予防原則の働き方を明らかにする。

たとえば、「それに属する事例を容易に思い出せるある集合は、同じような頻度で起こっているが事例がなかなか思い出せない集合よりも、ずっと数が多いように思えてしまう」[4] のである。両性の有名人のリストを示し、女性と男性のどちらが多くリストに含まれているかどうかを尋ねるという単純な実験を考えてみよう。とくに有名な男性が含まれるリストでは人々はより多くの男性の名前があると思い、一方で、とくに有名な女性が含まれるリストの場合には、人々は女性の名前が多くあると思った。[5]

これは**なじみ深さ**がどのように事例の想起可能性に影響しうるかという論点である。喫煙関連のようななじみ深いリスクは、日光浴関連のようななじみの薄いリスクと比べて、より深刻に見えるだろう。しかし**顕著性**もまた重要である。「たとえば、燃えている家を目の当たりにしたことが火事が起こると考える主観確率に対して与える影響は、地方紙で火事についての記事を読んだことが与える影響よりも、おそらく大きい」(6)。同様に、最近の出来事は以前の出来事よりも大きな影響を持つだろう。この点は、予防策をとるかどうかの決定を含むリスク関連行動を説明するのに役立つ。人々が自然災害のための保険を購入するかどうかは、最近の経験に大いに影響を受ける(7)。氾濫地帯に住む人々は、直近の過去に洪水が起こっていなければ、そうでない場合と比べて、保険を買う可能性がはるかに低くなる。地震の直後には地震保険［の加入率］が急激に上昇するが、鮮明な記憶が薄れていくにつれて、そこを頂点として着実に下落していく。このような状況における想起可能性ヒューリスティックの利用は決して非合理的とは言えないことに注意しよう(8)。保険や予防策は高価かもしれない。多くの場合は、以前に起きたことは、将来また起こることについての、最も有用かつ利用可能な指針であろう。問題は、想起可能性ヒューリスティックが、過度の恐怖あるいは無視という点で深刻な過誤を導きうることである。

想起可能性ヒューリスティックは、予防原則の働きを単純な理由によって説明するのに役立つ。予防が必要と言われているある種のリスクは［容易に］認知可能だが、他のリスクは――規制自体に関連するリスクも含め――そうではないということが時々ある。たとえば、ヒ素の潜在的危険性はわかりやすい。毒としてよく知られており、毒殺についての古典映画『毒薬と老嬢』［訳注］のタイトルにも使われている。それに対して、ヒ素を規制すると、人々は安全性のより低い代替物を使うようになるかもしれないという判断は、比較的複雑な精神作用である。予防原則が指針を提供するように思われる多くの場合、その理由は、関連するリスクのうちあるものは想起可能だが、他方で非常に見えにくいリスクもあるからなのだ。

この点に関連して、次のような研究成果について考えてみよう。リスクに関する人々の懸念は、たいていの場合は、それらリスクの実際の変動に左右される。しかし、危険レベルの［実際の］変化を反映しない鮮烈な描写がなされた場合は「パニック」を生み、人々の懸念は実際の変動を上回るものになる。(9) 一九七〇年代から一九八〇年代にかけてのいくつかの時点で、アメリカ合衆国における一〇代の自殺、ヘルペス、非嫡出子、エイズに関する懸念がきわめて急激に増大したが、それは問題の大きさ［自体］の変化とは一致しないものであった。「とくに鮮烈な事例や新しい発見で、メディアの相当の注目を受けるもの」により生み出される想起可能性が、人々の懸念のそのような急激な増大において主要な役割を果たしたのである。(10) 時にはその懸念は、ヘルペスの兆候をもつ生徒のいる授業に出席することを子どもに許さない親の行動といった、不当な予防措置を引き起こした。

想起可能性をとりわけ生み出すものはいったい何だろう？(11) ある興味深い研究は、知覚的リスク判断における**イメージ**の効果を調べることを試みている。その研究では、被験者に自分の大学

［訳注］『毒薬と老嬢』一九四四年米国映画。原題は“Arsenic（ヒ素）and Old Lace”. フランク・キャプラ監督、ケーリー・グラント主演。

のキャンパスで「どんどん流行してきている」［架空の］病気（ハイポセニア―B）に関する文章を読んでもらった。一方の条件では、その病気の症状は、筋肉痛、体力消耗、頻繁に起きる激しい頭痛などといった具体的で想像しやすいものである。他方の条件では、肝炎、神経系機能不全、全般的な失見当識など、不明瞭で想像しにくいものである。どちらの条件の被験者にも、三週間の間その病気にかかったことを想像し、どのような想像をしたか詳細に記述してもらう。その後で、彼ら自身がその病気にかかる可能性を一〇段階で評価させる。この研究の基本的な結論は、可能性に関する判断が先の二つの条件によってまったく異なるというものであった。症状が容易に想像できるものであれば、人々は自分も病気にかかりそうだとはるかに考えやすい傾向があるのだ。

想起可能性ヒューリスティックは、控えめに言っても、社会的な真空状態で働くものではない。ある個人、集団、文化、そして国家についてさえ言えることだが、あるものにとって容易に「想起可能」だからといって、すべてのものにとって想起可能だとは言えない。銃規制の法律を支持する人々の多くにとっては、そのような法律があれば不必要な死が避けられたであろう一連の事例が「想起可能」になっている。他方、銃規制を拒絶する人々の多くは、私的な銃の保有によって犯罪的な暴力から人々が身を守ることができた事例に注意を向けている。(12) 第4章でもう一度この点を論じるが、ここで重要なのは、想起可能性ヒューリスティックが、関連するリスクのすべてではなくあるもののみに対する警戒が重要だと思わせることによって、予防原則の利用「可能性」をしばしば保障しているということだ。

確率無視

想起可能性ヒューリスティックは確率の不正確な評価を生むことがある。しかし人々は、とくに強い感情を伴うとき、そもそも確率を評価しようとしないことがある。そのような場合、確率の大きな差異があっても、ほとんど重視されない。それらの差異を重視しなければならないことが本当は自明な場合であってもそうなのだ。恐怖のみならず、願望についてもこの点は当てはまる。良い結果の鮮烈なイメージも、確率について考えなくさせるだろう。宝くじが成功しているのは、一つにはこのためである。しかし、予防原則の適用との関連では、願望よりも恐怖が問題である。予防原則が働きうるのがなぜかといえば、確率の問題が無視され、また、様々な可能性がある中で感情的に強く心を捉える一つの結果に対してのみ人々が注目することによる場合があるだろう。

確率無視と予防原則との間の繋がりを見出すことは簡単に違いない。確率が無視されたとき、そして人々の感情がかき立てられるときにはとくに、低確率の危険に対して人々が過剰に懸念を抱き、予防原則が作動することになる。熱波による死と飛行機事故による死との対照的性格はよく知られている。後者が人々の強い関心を引き起こすのは、一つには想起可能性ヒューリスティックによるものであるが、一つには、一部の人々にとって、この結果自体に顕著性がある一方で、確率はさほど顕著性がないということによる。遺伝子組換え食品や地球温暖化においても同じ現象が働く。それは一部の人々を最悪のシナリオに注目させ、彼らは、予防原則を単純に適用すれば積極的な規制が要請されると考えるようになるのである。そのような規制が間違いだと私がここで主張しているのではないことに注意してほしい。地球温暖化においては、それらは「むしろ」正当化されるように思える。ここで言いたいのは、予防原則が指針を与えているように見えるのは、確率の問題が無視されているからだ、ということだけである。

予防原則の作用を理解するためには、視覚化や心象がリスクに対する人々の反応に重要な関係があることを理解するのが大切である。[13] 悪い結果のイメージが簡単に想起できるとき、確率は一定と考えても、人々はそのリスクを非常に懸念するようになる。「テロリズム」による損害に対する航空保険にいくら支払うかと聞かれたとき、人々は、「あらゆる原因」による損害に対する航空保険に対する支払い額よりも多くの額を支払う、という事実を考えてみよう。[14]「テロリズム」という言葉が大惨事の鮮烈なイメージを想起させ、確率判断を追いやってしまう、というのが、この奇妙な結果に対する明晰な説明である。低確率のリスクについて人々が議論するとき、たとえその議論が、損害の可能性が実に微小であるという信頼すべき保障の上に成立している場合でも、彼らの懸念は増大する、ということにも注目すべきである。[15] 議論することによって人々はリスクを思い浮かべやすくなり、それを恐れやすくなるからである。この問題は、第3章でもう少し詳しく論じることにしよう。

多くの文脈において、法そのものが、確率の問題にあまり留意することなく、悪い結果に対する恐怖に反応している。予防原則の実際の適用の一つのバージョンである。たとえば、欧州共同体（ＥＣ）がホルモンを使用した牛肉製品を禁止した事は、リスク規制における人々の恐怖の役割という大きな広がりを持つ問題を提起している。[16] 世界貿易機関（ＷＴＯ）の上級委員会は、ＥＣによる当該禁止が「衛生植物検疫措置の適用に関する協定（ＳＰＳ協定）」の第五条一項に抵触すると裁定した。[17] この協定では、ＷＴＯ加盟国に対して、科学的リスク評価を参照した上ですべての健康と安全に対する規制を正当化することを求めている。ホルモンを使用した牛肉の安全性についての消費者の恐怖に言及する事によって自身［の規制］を正当化しようとしたＥＣの試みは、ＷＴＯの上級委員会によってこのように退けられたわけである。この文脈においては、人々が恐怖を感じていたことは現実であったが、彼らは確率の問題を無視していたのである。

損失回避性となじみ深さ

人々には損失回避的な傾向がある。現状からの利得を望ましいと思う程度よりも、現状からの損失を不快に思う程度の方が高いということである。[18] 私たちが本当の意味で恐れを感じるのは、今持っているものの損失を予想するときだ。その感情［の強さ］は、今持っているものに何かが付け加わると期待しているときの前向きな期待感情よりもずっと強い。このような心理自体は、まあ問題ないだろう。問題が生じるのは、個人や社会の決定が現状と比べた利得の可能性を軽視し、現状からの損失の可能性のみに執着することで、全体としてのリスクを増やし福利を減少させてしまう場合である。

損失回避性の作用を理解するために、保有効果と関連するある有名な実験をみてみよう[19]。何人かの人々に、それぞれある品物——マグカップ、チョコバー、双眼鏡——をあらかじめ与えた上で、いくらもらえば手放すかという質問をした。また類似の属性を有する他の人々にはそれらの品物をあらかじめ与えず、入手するためにいくら払うかという質問をした。すると、あらかじめ品物を与えられた人々の方が与えられなかった人よりも、はるかに高くそれらの品物を評価したのである。興味深い事に、名目貨幣についてはこの効果は観察されない。人々は、一ドルは一ドルの価値を持つと認識している。だが、貨幣的評価に容易に換えにくい品物の場合は、相当程度の保有効果が示されるのである。この効果が生じる理由は損失回避性である。すなわち、人々にとって、損失を被るという予想から受ける不愉快さの方が、同等の利得の予想から受ける喜びよりも大きい。このことの意味は、標準的経済理論に反して、人々は損失費用と機会費用を同じようには評価しないということである。失われた利益としての機会費用は、同等の損失費用よりははるかに低い価値のものとみなされているように思われる。

恐怖とリスク規制の問題との関係で、その意味することは明確だ。人々は、新たにもたらされるリスクや現存するリスクの増加によるいかなる損失にもきわめて敏感だが、規制の結果として捨てられた便益にはほとんど関心がない。何が予防原則を作動可能にしているかを説明する上で、損失回避性がしばしば助けになると私は信じている。規制による機会費用はほとんどあるいはまったく印象に残らないが、ある活動やある物質による損失費用はしっかりと目に入る。実際、これは現状維持バイアスの一つの形である。現状は利得と損失とが計測されるベースラインを示し、現状からの利得が良いものに思えるよりも、現状からの損失の方がより一層悪いものに見えるのだ。

損失回避性が作動する場合、予防原則は、あるリスクによってもたらされる損失にスポットライトをあてる一方で、そのリスクを規制したことにより捨てられた利益を軽視するであろうことが予想できる。予防原則が飛行機や抗生物質や冷蔵庫の発展を妨げただろうと考えた科学者達に話を戻そう。彼らは、同原則はある形の損失回避性を含んでいると思っているに違いない。同原則は、新しいプロセスが生み出すリスクに適用されるが、同じプロセスによって生じるリスクの減少には適用されないことが、損失回避性によって保障されているのだ。また、アメリカでは、薬の導入を遅らせるリスクに比べて、薬の試験が不十分であることのリスクの方がより強調されていることを思い出そう。もし「機会便益」が人々の視野に入らないのなら、私が上で唱えた異議にもかかわらず、予防原則は指針を与えているように思えるだろう。しかし同時に、機会便益が無視されることが、予防原則の利用にとって深刻な問題をもたらすことになる。遺伝子組み換え作物の文脈では、まさにこのような状況である。無性生殖クローンの禁止を支持するために予防原則が持ち出されるときにも同じ問題がある。多くの人々にとって、クローンによって生じうる危険は、その実施を禁止することによって達成できなくなる潜在的な治療上の利益よりも強く印象に残る。

しかし、損失回避性だけで予防原則の適用をすべて説明しようとすることには、明らかな問題がある。予防原則が要求しているように思われる規制は、しばしば現状からの損失も実際に生み出すのだ。そのような場合、「規制しようとしまいと」損失は避けられない。地球温暖化を考えてみよう。多くの人々は地球温暖化と結びつくリスクをもちろん恐れるが、これは、それらリスクが深刻に見えるからというだけではなく、それが現状からの損失を意味しているからである。同時に、地球温暖化を抑制するのに必要な費用も、損失を産み出しうる。温室効果ガスの規制に懐疑的な人々の多くは、そのような規制が引き起こす損失を強調する。対して、規制の賛成者の多くは、規制しなければ起こりうる損失を強調する。私が言いたいのは、予防原則が指針を与えると思われる場合、それはたいてい、認識される損失がとくに顕著だからだ、ということだ。

「なじみ深いリスクとなじみ深くないリスクが統計上同等であったとしても、人々は、なじみ深いリスクの方を許容する程度の方がはるかに高い」[20]という別の認知心理学上の知見と損失回避性とは、密接に関係している。たとえば、アメリカ合衆国だけで、バイクによる事故で毎年数万人が亡くなっているが、運転のリスクは多くの関心を生じることはない。それに関連するリスクは、単に生活の一部として見られているのだ。それに対して、遺伝子組換え作物や最近導入された化学物質やテロリズムに関するリスクといった、より新しそうなリスクに対して、多くの人々はかなり心配する。この違いの理由の一つは、「新しいリスクについては確率を割り当てることができないのだから、用心することが理にかなう」という信念かもしれない。しかし、新しいリスクに焦点を当てる個人や社会の性癖は、その信念以上に行き過ぎている。それは、実際に生じうる危険の部分集合に過ぎないものを十分な理由もなく強調することによって、予防原則を作動可能にしているのである。

慈しみ深き自然（という神話）

「自然は本質的に慈しみ深く、人間の介入はリスクをもたらしがちである」という信念を組み入れることによって、予防原則が作動可能なものとなることもある。殺虫剤や遺伝子組換え作物に対しての厳しい規制を予防原則が要求するといった提言はその例である。自然の慈しみ深さに対する信念は、損失回避性への傾倒と重複する部分がある。多くの人は、人間によるいかなる干渉についても、それが現状からの損失を生み出すことをおそれ、その損失を非常に重く評価する。一方、「人間により」獲得された利得は疑いの目で見られるか、少なくとも重要度がより低いものとして扱われる。損失回避性と自然の慈悲への信念は、しばしば密接な関係を有する。現状が、ベースラインないしそこからの逸脱が測定されるような参照点を形成する。多くの人々の側からすれば、自然に介入するプロセスは、やっかいな「堕落」とみなされる一方で、それらと同等の利得や改善は、はるかに重要性が低いものと思われるのだ。しかし、自然の慈しみ深さへの傾倒は極めて一般的なものであり、損失回避性よりも上回っている。「食品のリスクや汚染について判断する上で、人間による干渉は、増幅機として働いているように思える」、たとえ「実際には」、「世界では、人間が引き起こした災害よりも多くの生命が、自然災害によって失われている」のであっても。[21] 人々は殺虫剤の発ガン性物質を過剰評価し、自然の中の発ガン性物質を過小評価していることを示す研究がある。自然と言えば安全であると人々は信じているから、たとえ天然水と工程処理された水とが科学的には同一であっても、前者を好むのである[22]。

とくに、自然の調和やバランスを信じる人々の間では、自然の慈しみ深さについての信頼が、予防原則が作動する際に主要な役割を担っている。予防原則を支持する人々の多くは、新しい科学技術をとくに懸念しているようである。自然由来の化学物質は人工の化学物質よりも安全であるとほとんどの人が信じている[23]（大半の毒物学者はこれに同意しない）。このような見方からすると、人々が自然界に介入しようとする時に、予防原則は警戒を求めるものである。もちろんそこには、いくばくかの道理がある。自然はしばしばシステムから成り立っていて、それらシステムへの介入は深刻な問題を引き起こすものである。しかし、このような予防原則理解には大きな問題がある。自然なものも、安全とはまったく言えないこともあるのだ[24]。

「自然の調和」が存在するというよくある見解をこの見地から検討してみよう。この見解は「真実ではない」と評価する報告がある[25]。［環境］科学における「革命」が示したのは、自然を「特徴づけるのは不変ではなく変化」であり、「自然の生態系は動態的だ」ということである。そして望ましい諸変化は、［時に］「人間の活動を通して引き起こされたもの」なのである[26]。いずれにせよ、自然はしばしば破壊、疾病、殺害、死の領域となる。それゆえ、自然がなすことと比較して人間の活動は必然的・組織的により破壊的である、という主張がなりたつはずもない。また、自然の産物が［人工の産物より］相対的に安全だというのも明らかではない[27]。有機食品は、安全で健康だという理由で多くの人々から好まれ、合衆国だけで年四五億ドルの収益を生み出しているが、ある報告によると、それは「実際には、合成化学肥料を用いて生育された食品よりも消費する際のリスクが高い」[28]。仮に予防原則が殺虫剤に対しては疑いを持つが、有機食品に対しては疑いを持たないのであれば、それはきっと「自然」から離れたことから来る健康リスクがとりわけ厄介なものとして印象に残るからである。

最も深刻なリスクのうちいくつかは、もちろん自然が生み出したものである。太陽にあたるほど自然なことはないから、人々はそれを滅多に恐れない。だが、太陽光にさらされることは、皮膚ガンや他の危害と結びついて深刻な健康問題を生みだす。しかしそれが予防原則の発動の機会となることはこれまで（不運にも）なかった。タバコは自然由来の製品であるが、喫煙は毎年四〇万人のアメリカ人を死に追いやっている。ここまで述べてきたことすべては、価値観と事実の複雑な問題に関わる特定の問題に対する解答を提示しようとするものではない。しかし、自然の慈しみ深さに対する間違った信頼は、予防原則が大いに分析の助けになるというまったく誤った思い込みがなぜ生まれるのかを説明するのには役立つ。

システムの無視

最後の点はある意味で最も重要である。思うに、たいていの場合人々は、単発の介入がシステム全体に与える影響を無視するのではないだろうか。人々は、社会状況における一つの変化は、問題とされた一部分を変えるが、他の部分には影響しないと想定する傾向がある。このように理解すれば、システムの無視は、「**トレードオフの無視**」という一般的な現象を含んでいる。これは、相互に競合的な複数の変数を比較しなければならない必要性がしばしば生じるが、人々がそれを見逃してしまうことをいう。しかしトレードオフの無視は、関係する事柄のほんの一部にすぎない。予防原則が指針を与えているかのように見えるのは、そしてそれがうまくいかないのは、それを適用する人たちがシステムの無視に陥っているからであるのがしばしばである。

この点に関するもっとも明快な証拠は、ドイツの心理学者ディートリッヒ・デルナー（Dietrich Dörner）によって提示されている。彼は、人々が社会的リスクを減らすことができるかを調べるための巧妙な実験をいくつか考案した。(29) デルナーの実験は、コンピューターを使う。参加者は、世界のある地域の住人が直面しているリスクを減らすように求められる。リスクには汚染、貧困、遅れた医療、作物の肥料不足、家畜の病気、水不足、過度の狩猟や漁獲などさまざまなものがありうる。コンピューター処理を用いて、参加者はさまざまな政策構想――牛の世話の改善、子供に対する予防接種、もっと井戸を掘るなど――の中から選択することができる。特定の政策構想が選択されると、コンピューターは、その地域で短期的に、また数十年のスパンで起こりそうなことを予測する。

この実験は、十分成功可能なものだ。選択された政策構想が、実際に効果的で持続的な改善をもたらすこともある。しかし、多くの参加者は、知識層や専門家であっても、災害を引き起こしてしまう。それは彼らが、単独の問題にこだわって、特定の介入がもたらす複雑で広範な影響を見ないからである。彼らは牛の数を増加させることの重要性を高く評価するが、それを行うと過放牧の深刻なリスクに直面するにも関わらず、その問題を予測することができない。水の供給のために井戸をより多く掘る事の利益を彼らは十分理解するが、その掘削がエネルギーや環境に影響し、食糧供給を危険にさらすことは予測しない。長期的成り行きを見通すことができたのは、ごくごく少数の参加者のみであった。彼らは、システムに対する単発的介入の多段階にわたって及ぼす影響を理解し、それらの介入がもたらす広範な結果を評価できたわけである。これらの成功した参加者たちは、少しずつ可逆的な段階を踏んでいくか、もしくは同時にすべての影響を見ることによって、重大なミスから自らを守っていたようである。人々が成功できない時、それは、システムの中にリスクが存在していることを見ることができないからなのである。

デルナーの実験の状況において予防原則が発動されたとしたら、どのように機能するだろうか？　弱いバージョンは助けになるかもしれないが、強いバージョンは何ら役に立たないことが容易に分かるはずだ。予防的措置の対象となりうるリスクがとにかく多すぎる。すべてのリスクに対して予防的措置をとることはできない。それは、資源が限られているという、重要ではあるがあまり興味を引かない理由によるものではない。どのようなリスクの組み合わせについても、それを取り除こうという取り組みそのものが、それ自体のリスクを生み出すかもしれないからだ。現実世界における恐怖やリスクに目を向けると、数え切れないほどの似たような状況が見受けられる。予防原則が指針を示してくれるように思われる限られた場合、しばしばそれは、システム全体への影響と、それに対する予防的措置の必要性が単に無視されているからである。

ハワード・マーゴリス（Howard Margolis）は、専門家と一般市民の異なるリスク評価について、関連する論点を用いて説明している。彼がとくに留意しているのは、なぜ、そしてどういった場合に、一般市民は「備えあれば憂いなし」と考えようとするのかについての説明である。[30] マーゴリスは予防原則について明示的に論じているわけではないが、彼の議論は予防原則の認知的基盤［に関する理解］を提供している。彼の目標は、一般人のリスクに対する考え方における明らかな不整合に焦点を当てることにある。X線の小さなリスクは我慢できるのに、殺虫剤の小さなリスクをなぜ規制すべきだと考えるのか。多くの専門家は原子力のリスクがかなり低い――たとえば石炭火力発電といった人々の反対を比較的引き起こさないその他のエネルギー源のリスクよりも低い――と信じる傾向にあるにも関わらず、人々が原子力のリスクを危惧するのはなぜか？　予防という考え方が魅力的に思えるのはどのような場合か、またそれはどのような場合に強迫的で役に立たないものになるのか？

マーゴリスは、人々は時にある種の視覚的錯覚に陥っているのではないかという。ある活動やプロセスと結びついた損害には注目するが、その便益を見ることができないというものである。その場合人々は、「備えあれば憂いなし」と考えるのだ。この錯覚に陥らなければ、人々は、損害と便益の間の何らかの「代替可能性」を理解し、専門家がよく行うようなトレードオフ分析を行う。マーゴリスはこの指摘を立証する素晴らしい例を提供している。ニューヨーク市の学校からのアスベスト撤去は当初たいへん評判がよかった。専門家がアスベスト放置のリスクは統計的に小さいと考えていたにも関わらず、保護者によって要求されたのである（実のところ、アスベスト断熱材によって子どもがガンに罹るリスクは雷に撃たれるリスクの三分の一である）しかし、その撤去で学校が数週間閉鎖され、その間保護者にとってとても不便であることがわかると、保護者の態度はまさに一八〇度変わり、アスベストの撤去がとてもよくない考えのように思われるようになったのである。撤去のコストが視野に入り、保護者が専門家のようなやり方で考えるようになったので、アスベストのリスクは受忍できるもの、つまり統計的に小さくてそれを引き受けるだけの価値があるリスクと思われるに至った。予防原則は、いわば会計台帳の片方の頁だけが見えることによってはじめて作動することがしばしばである。それにより人々は、アスベストの撤去以前、その危険性は目に見えているが、それを減らすことで起きる問題とは向かい合わなかった保護者のような考え方をしてしまうのである。

とりわけ鮮明な例として、一九九〇年代後半における環境保護に対するアメリカ人の見解の記録を見てみよう。「環境保護はとても重要なので、要求や基準が高すぎるという事はなく、また、費用に関わらず継続的な環境改善が行われなければならない。」という意見に、約六三%のアメリカ人が賛成した[31]。同じように、地球温暖化に関する京都議定書を五九%が支持し、反対はたった二一%だった[32]。しかし同じ時期に、アメリカ人の五二%が、もし「アメリカの平均的世帯に一月あたり五〇ドルの追加的な費用がかかる」なら、地球温暖化に関する京都議定書を支持しないと言っている[33]。さらに、もし月々の費用が一〇〇ドル以上となると、京都議定書を支持したのはアメリカ人のたった一一%だった[34]。「費用に関わらず継続的な環境改善が行われなければならない」という意見への大きく過半数を超えた支持と、費用が高い場合における環境改善に対する、やはり大きく過半数を超えた支持の関係をどう説明できるだろうか。実際のところは人々は、環境改善のために多額の費用を払いたくはないという事実がその答えである。費用がしっかりと

「視野に入って」くる時、人々は費用と便益の両方を評価し始めるのだ。

他にも多くの例がある。ダイオキシン関連のリスクに関心のある人々は多く、これも予防原則の適用が考えられそうである。しかし、それと統計的には同等である、ピーナッツバターに含まれる発ガン物質アフラトキシンと結びついたリスクに関心がある者は、わずかしかいない。アフラトキシンが人々の関心を誘発しない理由の大部分は、その禁止による負担がとても大きく、とうてい容認できないということだ。ピーナッツバターは学校の弁当や幅広い世代の多くの食事において必需品であるため、厳しい規制に反対する者が非常に多い。また、テロのリスクを下げるために計画される処置について、この見地から考えてみよう。少々直感に反するが、確率の低い飛行機事故のリスクを下げるためにかける金銭や時間についての支払い意思は、頻繁に旅行をする者ほど下がるという予測の方が合理的だろう。ある興味深い研究が、まさにそのような効果を見出している(35)。また、これは無難に予測できるが、殺虫剤をなくすことが深刻な健康被害につながること——たとえば、殺虫剤を使わない果物や野菜には特有の危険があるため——を、信頼できる情報源から聞かされていれば、認知される殺虫剤のリスクは劇的に減少し、厳格な規制の論拠として予防原則を持ち出すことが難しくなると予測してもよいだろう。実際のところ私の予測では、殺虫剤をなくすことが莫大なコストにつながり、リンゴやオレンジの価格を上げる形でのコストをもたらすということを人々が知らされていれば、認知される殺虫剤のリスクもまた小さくなるだろう。

結論を述べると、予防原則が役立つように思われるのは、分析者が「ターゲット」となるリスクに焦点をあてる一方で、予防志向的であることがシステム全体にもたらすところのリスク関連的影響には焦点をあてない、あるいは、リスク削減そのもののリスク関連的帰結すら軽視するからであることがしばしばである。もちろん、合理的な規制主体であれば、その場限りの結果ではなく、システムについて考える。そして、リスクが必然的にシステムの一部であることを一度認識すると、予防原則はほとんど役に立たなくなるのである。

ありうべき反論：目標の有益性

予防原則の提唱者達は、同原則が作動可能になるのは、単に認知上の難点の帰結によるものであるということを認めないだろう。彼らからはたくさんの応答がありうる。想像されうる応答は、二つのカテゴリーに分けられる。最初のカテゴリーに属する応答は、予防原則の提唱者達が明らかに有している目標の有益さと重要さを指摘するものであり、これらの目標と同原則は、粗々にであれば、結びついている。しかし、その結びつきは粗っぽいものであり、これら目標に言及することによって予防原則を擁護することはできない。第二の、より見込みがある応答は、予防原則をより洗練しようとするものである。では、目標の有益性についての議論から始めよう。

分配

分配を根拠として予防原則を擁護することは可能だろうか？　合衆国では、大気浄化法

（Clean Air Act）が「適切な安全マージン」を要求する高度に予防的なアプローチをとることによって、科学的不確実性に対応した規制を行う。同法は同時に、貧しい人々や少数派グループの構成員に大きな利益を与える。その利益の程度は、結局のところ、裕福な人々に対して与える利益よりも大きいものである[36]。国際的な分野では、気候の変化に立ち向かうための積極的な行動は、裕福な国よりも貧しい国に多くの利益をもたらす[37]。一つにはこれは、裕福な国は単に裕福であることによって、より順応しやすいからである。また一つには、気候の変化に非常に左右されやすい産業である農業が、裕福な国では経済の二パーセントを占めるだけである一方、貧しい国では五〇パーセントをも占めているという理由からである。少なくとも地球温暖化の文脈では、それらに耐える上でもっとも難しい立場にある国々がとくに厳しい負担を負うことを防ぐために、予防原則を持ち出すことがありうるかもしれない。

国内的・国際的なリスクの分配を強調することは、大いに意味のあることであり、地球温暖化が分配にもたらす影響は、温室効果ガスに対する積極的規制を支持する主張のうちで、もっとも強力なものに含まれる[38]。しかし多くの場合、予防原則の実際の適用は、不適切な分配的影響をもつだろう。DDTの場合を考えてみよう。DDTの禁止はしばしば予防原則への言及によって根拠づけられるが、それは裕福な国々では極めて正当である。しかし、その禁止は、少なくともいくつかの貧しい国々には悪い影響をもたらしそうであり、現にもたらしている。それらの国々では、深刻な病気、とくにマラリアに対処するうえで、DDTが最も安価で最も効果的な方法なのである[39]。実際、予防原則を最も強力な形態で理解すれば、DDT規制は、同原則によって強制されると同時に禁止されることになる。そして分配に配慮すれば、その使用を許すべきことを強く支持することになる。遺伝子組換え食物の場合も類似の例だろう。[40] 複数の推計によれば、その利益は裕福な人々ではなく、貧しい人々によって享受されるのである。

予防原則は、アフリカからヨーロッパやアメリカに輸入されるアフラトキシン――発ガン物質として知られる――に対して、厳格な規制を要求するように思われる。しかし、この点に関するECの基準は非常に厳格であるが、それで防げるのは、EU内で年にたった一件の死亡に過ぎないと予測されている。まずそれだけを抽象的に取り上げても、これは小さな数と言えよう。そして、EU内で年に三万三千人が肝ガンで死亡している事実を考慮すると、明らかに取るに足らない数字である。[41] そして、まさにこの予防策は現実的なコストを伴う。ECの基準によって食糧輸出能力をひどく損なっているアフリカの農場経営者に対して、莫大な損失をもたらしているのである。だとすればこれは、予防原則が歪んだ分配的帰結をもたらしている例だと言える。確かに、分配の問題は、リスク規制のシステムに含まれるものであるが、予防原則は、分配上の配慮を実現するためには、粗っぽく、遠回りで、時に歪みをもたらす方法だと言える。

バイアス

予防原則の擁護者達は、規制過程において環境的価値が系統的に無視されているか、正当に評価されていないこと、そしてそれゆえに系統的バイアスを和らげるのに同原則が役立つことを強く主張するかもしれない。たとえばデビッド・ダナ（David Dana）は、環境リスクに対する人々の過少反応を導く認知バイアスを克服するのに予防原則が適しているという根拠から、精力的に予防原則を擁護してきた。[42] この見解からすると、認知上の難点に根ざしているとして予防原則を批判する事はひどくミスリーディングだということになる。それどころか、まさにこの認知上の問題点に対する理にかなった対応として予防原則を理解するのが、同原則に対する最良の理解だというのである。

このような論者達が指摘する問題点の第一は、人々の近視眼的考えである。人々はしばしば短期間に注目して長期的観点をおろそかにし、自らの利益を害するかもしれないやり方に陥ってしまう。政府当局者もしばしば一般人に影響されるし、そもそも彼ら自身一般人とそう異なっているものではない。もし予防原則のことを知らなければ、そのような当局者は、短期的には起こらない、あるいはそう見えてしまうようなリスクに対して注意を払わないかもしれない。問題点の第二は、多くの人々は非現実的なまでに楽観的なことである。[43] およそ九〇%ものドライバーは、自分は平均的なドライバーより安全で、深刻な事故に巻き込まれにくいと考えている。[44] 概して人は、自分は他人よりも離婚しにくい、心臓病になりにくい、解雇されにくい、などと考えているものである。[45] 金融の専門家は、所得をいつも過大に予想し、ビジネススクールの学生は、初任給額や将来受けられるオファーの数を過大に予想する。他の多くの運転者との比較において自分はより安全だと信じ込むことに加えて、[46] 深刻な自動車事故に巻き込まれる絶対的な確率についても、人々は過少評価する傾向がある。人々が洪水や地震に備えるための保険を購入しないという事実も、彼らが過度に楽観的であるという見解と少なくとも整合はしている。[47]

行き過ぎた楽観性の結果、多くの低レベルのリスクはまったく印象に残らなくなる。関連する問題として、人々は認知的不協和を減らそうとする傾向があるため、時にリスクを小さなもの、さらには無視すべきものとして扱うということがある。[48] 統計学的なリスクに直面しているのに人々が自分たちは「安全だ」と考えるとき、彼らはリスクの不可避性を理解することからくる不安を避けようとしているのかもしれない。もちろん国家は、その市民の選好や信条に影響を受ける。国家［自身］も長期的観点を無視していて、本当の危険に対して過度に楽観的になっているかもしれない。もしそうなら、予防原則は賢明な中和剤であるかもしれない。

ある種のリスクに関する限り、このような現実的観点からの擁護論も妥当でないとは言えない。視野の限定を伴って適用される予防原則が良い結果を導くこともあることは疑いない。しかし結局のところ、これらの観点によっても、予防原則を合理的に擁護することはできない。というのは、このような擁護論の試みは、あるリスクに対する予防がほとんど常に他のリスクを生み出す、という［予防原則の］中心的問題を無視しているからである。認知論的観点からイラク戦争や遺伝子組換え食品の積極的規制を支持する議論を、イラク戦争に対する反対論や遺伝子組み換え食品の積極的規制に対する反対論に対しては用いない理由があろうか？　長期的観点を無視してしまうことや、過度な楽観性は、まさしくイラク戦争と、遺伝子組換え食品の規制に対しても責任があるのではないだろうか？

つまり、予防原則に賛成する認知論的主張は二つの問題に直面する。一つ目は、環境的価値はしばしば論争のどちらの側についても問題になるということである。健康と安全についても同様である。医薬品について市場投入前に大がかりな検査を行うことは、［医薬品自体の］リスクを減少させるが、同時に、潜在的に人命を助けうる医薬品を入手する可能性を人々から奪ってしまう。リスクや環境的価値がどちらの側についても存在するとき、認知バイアス［の指摘］は特定の行動の方向性を支持することはできない。二つ目の問題は、片方の側にしか環境的価値が問題にならない場合であっても、もう片側にある利益や価値も、過度の楽観主義と長期的観点への無関心という人間の傾向のため、無視されてしまうかもしれない。以下で見るように、認知バイアスは恐怖の法則の非常に重要な一端を担っているのだが、しかしそれは予防原則を正当化するものではない。

民主主義

民主主義的論拠を持ち出して予防原則を擁護することは魅力的に思える。民主的熟議を構築し、リスク規制における市民的価値観に確固たる地位を保障する方法として予防原則をとらえるのである。たとえばキャロリン・ラフェンスパーガー（Carolyn Raffensperger）とキャサリン・バレット（Katherine Barett）は、「予防原則は、何よりも民主的プロセスに確固たる根拠を置く」と主張する。彼らの見解によると、

民主的プロセスの欠如こそが、ＧＭ作物やＧＭ食品を取り巻く論争の主たる源であった。予防原則の観点からみれば、民主的プロセスの欠如は、道徳的に容認できないのみならず、

技術に関して決定を下すためには貧弱な手続である。技術は今では、世界中の数百万の人間と多くの他の生物種に対して（自発的であろうとなかろうと）影響を及ぼしているのだから。[49]

リスク評価は、「特定のハザードの潜在的な損害に対してはいくつかの指針を提供することができる」が、「リスク、便益、そして代替的選択肢」を比較衡量する能力を最も備えているのは、市民社会であるとされる。[50]このようにラフェンスパーガーとバレットは、予防原則が呼び起こすとされる「科学と社会の対話」を強調する。[51]

あるヨーロッパの分析者は、これと同様の方向性に立って予防原則を擁護した。「大衆心理の問題」に対処する方法を予防原則が提供すると主張するのである。[52]サリドマイドや狂牛病、チェルノブイリの惨事の後、人々は科学を疑うようになっている。いずれの事例でも、科学者はリスクがないと主張し、人々は彼らを信じたからである。このような状況の下では、予防原則によって、それ以外の方法によっては受け入れられないであろう活動や措置を正当化することが可能になる。新しい技術に対する人々の恐怖が仮に非合理的なものであったとしても、科学者や政策立案者はそれを無視することはできない。少なくとも予防原則のある種のバージョンは、科学と民主主義との間に折り合いを付けることを可能にするように思える。人々に対して新しい技術の安全性を保障し、「デマを飛ばして新技術を妨害することをより困難にする」というのである。

リスク規制における民主的熟議の重要性を強調したり、人々の不安を卑小化せずそれに応答する必要性を強調することは紛れもなく正しい。リスク評価は、予測される危害に対して「データとしての」数字を提供してくれるが、民主的な選択の根拠にするにはそれだけでは不十分である。たとえそれが費用と便益の予測の数字をきちんと伴っていたとしても。利益と負担がどのように分配されるかについて、私たちは知る必要がある。予想される危害は、量的表現のみならず質的表現においても説明される必要がある。人々は、リスクが不公平に配分されていないか、カタストロフィを起こす可能性がないか、自ら招いたリスクであるかについて気にしている。そのことは正しい（この点については後でもう一度論じる）。そしてもし人々が、熟考の上で、あるリスクを回避するために特定の措置を取りたいというであれば、彼らはそうする権利がある。安全マージンをとるのは十分に有意義な事である。

しかし、これらの議論はどれも、予防原則の民主主義的擁護論を提供しない。予防原則の問題は、それが過度に曖昧で抽象的で一貫性が無く、民主的議論を構築する賢明な基盤を提供することはできないことにある。もし、人々が、特定のリスクについて、そのリスクをとることが道理に適っていると考えてそれらを引き受けたとしたら？　市民が予防を拒否するとしたら？　予防を一般的に支持する姿勢を採用するふりをするよりは、熟考し情報も十分与えられた人々が最も心配するような危害に対して防備する重要性を主張する方がはるかに良い。

権利

ある見解によれば、人は一定のリスクや危険から自由である権利を有している。もし、ある企業がある集団のメンバーに重大な死亡リスクを負わせるとすれば、彼らの権利への重大な侵害が存在することになる。そのリスクが現実化すれば、権利侵害だとの主張は一層説得力を持つだろう。ここでの議論との関連では、人権の基礎づけについて語る必要はない。問題は、それらの権利の淵源を何に求めるにせよ、権利を守る手段として予防原則が正当化できるかどうかということだけである。

これについては第7章で別の観点から検証するが、権利に関するいかなる説明についても、予防原則との粗っぽい関連を見出すことができることにさしあたり注意しておこう。貧困国におけるＤＤＴの使用禁止、電磁場の積極的規制の呼びかけ、またはテロリストを援助しているという信憑性のある主張がなされている非友好国に対する先制戦争といったものが、予防原則によって要求されているとしよう。これらすべての事例において、予防原則をこのように発動すること自体が権利侵害を招くかもしれない。とくにリスクや危険が両面に存在する場合、それは確実である。権利ベースの議論が、ある種の予防を含むある種の規制的措置を正当化することは疑いない。しかしそのことによって、予防原則それ自体を正当化することはできないのだ。

偽陰性と偽陽性

予防原則の擁護者達は、彼らの本当の目標は「どの過誤類型が選択されがちか」を逆転することだと主張することもある[53]。概して科学者は、「偽陽性」、つまり何も害がない時に害を発見することを防ぐことに関心があるのだという。彼らの見解によれば、国家はむしろ、「偽陰性」、つまり、実際は危険がある時に安全だと判断することに対して慎重であるべきなのだ。その主な理由は、偽陽性は「さらに実験をすれば簡単に訂正できるが偽陰性はそうではなく、そしてそれは不可逆的損害につながるかもしれない」という点である。[54] 予防に関する古典的な議論の一つに数えられる業績であるが、タルボット・ページ（Talbot Page）も類似の議論を試みた。そこでは偽陰性と偽陽性の社会的結果が対照的ではないかもしれないことが強調される。リスクを伴う技術によって予期される損害は、この技術を推進しないことによって予期される損害（＝捨てられた便益）よりも多分大きいだろう。[55] こうしてページは、直観に訴える三つの原則に基づき、予防志向的決定を支持する。（1）不確実だがとても危険な結果のリスクを回避すること、（2）将来の行動可能性を阻害してしまうような不可逆的なコミットメントに慎重であること、そして（3）利益は直ちに生じるがリスクはまだ生まれていない人が負担することになる場合は、世代間衡平に配慮すること。

ある種の状況においては、偽陽性に懸念を持つのはもっともであり、ページが唱える三つの原則は真剣な考慮に値する。この種の予防原則擁護論の難点は、不可逆的損害は偽陰性だけでなく偽陽性によっても引き起こされうることである。偽陽性によって、生活に必要な食糧、薬、エネルギー資源を政府が供給しないことになるという事例を挙げることができる。不可逆性は、しばしば問題のあらゆる面に存在するのだ。死それ自体も不可逆なのだから、もし政府が予防志向的発想に基づいて、人の命を救うような取り組みを減らすもしくは無くすことがあるとしたら、実際は存在しない危害を想定してしまう偽陽性の強調は、不可逆的損失を引き起こすことになるだろう。新技術がもたらす利益の可能性よりも損害の可能性の方が一般的に大きいと考えるべき理由はない。そうなることもならないこともあるというだけである。

予防原則論者の応答：精緻化

予防原則を精緻化・再構成して、これまで私が述べてきたような異議に応答しつつ、予防という考え方が広く人を引きつける所以となっているような洞察をとらえたものにすることが可能かもしれない。第Ⅱ部では、まさにそのような再構成を試みるつもりであるが、ここでは予防原則を一般的に擁護するために考えられている三つの精緻化の試みについてさしあたり検討しよう。

バランス、リスク忌避、保険——確実な費用 対 不確実な便益

予防原則は実際は比較衡量を避けているわけではないのかもしれない。それはある種の衡量を要求しているのであって、ただリスク回避を強調しているだけかもしれない。予防原則の要点は、健康、安全保障、環境に影響する決定について安全マージンを作りだすことであり、つまりは、実証まではできないが起こりうる危険から人々を守るために、既存の証拠の枠を超えようとすることなのかもしれない。たとえば、「大きい」が「莫大」とまではいえない金銭的支出によって、最善の場合でも「大きい」危害、最悪の場合は「莫大」な危害が防げる場合を考えよう。この状況では、予防の名の下に「大きい」支出をすることが正当化されるであろう。

予防原則の弱いバージョンの擁護論として、この主張がなされるのであれば、何も問題はない。

まさしくそれは、正しくかつ重要な点に焦点を当てている。しかし、より大胆に［強いバージョンの擁護論として］主張されるのであれば、中心的問題を見失っていると言えよう。リスクやリスクに関連する特定の状況から我々を守るために「安全マージン」を使うことはできる。しかしそれをすべてのリスクに対抗するために使うことができない理由は既に述べた。そう、リスクはあらゆる側に存在するのである。リスク回避を伴った比較衡量の一形態として予防原則を擁護することには説得力がない。予防原則は単に一部のリスクに対してのみ回避的で、リスクのすべてに対しては回避的とは言えない可能性があるからだ。リスク回避性の理解から生じるのは、予防原則ではなく、その重大さが立証されえないリスクに対しては安全マージンを取った上で「規制という形の保険」を購入しようという、よりありふれた考えである。リスクがカタストロフィに近づくにつれ、安全マージンの程度は大きくなる。この点は第5章で立ち戻ることにしよう。

不可逆的損失、オプション、そして二種類の過誤

最も洗練された予防原則擁護論の一つとして、とりわけ株式市場におけるオプション理論を参考にして、不可逆性を強調するものがある[56]。この文脈においては、将来の投資家が、後に一定価格で株式を購入する権利に値段をつける方法がいくつか存在する。これらの方法は、典型的な株式購入の決定とは対照的である。後者の場合、投資家は予測される収益の流れに価格をつける。これに対して、オプションを買うというのは、収益の流れを予測する能力は時とともに向上するのだから、早い時期ではなく遅い時期に株式購入の決定ができることに価値が存在するという発

想である。[57] 規制の文脈においても同じような価値を考えることは、きわめて妥当である。規制を決定するとき我々は、費用と便益に関する収益の流れを予測しようとする。もし、もっと後になればその予測がより正確にできるようになるのだとすれば、そのときは、決定を後日に延期することに（限定された）価値がある。[58] この（限定された）程度の予防、すなわち、時とともにより多くの情報が得られる場合は現状を凍結させることは、原則的には正当なもののように思われる。[59]

予防原則のオプション分析において重要なポイントは、不確実性と不可逆性が一連の意思決定プロセスを導くということだ。たとえば、野生生物の生息地区の価値についての情報が不足しているとき、我々がその地区を保護するかどうかが問題になっているとしよう。より良い情報が［後に］現れてくるのであれば、より柔軟性がある決定を優先するようなアプローチを我々は求めるかもしれない。また仮に、開発が「環境の不可逆的な改変を意味し、保護による便益が永続的に失われる」のだとすると、関係する選択肢それぞれの「費用と便益に関するより多くの情報」が現れるのを待つことは筋が通っている。[60] その生息地区の破壊が不可逆的である場合、それを保全する政策によって後世に対してより大きい柔軟性が生み出されるのであれば、それが正当だというのが妥当な想定であろう。

いくつかの文脈においては、この議論は環境保護のために特別の手段をとることを確かに正当化する。地球温暖化はその良い例かもしれない。しかし、この議論によって予防原則［自体］が支持されるわけではない。せいぜい、一方の損失は不可逆的であるが他方の損失は可逆的であるといったある種の状況において、特定のオプションの利用可能性を守るために、規制主体はある程度の支出を進んで行うべきであると提案するにすぎない。これは一般人が行っているのと同じことだ。不可逆的損失という考え方が十分に特定されていれば、この考え方は特定の状況において理にかない、「予防的措置」を正当化する。しかし、予防原則はより広く適用されている。一方では不可逆的損失が起こり、他方では可逆的損失が起こる状況に限定されてはいない。いずれにせよ、不可逆的損失はどちらの側にも生じることがしばしばである。イラク戦争、新薬の市場投入の認可への強い予防的措置、遺伝子組み換え食品といった例を考えてみよう。これらどの事例においても、不可逆性はどちらの側にもあるのである。

リスク、不確実性、そして無知

ここまで私は環境やその他のリスクに関連する問題は、確率が判明しているハザードに関するものであるかのように述べてきた。特定の活動によって死亡するリスクは一〇万分の一である、あるいは少なくとも二万分の一から五〇万分の一の範囲におさまる、またそのリスクに曝されているのは一千万人であるとかいうことが言える場合である。しかし、分析を行っても、確率の範囲すら特定できない事例も考えられる。この場合、規制主体も一般市民も**リスク**の状況（ありうる結果が特定でき、それぞれの結果に確率が割り当てられる）というよりもむしろ**不確実性**の状況（ありうる結果は特定できるが、確率を割り当てることができない）において行動することがしばしばである。[61] そして時には、**無知**の状況、すなわち、どのような悪い結果の可能性がありえ、それはどのような性質を持つものかも規制主体が明示できない（直面している危害の大きさすら規制者にはわからない）状況の中で行動しているのである。[62] 不確実性の状況の下では、予防原則に関するより繊細な擁護論が可能である。

既存の知識の下で、規制主体が、どんな結果がありうるかについては特定できるがそれぞれの結果に確率を割り当てることはできない場合、マキシミン原則に従うことが標準的である。最悪の場合の結果が最善となる策を選ぶというものである。[63] マキシミン原則の一形態として予防原則を見ることもできるだろう。様々な選択肢によって考えられる最悪のケースを特定し、最悪のケースでも最も悪くない選択肢を選ぶことを求めるのである。たとえば地球温暖化を防ぐ積極的な政策を要求するといった、予防原則の実際の適用案の多くは、マキシミン原則によって支持されうるだろう。そのような政策は様々な困難を強いるかも知れない、しかしそれらの困難のうち最悪のものについても、地球温暖化と結びついた最悪のケースと比べればずっと悪くない、という場合を想定してみよう。政府は、最悪のうちでも最悪のケースとこそ闘うべきなのではないだろうか？　実際、ジョージ・W・ブッシュ大統領は、まさにこの観点からイラク戦争を擁護する。「［一九人のハイジャック犯（九・一一の攻撃への参加者数）が、今度はサダム・フセインから与えられた他の武器や別の計画を持っていると想像してみてほしい。ビン一本、缶一個、箱一つで、我々が今まで知ることのなかったような恐怖の一日をもたらすことができるのだ」。この見解によれば、コストのかかるリスク削減手段であっても、それが最悪のシナリオの最悪の場合を取り除くことができるのであれば、正当化されることになる。

この提案は、説得力がないものではない。最悪のシナリオを特定してそれに対処することが最良の策であることもある。本書第Ⅱ部でこの点についてはより詳しく触れるとしよう。しかし、このような応答によって予防原則を正当化しようとすることは、三つの問題を抱えている。第一の、最も基本的な問題は、予防原則はマキシミン原則ではないことである。もしここで議論されているのがマキシミン原則のことであるならば、マキシミン原則を直接議論して、それを他と比べて評価すべきなのである。ここで予防原則を語ることは、問題を分かりにくくしている。第二の問題として、このような形で予防原則を正当化すると、合理的な優先順位設定を妨げることになるかもしれない。リスクがより分かっている活動への対処をとりやめてリスクが不確定な活動に政府が資源を費やすようにさせるのである。そして第三の問題は、今は不確実性の領域にある危険でも、リスクの領域に移動することがしばしばあるということである。そもそも時の経過とともに知識は増大するものであるし、実際、よく機能している環境保護システムの主要な目標の一つは、潜在的ハザードについての多くの情報や、危害の確率に関する情報を産み出すことである。状況によっては、まずは情報を獲得する方が、最悪のシナリオに対応するよりもはるかにベターである。少なくとも、後者の対応自体が、不確実性の領域とリスクの領域の両方における危険を生み出す場合についてはそうである。

定量化できないカタストロフィのリスクをもたらす状況を持ち出すことによって予防原則を擁護することはできないというのが、私の結論である。しかしながら、そうした状況があることを理解すれば、実際にそれが生じたときにおける特定の予防措置が正当化されることはある。テロリストの脅威の場合であれば、確率を測定することはできないがそれが現実化すれば破滅してしまうような危険に対処すべく、ある種の予防原則を適用することは合理的である。地球温暖化の場合であれば、あまりにわずかな可能性として無視できるときを除き、カタストロフィのリスクは、費用のかかる予防策を同様に正当化するだろう。マキシミン原則の特化された形態、すなわち不確実性の状況下での潜在的なカタストロフィのリスクをコントロールするために考案されるある種の反カタストロフィ原則を採用することも考えられるだろう。しかし、ここでもまた注意することが大事である。カタストロフィのリスクを減らそうとするある措置をとることで、同時にまたカタストロフィのリスクを増加させることがある。イラク戦争についても、多くの人がこのように議論した。そして、たとえ関連措置がカタストロフィのリスクを惹起しない場合でも、その措置のコストについて知っておくことは重要である。その資源のすべてを潜在的なカタストロフィを避けるために割くのは、国家が望むことではないだろう。

より広い視野へ

私はここまで、予防原則にとってかわるようないかなる特定の対案も示してこなかった。しかしここでの議論のいかなる点も、アーロン・ウィルダフスキー（Aaron Wildavsky）の主張を支持するものではない。彼は、リスク規制にとくに関心を有する有力な政治学者であり、予防原則を拒否している。(64) ウィルダフスキーによれば、「予防」という概念を捨て、「強靭性」（resilience）に置き換えるべきだとされる。自然と社会は、強い衝撃であっても自らの中に組み入れる能力を十分に持っているのであって、我々が恐れているよりも最終的な危険はずっと小さいというのである。ウィルダフスキーの「強靭性」原則に従えば、（たとえば）ヒ素、地球温暖化、オゾン層の破壊などに関連したリスクについては、人々は今ほどに心配すべきではないということになる。

残念ながら、「強靭性」原則が「予防」原則よりましだとは言い難い。いくつかのシステムは強靭であるが、多くはそうではない。生態系一般、社会一般が「強靭」かどうかを抽象的に決定することはできない。いずれにせよ強靭性は程度の問題である。すべては事実に依存する。「強靭性原則」は、危害を生じる可能性がある技術的変化に直面しても何もしないことを優先するという一つのヒューリスティックとして理解すべきである。多くのヒューリスティックがそうであるように、強靭性原則もそれが役に立つ状況も多いが、それが構造的・致命的な過誤へと導くこともありうるのである。

よりよいアプローチは、なにもしないことからも、規制することからも、そしてその中間のすべての対処からも、それぞれ様々なマイナスの効果が起こるかもしれないことを認めることだろう。それらマイナスの効果の一部だけではなく、すべてを考慮しようと試みるのである。そしてそのようなアプローチは、分配的目標は直接的に追求する。たとえば、地球温暖化問題の主要な原因である豊かな国が貧しい国にお金を払うことを要求し、それにより貧しい国が自分たち自身で温室効果ガスを減少させ、関連リスクに対処できるようにするのである。社会がカタストロフィのリスクに直面している時には、その確率を計算できない場合であっても、傍観して単に期待するのではなく、行動することこそが適切である。リスクについて考えるとき、人々は様々な認知上の制約に直面するが、賢明なアプローチであれば、その制約をそのまま具体化するのではなくむしろ和らげようとするだろう。あらゆる危険について公正に評価しようとする努力は、利益集団による操作の危険を減らす助けにもなるだろう。

確かに、人々が不安を感じているという事実は、たとえ彼らが十分な情報を与えられていない場合であっても、それ自体が害であり、大規模な「連鎖反応」といった形で追加的な危害を引き起こしそうでもある。(65) リスクに対する賢明な取り組みであれば、たとえ根拠のないものであっても人々の恐怖を減らすべく努力するものである。私はここでそれを否定しようとしているのではない。説明されなければ不可解とも思える予防原則の魅力に説明を与え、そしてそれをうまく機能させるための戦略を分離して取り出そうとしているのだ。個人レベルでは、この戦略は、決して意味がないものではない。とりわけ、十分な知識を持たない人々や、目下の状況のたった一つの側面に焦点を当てた上で最善を尽くすしかない人々にとってはそうである。しかし政府にとっては、予防原則は賢明なものではない。理由は簡単だ。いったん視野を広げれば、この原則は何の指針も提供しないことが明らかになるのである。合理的な国家は確かに予防策をとるべきだ。しかし予防原則を採用すべきではない。では代わりに何をなすべきかについては、第Ⅱ部で見ることにして、さしあたり、最悪のシナリオが持つ特別な力について吟味していこう。これこそが、過剰な予防の背後にしばしば見られるものなのである。

第3章　最悪のシナリオ

以下の問題について考えてみよう。

- 放棄された有害廃棄物処理場の近くの地域に住んでいる人々がいる。その地域では異常に高い死亡数や疾病数が見られる。地域社会の多くの人々は、問題の原因が有害廃棄物処理場にあるのではないかと懸念している。政府当局者は、同処理場による健康への悪影響の可能性は著しく低いと言って安心させようとしているが、そのような保証は疑いと不信の目で見られている。
- ロンドン発パリ行きの旅客機が最近墜落した。原因は不明だが、多くの人はテロではないかと疑っている。それから数週間の間、多くの人々はそれがなければ飛行機に乗ったであろう場合でも、電車を使ったり、家にいたりする。そういった行動をとる人々の中には統計上のリスクは非常に小さいことを知っている人もいる。それにもかかわらず彼らは、不安を経験したくないという理由もあって、飛行機に乗ろうとしない。

- ある行政機関が遺伝子組み換え食品に表示を要求すべきかどうか決定しようとしている。機関内の専門家によると、遺伝子組み換え食品が環境と人間の健康に対して引き起こすリスクは小さいものだという。しかし多くの消費者は同意しない。遺伝子組み換えであることを知ることは強い感情の引き金となり、表示を要求すれば消費者の選択に大きな影響をもつだろうと思われるが、専門家は危険は取るに足りないものだと主張する。

こういった場合における人間の行動をどのように理解すべきだろうか？　この章の主題でもあるが、最も重要な点は、激しい衝動が引き起こされるとき人々は結果の蓋然性ではなく悪い結果に焦点を当てがちなことだと私は考える。人々は危害が起こる確率について敏感ではない。最悪のシナリオを強調する。その結果として、個人と社会の双方にとって深刻な歪みが産み出されることになるのである。

個人のレベルでは、確率無視の現象は、小さいが統計的に有意なリスクへの無関心、過度の心配、筋が通らない行動の変化を引き起こす。法律や規制に関しても、確率無視が問題を作り出す。これから見るように、政府も個人と同様、確率を無視することがある。一方では現実的なリスクに対して無関心であったり、他方ではほとんどあるいはまったく便益がないことに多額を出費したりするのだ。これもこれから見るところであるが、確率無視［現象］を理解することは、政府や他の者達がどのようにしてハザードへの人々の関心を高めたり低めたりするのかの説明に役立つ。テロリストは確率無視［現象］を悪用する。環境保護主義者や、企業の幹部達も同様である。利己主義的なアクターのみならず公共心から行動する政治的アクターも、さまざまな問題に注意を引きつけるために確率無視［現象］を利用する。それらの問題には、［本来］公共の関心に値するものもそうでないものもあるのだが。とはいえまずは、リスクに関する個人的・社会的判断の一般的な背景についての議論から始めるのが有用だろう。

認知

合理性についての従来の考え方からすれば、確率はリスクへの反応と大いに関係があるとされる一方で、感情が独立して評価されることはない。それは重要な役割を果たすものとは思われていないのである。もちろんリスク回避的な人もリスク志向的な人もいるとはされている。たとえば、一〇〇〇分の一の確率で九万ドルを失うリスクを排除するために、人々が一〇〇ドルを進んで支払おうとすることはありうるが、これはリスク回避の分かりやすいケースである。九〇ドルの［期待］価値しかないリスクを排除するために、そういった人々は一〇〇ドルを支払おうとするからである。他方、ギャンブルしたがる人も多いが、そのような人々は一〇〇〇分の一の確率で一〇万ドルの賞金を得るチャンスに対して喜んで一〇一ドルを支払うだろう。しかし多くの人々は、確率の違いは重要であると信じている。だからもし、一〇〇〇分の一の確率で九〇〇ドルを失うリスクを排除することと、一〇万分の一の確率で九〇〇ドルを失うリスクを排除することのどちらに対しても一〇〇ドルを支払おうとするならば、これはかなり当惑するような難題である。そして多くの目的のためには、リスクに関連する性向が感情によるものであるか、他の何かによるものであるかということは、さして問題ではない。

統計的に確かな情報が欠けているとき、情報探求を単純化する一定のヒューリスティックないし経験則に人々は頼ってしまうことを私は強調してきた。想起可能性ヒューリスティックが、恐怖について理解する上で最も重要だろう。法と規制の観点からは、想起可能性ヒューリスティックによって生じる深刻な事実誤認が問題となる。容易に想起可能な小さいリスクに対する過大な予防的対応と認知困難な大きいリスクに対する不十分な対応の両方である。もし人々が、危険の存在についての情報探求を単純化するためにヒューリスティックを使うだけのことであれば、過誤は起きやすいが、感情とは関係しない。

リスクに関する意思決定における判断を説明するために期待効用仮説から脱却するプロスペクト理論［三三頁訳注参照］も、認知に焦点を当てる。(1) ここでの目的の上で最も重要なのは、プロスペクト理論は［人が］ギャンブルと保険を同時に行うという現象について説明を提供してくれることだ。確実な利得Xと、多くの富を得られる可能性はあるがその確率は小さく期待値はXよりも下回るギャンブルとのどちらかを選択すべく求められた場合、多くの人はギャンブルの方を好む。他方、確実な損失Xと、カタストロフィの可能性はあるがその確率は小さくXよりも期待値が低いギャンブルとの間で選択を求められた場合、多くの人は確実な損失の方を好むのである。もし、期待効用仮説によって合理性を定義するのであれば、大きな利害がかかってはいるが確率が低いような結果を過剰に評価するという点で、人々は合理性から逸脱していることになる。プロスペクト理論を確率無視の一種の形態とみなすことも容易だろう。しかしプロスペクト理論は、人間行動に関するこのような主張をするにあたり、感情に特別な役割を与えることはない。

感情

しかし、多くの分野で人々が確率の変化についてあまり考えないこと、感情が意思決定に大きな影響を及ぼすことを疑う人はいない。(2) 低確率事象では、最善の結果や最悪の結果によって引き起こされる感情が選択を決定づけることがある。実際に生じる感情の場合も、感情に関する予想の場合もある。宝くじを買う人は、幸運な結果から連想されるさまざまな物についての空想を抱く。危害のリスクについては、それについての語る我々の言葉——パニック・ヒステリー・驚怖(terror)［強い恐怖を意味する"terror"はテロリズムの語源である］——それ自体が、それが強い感情に関わることを示している。たとえば、人々は現在脅えているわけでなくとも、不安を感じるだろうことを予想し、それを避けるため、飛行機に乗ろうとしないかもしれない。後で後悔することを心配して、そうならないようにしようという観点から何かの決定をすることもあるだろう。恐怖についても同様である。自分が不安を感じるであろうことを知っているので、イスラエルや南アフリカへの旅行をやめるかもしれない。それらの国をとても見てみたいのに、よく考えればその不安はあまり理性的ではないことがわかっているのに、そうするのである。まさにこの点に関する社会心理学上*のエビデンスがある。[3] 結果が「情動に強く訴える」(affect-rich) ものであるとき、つまり、単なる重大な損失ではなくたとえば恐怖のような強い感情をかき立てるとき、人々は重要な相違を軽視しがちなことをそのエビデンスは示している。

確かに、認知と感情の区別は複雑であり、論争になっているものである。[4] リスクの分野、そして多くのその他の分野において、感情的反応はたいていは思考に基盤を置いている。それが認知と無関係であることはほとんどないのだ。一定のリスクに対して否定的な感情が結びつくとき——たとえば殺虫剤や原子力など——主要な役割を果たすのは認知である。[5] ここでの分析のためには、恐怖という感情に関して、議論が分れるようなことを述べる必要はない。唯一言いたいのは、感情がかき立てられているときには、計算がより行われにくいということだ。少なくとも、結果の重大さだけではなくその生起確率という観点からも含めたリスク評価を行うような計算は行われにくいのである。

この点に関連するエビデンスを見た上で少し議論を展開してみよう。次のような一般的な現象があるのではないか。多くの分野において人々は、問題となる結果の良さ・悪さに焦点を当て、それらの結果が起こる確率にはほとんど注意を（あるいは少なすぎる注意しか）払わないことがしばしばである。起こりうる最悪のケースに人々が注目しているときや、その他強い感情に囚われているときに、この確率無視はとくに甚だしくなる。そのような感情が働くとき、人々は最悪のケースが起こる確率に十分な考慮を払わない。これは問題である。なぜなら、悪い事象が起こる一%の確率を九九%の確率と同等あるいはほぼ同じものとして扱うことは、十分に理性的とは言えないからだ。一〇%の確率との間であっても同じである。人々は確率無視に悩まされ、そして確率無視は十分に理性的とは言えない。だとすれば、一般人はリスクに関して専門家よりも優れたある種の「より豊かな合理性」を持っているという考えはかなり広まっているが、今私が述べた現象は、それに対して疑問を提起することになる。[6] 多くの場合、専門家達は、危険にさらされている人命の数に主に関心を持っている。それゆえに彼らは、一般の人よりも確率の問題には敏感だろう。

確率無視について考える際は、心理学において近年かなり注目されている「二重処理」アプローチと呼ばれるものを考慮すべきだろう。[7] このアプローチによると、人々は二つの認知システムを使っている。システムIは敏速で、直感的で、間違いが起こりやすい。システムIIは、より慎重で、計画的で、遅く、間違いが起こりにくい。ヒューリスティックに基づいた考えはシステムIに由来するが、一定の条件が備わった場合にはシステムIIによって覆されうる。[8] 想起可能性ヒューリスティックの利用にはシステムIが関係する。リスクが深刻だという判断を人々が急いで直観的に下すのは、過去に実際に起こった例の方が容易に考慮されうるからだ。この直感的な判断は、実際にはリスクが非常に低いことを示すより慎重な判断によって修正されうる。確率無視についても同様である。人々が確率の問題を考慮することなく結果のみに注意を向ける時、彼らはシステムIを使っている。これはシステムIIによって修正されなければならない。

私は確率無視に注目しているが、リスクの実現確率の大きな変化に対して、多くの人が多くの場合無関心だというつもりはない。大きな変化があれば異なってきうる。しばしば実際にもそうである。だが、感情が関わってくる場合、その違いは、予想されるものより小さい。また私は、確率無視が状況の影響を受けないなどというつもりもない。もし、確率を無視することのコストが「視野に入るところに」置かれたとき、人々は確率の問題により注意を払うだろう。［また］、市場の力は確率無視の影響を和らげうる。たとえば一万分の一のリスクと一〇〇万分の一のリスクとに異なった「価格」が付けられることもありそうである。ひとりひとりはそのような違いに比較的鈍感であることが調査によって示されているにも関わらず。

今述べた点をすべて認めた上で、重要な点を二つ強調したい。まず、とくに感情が激しく関わっているとき、確率の違いが行動に影響する程度は、本来そうあるべき程度よりもはるかに小さい。第二に、人々が政府の介入を要求するときも、それは確率無視に大きく影響されるため、規制主体は、結局広範な規制に乗り出すことになる。感情による激しい反応は、危険の実現確率（の低さ）に対して人々を比較的鈍感にさせるからである。悪い結果にかなりの顕著性があって強い感情の引き金になる場合、そのような悪い結果がもたらされる確率が低いものであっても、政府は何かしらの行動を求められることになるだろう。政治に参加する者達は、それぞれの立場から「最悪のケース」に注目し、確率無視を進んで悪用するのである。

確率無視：基本的現象

そもそも人は確率を気にしているのだろうか。もちろん気にしてはいる。一〇〇万分の一のリスクの方が一〇〇分の一のリスクよりも、ずっと厄介でないと感じるだろう。しかし、たいていの場合、確率の問題に関心を向けようとしない姿勢が目立つ。いくつかの研究が示すところによると、人々は、あることに関連する情報を求めるとき、確率をまったく知ろうとしないことがしばしばである。たとえば、ある研究によれば、消費者向け製品の修理保証を購入するかどうか意思決定する際、人々は、修理が必要になる確率について自発的に意識を向けることはない。[9] また別の研究によれば、リスクを伴う経営上の意思決定に関する仮想実験の場合も、人々が確率データを要求することは希である。[10] もう一つ、青少年を対象として次のような質問をした研究を見てみよう。[11]

スーザンとジェニファーは、車に乗るときにシートベルトを着けるべきかどうか話しあっています。スーザンは着けるべきだと言います。ジェニファーは着けるべきでないと言います。ジェニファーが言うには、湖に車ごと落下した事故で、シートベルトを着用していたために脱出できなかった女性の話を聞いたことがあるというのです。あなたはどう考えますか?

この質問に答える際に、多くの被験者は確率についてまったく考慮しなかった。たとえば次のような会話がなされた。[12]

A：そうだね……その場合はシートベルトを着用すべきだとは思わないよ。
Q：（質問者）そのような事故が起こるかどうか、どうしたらわかるかな？
A：まあ、そうならないように願うだけさ。
Q：だったら君自身は、シートベルトを着けるべきか、着けないべきか、どちらだと思う？
A：そうだね。本当のところ、みんなシートベルトを着けるべきだと思うよ。
Q：どうしてかな？
A：事故が起きたときに備えてだよ。シートベルトを着けなかった場合ほどひどく怪我しないからね。
Q：なるほどね。だったらさっきのような、乗ってる人が閉じ込められちゃう場合は？
A：その場合はシートベルトをすべきだとは思わないね。

確かにこのような答えは、奇妙で滑稽なものに思えるかもしれない。しかし、大人であれ子供であれ、確率の問題を考慮せず、複数の最悪のシナリオの間を行きつ戻りつすることがあると考えることは合理的だろう。

多くの研究によれば、かなり低い確率の場合、重要な違いがあっても決断にほとんど影響しない。合理性に対する標準的な見方とこの結果とは、はっきり対立的である。前者の見方によれば、小さなリスク削減のための支払意思額はおおよそ削減の大きさに比例するはずである。(13) おそらく先の研究結果は、人々の次のような暗黙の理解を反映するものだろう。このような場合では、関連する確率が「低いがゼロではない」、そして、これ以上分析するには複雑すぎることもあって、細かい区別をしてみても役に立たないというのである（一〇万分の一のリスクとは、本当のところ何を意味しているのか？ それは個人にとって四万分の一のリスクや六〇万分の一のリスクとどれほど異なるのだろうか？）。ハワード・クンルーサー（Howard Kunreuther）他のとくに印象的な研究によれば、人々は一〇万分の一と一〇〇万分の一と一〇〇〇万分の一のリスクを区別していない[14]。同じ研究では、六五〇分の一、六三〇〇分の一、そして六万八〇〇〇分の一のハザードに対するリスク認識についても、違いはほとんど見いだされなかった。非常に啓発的な別の論文において[15]、クンルーサー他は、実際の金銭がかかっている現実的な状況においても、ある出来事の発生可能性に対する人々の評価と、それに対する保険料の支払意思額（ＷＴＰ）との間に基本的に関係がないことを見いだした。人々がどの程度「心配」していると述べたかということと、彼らのＷＴＰとは関係している。しかし、心配の程度もＷＴＰも、損失を受ける確率において大きな相違があっても、影響を受けていないのである。

　今紹介した研究では「被験者間」の研究デザインが採用されていた。それぞれの被験者が単一のリスクのみを考慮し、同じ人間が同時にいくつかのリスクを考慮することは求められていなかった。低確率のリスクがそれぞれ切り離して見られ、一緒に評価されることがない時には、「評価可能性」の問題が生じる[16]。大半の人々にとって、低確率のリスクは、それ自体としてさほど意味のあるものではない。しかし、一〇万分の一のリスクが一〇〇万分の一のリスクよりも悪いことは、ほとんどすべての人がわかっている。大半の人々について、ほとんどの場合、単一の低確率のリスクに焦点を当てるそれぞれ別の決定においては、定性的に異なるリスクに対する人々の評価の違いを示すことはできないだろう。

しかし、いくつかの研究は「被験者内」研究デザインを採用し、異なる確率の複数のリスクに被験者を同時に触れさせる。しかしこの場合でさえ、確率の違いは決定にほとんど影響を与えなかった。早い時期における一つの研究は、旅行中の死亡リスクを減らすための人々のWTPを調べた。その主な発見は、死亡リスクを一〇万分の七減らすための平均WTPは、一〇万分の四減らすための平均WTPよりもたった一五パーセント高いだけだったということである。[17] その後のある研究は、深刻な傷害のリスクを一〇万分の一二減らすWTPは、同じリスクを一〇万分の四減らす平均WTPよりもたった二〇パーセント高いだけだということを明らかにした。[18] これらの結果が異常だというわけではない。リン（C. T. Jordan Lin）とミロン（J. Walter Milon）は、牡蠣を食べることによる病気のリスクを減らすことに対する人々のWTPを導き出すことを試みた。[19] 病気になる確率の変化について、人々はまったく鈍感だったのである。生鮮食品の残留殺虫剤への暴露リスクに関する類似の研究は、危険確率における重要な変化がWTPのささいな変化しか生じさせないことを明らかにしている。[20] 有害廃棄物に関する研究においても、死亡リスクの減少分が増加しているのにWTPが実際には減少するという不合理（！）が見出されている。[21]

低確率事象のカテゴリー内における重要な変化に対する人々の鈍感さについて、言うべきことは多い。この鈍感さの合理的な説明は困難であろう。小さなリスクを減少させることへのWTPは、その減少の程度にだいたい比例するはずだというのが標準的な見方である。[22] どうして人々はこのように考えないのだろうか。理論的に考えうる妥当な説明としては、大半の人々はとにかく低確率をどのように評価してよいかわからないというものがある。一〇万分の七のリスクは「小さい」、一〇万分の四のリスクもやっぱり「小さい」と思われるのだ。確かにこれらの数値を、同一の文脈の下で見れば、よりましな評価ができる。人々は一〇万分の七のリスクよりも一〇万分の四のリスクを好む。両者を同時に吟味することで、評価可能性が改善されているのである。しかし、この選好が明確であっても、二つのリスクが均しく「小さい」と思える場合は、WTPが**比例的**に増加することになるかどうかはまったく明らかではない。[23]

いくつかの創造的な研究は、視覚的な助けを通して、また確率スケールごとの比較シナリオについてたくさんの情報を与えることで、確率無視を克服することを試みている。[24] これらの助けがない場合、低確率の中における差異が人々にとって大きな問題とならないのは驚くべきことではない。私たちのほとんどにとって、ほとんどの場合、たとえば一〇万分の一と一〇〇万分の一の間の違いは決定に関係しない。そして、経験によってそれらの違いにうまく注意を払えるようになるということもないのである。

安全？　安全でない？　閾値と確実性について

人々は、状況を「安全」「安全でない」のいずれかにわけて取り扱い、本当の問題が危害発生の確率であることを理解していないように思える。これもまた確率無視の一つの形である。自然災害の影響に関する以下の考察について考えてみよう。

精神の健全さを維持するために人々がお互いに結ぶ取り決めの一つに、自分たちは安全だという錯覚を共有するということがある。たとえ周りの世界に関する物理的証拠がその結論を保障していないように思える時であっても、そうするのだ。もちろん、災害で生き残った人々は、自分の状況の危険度を過大評価する傾向にある。彼らがかつて、それらの危険を過小評価していたという事実の埋め合わせをするためにもそうするのだ。しかし、より悪いこと、はるかに悪いことは、彼らは、危険の兆候を自分の視野の外におく能力を失ってしまったことで、時に恒常的な不安状態の中で生きることになるということだ。(25)

ここで最も注目すべきことは、「自分たちは安全であるという錯覚を共有」する普通の人々と、「時に恒常的な不安状態にある」自然災害被災者との間の、明確な分断である。「安全である」ことは、もちろん程度の問題である。状況が「安全」から「危険」へと転じる単純な切り替え点は無い。もし普通の人々が、「自分たちは安全であるという錯覚を共有」しているのであれば、その理由の一部は、多くの低リスクは、まったく印象に残らないということだ。これまで見てきたように、人間は、時々信じ難いほど楽観的になりがちである。また人間は、ある特定のリスクを、まるでごく小さなもの、無視するに限るものであるかのようにさえ扱うことで、認知的不協和を減らそうと努めることもある。(26) 人々が、統計上のリスクに直面しているにも関わらず自分たちは

「安全」だと思っている時、彼らは、リスクの不可避性を理解することによる不安を避けようとするという形で、現実のあるいは予想される［不安という］感情に対応しているのだと言えよう。

個人のレベルにおいて、低レベルリスクを無視することは、まったくもって非合理的ではない。きめ細かいリスク判断を可能にするような情報を私たちは欠いているし、本当に確率がとても低いとき、それをゼロとして扱うことは賢明である。「安全」というカテゴリーはきわめて粗っぽいものであるが、ほとんどの人々にとって、ほとんどの場合は、低確率のリスクや最悪のケースを無視して「安全」カテゴリーにあてはまるものとして振る舞うことは理に適っている。もちろん規制主体の場合は、多くの人々を相手にしているというだけからしても、もう少しうまくやるべきだろう。個人のレベルでは無視することが最善であるようなリスク（たとえば五〇万分の一）でも、二億人の人々がそのリスクにさらされているのであれば、注意に値するのである。

自然災害に関する上の引用文がまた示唆しているように、リスクは突然「視野に入ってくる」。かつては「安全」だった場所が、今では「安全でない」のだと人々に信じ込ませてしまうのである。合衆国では、九・一一テロ事件がその明白な例であり、短い間にせよ、空港やその他の公的空間は「安全でない」と人々に思わせた。そして今も、国家が基本的に「リスクにさらされている」という不安を人々に抱かせ続けている。確かに九・一一事件は、単にテロリズムによるもののみならず、さまざまな死亡リスクに対する人々の関心を高めたと思われる。アメリカの十代の間で、テロリズムは、日常生活におけるリスク判断の中に占める位置を大きく増大させた[27]。もちろん、リスクが「安全」と「安全でない」という二つのカテゴリーに振り分けられるときには、確率無視の一つの形態が常に働いている。人々が統計上のリスクをゼロであるかのように扱う確率無視が起きる場合、「安全」と感じたいという欲求がしばしばその原因である。

実験研究はこの結論を強く支持する。[28] 低確率の危険に備えて保険に入るかどうかの決断に関して、人々は二峰性の反応を示す。リスクがある閾値を下回っているとき、人々はリスクを本質的にゼロと見なし、損失を被った時のための保険に、ほとんど、あるいはまったく費用を払おうとしない。しかしリスクがある水準を超えると、かなりの金額、実際のところリスクの期待値をはるかに上回る額を払おうとする。ある種のリスクが単に「視野に入らない」一方で、統計的には大きさがさほど変わらないリスクが「視野に入ってくる」ことで行動変化をもたらすのではないかという直感的な示唆は、先の二峰性の反応とうまく関連づけられる。実際ある研究によれば、自動車事故で死ぬ確率は一回の外出ごとにたった〇・〇〇〇〇〇〇二五でしかないと告げられたとき、九〇％の人々がシートベルトをしないと答えた。[29] これは、とても小さな確率はゼロと同等であるという（了解可能な）判断におそらく基づくものだろう。

閾値の役割は、人々の決定に対して確実性が持つ重要さを強調するプロスペクト理論の一つの側面と関係している。[30] 人々は、安全性の小さな増加のためには、比較的わずかな額しか支払おうとしない。しかし、最後の追加的な増分によりあらゆるリスクが除かれるときには、はるかに多くの額を支払うだろう。リスクの変化が四％から三％まで変化することに対しては、一％から〇％まで変化することに比べてはるかに熱意を感じない。前者に対して人々が支払おうとする対価や行おうとする行動は、後者に対してよりもずっと少ないのである。この研究結果は一般に「確実性効果」と表現されるが、人々は低確率のなかにおける差異に対しては鈍感であり、多くの場合、自分が「安全」の領域か「安全でない」領域にいるのかを問題にするという先の示唆とも一致する結果である。

ここまでは、低確率の中における差異が一般的に無視されることについて見てきた。ここからは、強い感情が、確率の問題に対する注意を押しのける特別の役割を有することについて見てみよう。これは低確率の場合にもそうとも言えない場合にも起きるものである。強い感情が関係しているとき、確率における大きな違いは驚くほど問題とされない、もし感情が引き起こされていないなら疑いなく問題とされるような違いだったとしても、というのが私の中心的な主張である。一般的に言って、感情が関係しているときには確率無視が劇的なほどに高められる。それは一つには、最悪のシナリオが有するすさまじい力による。恐怖にも願望にもこの点は同様に当てはまる。最善の結果についての鮮烈なイメージも、確率についての考慮を押しやってしまうだろう。これは宝くじがうまくいく理由の一つである。次の記事を読んでみよう。

七六〇〇万分の一のオッズが意味するものを彼らはまったくわかっていなかった。大きな夢を見る方がオッズの大きな数字を考えるよりも簡単だ。正確に言うと、午後二時の抽選における七六二七五三六〇通りの組み合わせのうちで賞金をもらえるのはただ一つである。メイシーズ百貨店のマネージャーであるクラレンス・ロビンソンは次のように語る。「七六〇〇万人のうちの一人ですって？　それはただの数字に過ぎません。私は勝ちます」。(31)

しかし、ここでの主題は、願望ではなく恐怖である。

簡単な実証

電気ショックを避けるための人々の支払意思額に関する印象的な研究があるが、それはここでの基本的な論点を、最も明確に経験的に裏付けている。[32] この研究の主要な目的は、「情動に強く訴える」決定における確率の関連性を調査することであった。実験により、感情の影響を比較的受けない設定と、強い感情を引き起こす設定とを比較して、危害に関する確率の変化がより影響を与えるのはどちらなのかを検証したのである。「強い感情」の設定では、参加者は、「短くて、痛みを伴うが、危険ではない電気ショック」の可能性を含む実験に参加することを想像するように求められた。感情に比較的影響しない設定では、参加者は、実験は二〇ドルの罰金の可能性を含むことを告げられた。それぞれの実験に参加するのを避けるためにいくら支払う意思があるのかが参加者に尋ねられた。悪い結果を被る（二〇ドル失う、あるいは電気ショックを受ける）可能性については、一％だと言われた人も、九九％だと言われた人も、一〇〇％と言われた人もいる。

その主な結果は、確率の変化は、感情をより喚起する結果（電気ショック）に直面する人々よりも、感情に比較的影響しない危害（二〇ドルの罰金）に直面する人々に対して、はるかに強い影響を与えるというものである。罰金の場合、一パーセントの可能性に対する支払いの中央値と九九パーセントの可能性に対する支払いの中央値との間には、予測される通りの大きい差があった。一パーセントの可能性を避けるのに一ドル、そして九九パーセントの可能性を避けるのに一八ドル支払うというものである。これは標準モデルにまさに整合的である。これとは対照的に、電気ショックの場合は、支払意思額の中央値は確率の違いによって大して変わらなかった。つまり、一パーセントの可能性を避けるのに七ドル、そして九九パーセントの可能性を避けるのに一〇ドルを支払うというのだ！　どうやら人々は、感情を引きつけるような危険に対しては、小さな確率を避けるためにでもかなりの額を支払い、そして支払い額は、確率が変化してもほとんど変わらないようだ。

より複雑な実証

リスクに対する反応における確率と感情の役割を調べるため、シカゴ大学の八三人の法科大学院生に、飲料水のヒ素レベルを下げるための最大支払意思額についてたずねる実験を試みた。これは十分に現実性がある問題だ。環境保護庁で実際に問題になっている選択肢に基づき、費用便益情報について、同庁自体が使っている実際の数字の概算を含めたのである。

実験では、参加者は四種類の状況を表す四グループに無作為に分けられた。第一の状況では、参加者は、一〇〇万分の一の発ガン性リスクを除去するための最大支払意思額を述べるよう求められた。第二の状況では、一〇万分の一の発ガン性リスクを除去するための最大支払意思額を述べるよう求められた。第三の状況では、参加者は第一の状況と同じ質問をされたが、「そのガンは身体の内臓を侵食し、たいへん恐ろしく激しい痛みを伴う」というように、ガンが生々しい表現で説明された。第四の状況では、第二の状況と同じ質問をされたが、ガンについては第三の状況と同じ表現で説明された。それぞれの状況で、参加者は次の選択肢の中から自分の支払意思額にチェック印をつけるよう求められた。〇ドル、二五ドル、五〇ドル、一〇〇ドル、二〇〇ドル、四〇〇ドル、八〇〇ドル以上、である。注意して欲しいのは、「非常に感情的な」状況におけるガンの説明は、ガンによる死の多くの場合についての単なる描写であってそれ以上の情報を付け加えることは意図していなかったことである。もっとも、それが特別に恐ろしい死だと理解した参加者も確かにいたかもしれないが。

私の中心的な仮説は、感情的でない状況と比べて、非常に感情的な状況では、確率の変化が問題とされることがはるかに少ない、というものである。より正確に言えば、非常に感情的な状況では、確率の違いはほとんどあるいはまったく違いを生まない一方で、感情的でない状況においては、それが現実的な重要性を持つだろうと予想したのである。この予想は、期待効用理論からの大きな逸脱を意図したものである。期待効用理論によれば、通常のリスク回避的な人間は、それを除くために彼がXの支払意思を持つようなリスクと比べて一〇倍起こりやすいリスクを除くためには、少なくとも一〇Xの支払意思を持つだろうと予想されるのである。また私は、確率の一〇倍の違い、つまり一〇万分の一と一〇〇万分の一の違いは、感情的な状況と感情的でない状況のどちらであっても、支払意思額に一〇倍もの違いを生むことはないだろうと予想した。この

表3.1　ヒ素リスクを取り除くための支払意思額（ドル）注

確率	感情的でない説明	感情的な説明	全体
100万分の1	$71.25　(25)	$132.95 (100)	$103.57　(50)
10万分の1	$194.44 (100)	$241.30 (100)	$220.73 (100)
全体	$129.61　(50)	$188.33 (100)	$161.45 (100)

注：平均値（括弧内は中央値）.

結果は表3．1にまとめられている。

最初の仮説に関する結果は、予想された通りである。[33] 感情的でない説明の下では、確率が一〇倍の値まで増加することで、平均WTPが七一・二五ドルから一九四・四四ドルへと、統計的に有意に増加した。ところが、非常に感情的な状況においては、確率が増加してもWTPの相対的な増加量はかなり小さい。一三二・九五ドルから二四一・三〇ドルへと増加したが、統計的に有意ではなかった。したがって、確率を一〇倍の値まで増加させることは、両方の状況下で平均支払意思額を増加させるが、その効果は、感情的な状況（平均WTPの八一％の増加）に比べて、感情的でない状況（平均WTPの一七三％の増加）の方が二倍以上大きい。標本サイズが小さいため、増加量のこの差異は統計的に有意ではないが、それでもなお、とりわけ類似の研究結果と整合的であるということからして、この結果は示唆に富むものである。

第二の仮説もまた支持された。確率の増大は、全体の平均WTPに対して、一〇三・五七ドルから二二〇・七三ドルという、かなりの違いを生み出した。確率無視に関する他の研究に一致する結果であるが、確率の変化は、WTPに比較的弱い影響しか与えていない。最も印象的なことに、リスクの一〇倍の増大は、かろうじて二倍以上の平均WTP（一一三パーセントの増加）を生み出したにすぎない。この実験で注目すべきことは、かなり教養のあるシカゴ大学法科大学院生は、いくつかの研究と比べて、確率情報に対するより強い感度を示したことである。しかし、そうであっても、その感度は従来の理論が予想するものよりも劣っているのである。

この実験から、潜在的に注目すべきもう一つの結果が得られる。ガンに関するより感情的な説明は、それだけで平均WTPに影響を与えたようであり、一二九・六二ドルから一八八・三三ドルに増加している。**実際、単により感情的に結果の説明を行ったことの影響は、現実のリスクを一〇倍にした場合の約半分にも上ったのである。**しかし、私が主に強調したいのは、質問がとくに強い感情を引き起こすように意図されているとき、確率の変動はWTPにほとんど影響をあたえない、という事実である。より感情的でない言葉で質問がなされた時における影響よりもずっと小さい。こういった種類の確率無視を私はここで強調しているのである。

その他のエビデンス

強い感情が関わる場合の確率無視は多くの研究で確認されている。[34] たとえば、特定の長さの「カウントダウン」の後に、痛みを伴う様々な強さの電気ショックを加え、その予測に対する不安感のレベルを測定した実験がある。これらの研究では、ショックの強さをあらかじめ示すことで、生理的反応にかなりの影響があった。しかし、そのショックの確率は影響を与えなかったのである。「ショックを受けることをただ考えただけで被験者は刺激を受け、ショックを受ける正確な確率はほとんど被験者の刺激を受ける水準に影響しないようである」[35]。関連する研究は、あらかじめ示されたさまざまな確率でさまざまな大きさの損益がある危険な投資に対する、買付価格の最大値を提示するよう人々に求めた[36]。標準的な合理性の理論にとっては幸いなことに、買付価格の最大値は、損益の大きさの影響も、確率の影響も受けていた（金銭の問題にすぎないので、多くの人々にとって、この実験は情動を強く引き起こす状況ではなかったということに留意してほしい）。しかし、これがキーポイントなのだが、報告された不安感は、確率の水準にはそれほど影響されない。つまりこの研究によれば、確率は行動に影響を与えたが、感情には影響を与えなかったわけである。この点はまた違った意味で重要だ。不安は、仮に行動に影響を与えなくとも、それを経験することはあまり楽しいものではない。そして、ここで扱うケースのほとんどにおいて、激しい感情は確率に対する関心を取り除き、ゆえに、行動も不安も共に影響を受けるのである。

いくつかの研究は、確率の変化が、感情を喚起するようなリスクにとって、他のリスクの場合と比べてより重要であるかどうかという質問を試みた[37]。この場合、核廃棄物の放射能関連リスクのようなある種の低確率リスクは憤慨（outrage）を発生させ、たとえばラドン被曝のようなそれ以外の低確率リスクはそれを発生させないことが前提とされている。そこでの中心的発見は、私がここで強調していることと整合的である。「高憤慨」状態であった場合には、確率の大きな違いも影響を及ぼさない[38]。人々は一〇〇万分の一のリスクと一〇〇万分の一のリスクに対して同じように反応するのである。対照的に、「低憤慨」状態のときは、確率の相違が、人々がそれを脅威と認識するかどうか、リスクを回避するための行動をとるかどうかに対して、顕著な影響を与える。さらに印象的なのは、たとえ核廃棄物の場合（高憤慨）とラドンの場合（低憤慨）の統計学的なリスクがまったく同一であっても、核廃棄物の場合には、人々ははるかに大きく脅威を認識し、その危険を減らそうとする意図を持つということである[39]。実際のところ、「憤慨の影響は実質的には、高リスク状況と低リスク状況における［確率の］四〇〇〇倍もの相違に匹敵した」のである[40]。

通常のリスクレベルとの比較を示すことでリスクレベルの相違が持つ意味を伝えようと努力すると、憤慨の影響は確かに減少した。しかし、そのような努力の後でさえも、憤慨は、リスクの二〇〇〇倍の増大に匹敵する効果を持つのである。強い感情の効果を和らげるには、大量の情報が必要であるようだ。人々はこのような情報に鈍感なわけではない。しかし、感情が関わる場合、人々に確率を考慮させるためには、慎重な作業が必要になる[41]。視覚化や心象が、リスクに対する人々の反応にとって非常に重要であることを思い出してほしい[42]。また、人々は「テロリズム」による損害をカバーする旅行保険にいくら支払うかについて尋ねられた時、あらゆる原因をカバーする旅行保険に支払う額よりも多くの額を支払うと述べるとする研究も思い出してほしい[43]。

確率無視が関係する場合は、想起可能性ヒューリスティックが問題になる場合とは異なる。後者の場合私たちは、確率を無視しているわけではなく、難しい質問（統計的リスクはどれだけか？）を簡単な質問（顕著な例がすぐに思い浮かぶか？）で代用することで、確率の問題に答えようとしているのである。視覚化が出来事をよりありそうに見せるということがここでの問題なのではない（これはこれでしばしば正しいが）。視覚化によって、確率の問題があまり関係しないかのように、はたまた無関係であるかのようになってしまうということなのである。想起可能性ヒューリスティックの利用と確率無視の利用との区別は、理論の上では不明瞭ではないはずだ。もちろん実際には、想起可能性ヒューリスティックと確率無視の、どちらによって行動が突き動かされているのかは、しばしば分かりづらい。どちらの場合でも、最悪のシナリオが思考と行動の両方に過度の影響を与えている。

リスクに対する感情的な反応や確率無視は、「心配性バイアス」[44]の主な原因にもなっている。危険に関して相互に両立しない複数の説明が示される時、人々は、より不安を感じるような説明に引かれていってしまう。これに関するW・キップ・ビスクシィ（W. Kip Viscusi）による鍵となる研究では、被験者に、産業界と政府という二当事者からの情報を提供した。一方の被験者には、政府から低リスクという情報を、産業界から高リスクという情報が与えられた。他方の被験者には、政府から高リスクという情報を、産業界から低リスクという情報を与えられた。基本的な結果は、人々は、「高リスクという情報をより有益なものとして」扱うというものであった[45]。低リスクという情報が産業界から来ているか、政府から来ているかに関わらず、この傾向が認められたのである。このように、人々は「不合理な非対称性」を示す。「リスクが高いという判断を過大評価」するのである[46]。その主な理由は、情報の内容を問わず、人々は最も悪いケースに注目してしまうということである（人々が産業界も政府もどちらも信用していないため、どちらかが示しているうちの「最悪のケース」こそが正しい状況であろうと思い込んでいるということもありえよう）。

ここには、情報政策に関する明白な教訓がある。つまり、安心させる説明とあまり安心させない説明とを含む広範囲の情報を人々に示すことは有益でないかもしれない。それは人々を怖がらせるだけの結果に終わるだろう。

危害のリスクの場合、災害の鮮明なイメージや具体的な映像が、さまざまな点についての思考を「押しのけて」しまい得る、そしてその押しのけられる思考の中には、災害が発生する確率は本当は小さいという〔本来〕重要な点についての思考が含まれている、というのがもっとも妥当な結論であろう。「ある人が心配しやすい傾向を持っている場合、起こりにくさの度合い〔を示すこと〕はまったく安心をもたらさないようだ。その危害が絶対にあり得ないことを証明すれば別であるが、その証明はそれ自体不可能なことである」(47)。希望の場合、カジノや州営宝くじを運営している者たちは、根底にあるこのメカニズムをよく分かっている。勝利と裕福な生活の鮮明なイメージを呼び起こすという意味で、彼らは人々の感情を弄んでいるのである。リスクの場合、保険会社と環境団体がまったく同じことをしている。以上の点は、「原子力や、ごく少量の有毒化学物質への暴露ハザードへの社会的不安は、恐怖の対象であるところのそれらハザードによる結果の確率が非常に小さいものであることを示しても、それに反応して弱まることがないが、それはなぜか」という問いを説明するものであろう(48)。

ある状況下において、個人の判断が確率無視の特徴を持つ場合、同じ状況においては、政府や法も確率を無視することになろう。当局者は法律に関する人々の要求に反応するものである。もし人々がリスクからの政府による保護を要求するならば、政府はその保護策を講じるだろう。もし人々が低確率のカタストロフィに対して、異常なほど強い反応をみせるならば、政府もそれに従って行動するだろう。もちろん、利益団体も関係してくる。彼ら自身の利益が問題となる場合、利益団体は、最悪のケースを強調することによって、人々の感情に付け入ろうとすることが予想される。そして政府自身の利益も無関係ではない。もし当局者がリスクを低く見積もることで当選する可能性が上がるならば、人々は基本的に「安全」だと言い、不作為の方向で確率無視が利用されるだろう。他方、リスクが人々の心の前面を占めているならば、当局者はリスクを強調するだろう。ジョージ・W・ブッシュ大統領に対する批判者の一部は、彼の政権が「対テロ戦争」の必要性を誇張したのは、部分的には、政治的利益のためだったと主張している。

上の問題に対する答えがどうだろうと、確率無視によって少なくとも部分的に説明されうる法令や規制はかなりの数に上る。いくつかの例を検討しよう。

1．ニューヨーク州ラブ・キャナル〔訳注〕における放棄された有害廃棄物によって引き起こされたと

〔訳注〕**ラブ・キャナル事件**　アメリカ・ニューヨーク州ラブ・キャナル地区で一九七八年に表面化した、化学合成会社が運河に投棄した化学物質による土壌・地下水汚染事件。カーター大統領は健康緊急事態を宣言し、同地区の住民の公費による全戸移転を決断した。この事件が契機となって、一九八〇年に「包括的環境対処補償責任法（スーパーファンド法）」が制定された。同地区の住民運動当事者による著書として、ロイス・マリー・ギブス（山本節子訳）『ラブキャナル―産廃処分場跡地に住んで』（せせらぎ出版、二〇〇九年）（第3章注(50)）がある（ただし著者サンスティーンは、土壌汚染の実態について懐疑的である（参照、本書一一二頁）、Cass Sunstein, *Risk and Reason: Safety, Law, and the Environment* (Cambridge University Press, 2002), pp. 78-82.

される健康への有害な影響の後始末として、米国政府は、病気が起こる実際の確率を調査することなしに、有害廃棄物の投棄地域を除染する積極的な政策をとった。実際のところ、被害の可能性は低いとして人々を安心させようとするという初期の努力はほとんど何も産み出すことがなかった。(49) 当該地域の保健局は、有害な影響の証拠はほとんどないという対照研究の結果を公表したが、「数値には意味がない」とされ、世論の不安が弱まることはなかった。(50) むしろ数値は恐怖をさらにあおったようだ。「離婚して三人の病気の子供を持つある女性は、数値が書かれていた一枚の紙をみてヒステリックに大泣きしだした。『子供たちが病気になるのも当然だわ。私は死ぬの？　子供たちはどうなるの？』」。(51) こういった問いかけが、放棄された廃棄物処理場がある地域を管理するための新法［本書一一一頁］の制定に寄与したのである。この法律では、健康や環境に対する重要な利益が得られる確率についての注意深い考慮が規定されていない。現在でもアメリカ政府は、除染に関する決定を下す際に、深刻な危害が生じる確率を十分には考慮していない。(52)

2．エイラー（Alar）という殺虫剤と小児ガンとの関連についての広く喧伝されたキャンペーンがなされている間、何らかの措置をとることを求める世論の要求は、ＥＰＡ（アメリカ合衆国環境保護庁）が小児ガンになる確率の低さに関して慎重な指摘を行った後にも、大した影響を受けなかった。(53)

3．二〇〇一年秋、アメリカでサメの襲撃の鮮烈な画像により、海水浴客への新たなリスクに関する世論が沸き立った。(54) コンピュータ記事検索によると、二〇〇一年八月四日から九月四日の間に九四〇件ものサメ被害への言及が見つかり、うち一三〇件が「サメの夏」に言及している。サメの襲撃はとても確率の低い事象であり、また、二〇〇一年夏においてサメによる被害が増加したと信頼できる証拠はないにもかかわらず、である。予想されるように、この問題に対処するための新法の検討に向けて多くの議論がなされ、結局はサメの餌付けを禁止するという形で立法がなされた。内在するリスクが小さいという事実に対して、人々の恐怖は比較的鈍感なように思われる。

4. テロ事象は、確率無視の深刻なリスクを生む。たとえば二〇〇一年一〇月のアメリカにおける炭疽菌の恐怖を考えてみよう。この場合、事象の数は際だって少ないものであった。感染により亡くなったのはたったの四人、体調不良を訴えたのは一二人ばかりである。感染の確率はとても低かったのだ。それにも関わらず、人々は被害を受ける確率の低さよりも、結果［の恐ろしさ］に目がいってしまい、恐怖は膨れ上がった。政府はそれに対応し、炭疽菌の感染を防止するために膨大な投資をした。民間組織も同じように対応し、統計上のリスクが微少であるにも関わらず、手紙を開ける際には細心の注意を払うことを人々に求めた。この件において広汎な予防策は不必要だったと言いたいのではない。民間組織も公的組織も、重要な健康問題の未知の確率に直面していたのだから、この反応は適切であった。私が言いたいのは、人々の恐怖がその原因と比較して過剰であり、対応のレベルもまた過剰だったということである。

確率無視、「競合的合理性」、二重処理

リスクの問題になると、専門家と一般人とで意見が異なるのはなぜだろう。一般人が「競合的合理性」を持っているという事実がその理由だと考えている者も多い[55]。この見解によれば、専門家は統計に、とりわけ危険にさらされている生命の数に関心を持っている。これに対して一般人は、あるリスクをとくに懸念を持つべき要因とするようなさまざまな質的な要素に関心を持っている。人々はたとえば、リスクが自発的に引き受けられたものか、潜在的に制御可能なものか、不公平に配分されていないか、とくに恐ろしいものか、等々を気にしているというのである。一般人は競合的合理性を示しているのだと信じてやまない人々にとって、専門家は鈍感で、「最終的な差し引きの結果」(bottom-line) の数のみに執着しているように見える[56]。この見解を最も雄弁に主張するリスク理論家のポール・スロヴィック (Paul Slovic) は、専門家と一般人はそれぞれ「競合的合理性」を示しているのであって、お互いに相手の洞察と知性を尊重しなければならないという[57]。

数字だけではかえって曖昧になってしまうような要素を一般人は考慮している、というスロヴィックの主張には多くの真実がある。リスクに特別な痛みや苦しみが伴うのか、リスクが不公平に分配されていないかについて人々は気にする。リスクに直面することになったのは自発的か、リスクが制御可能かに注目することは有意義である。もしリスク回避の費用がとりわけ高いのな

ら、政府は当該リスクを減らす特別の努力をするべきである。また、あるリスクが、貧しい人々や、恵まれない境遇にあるグループの人々に集中するのなら、政府はそれに対してとくに懸念を抱くべきだ。危険にさらされている命の数のみにもっぱら注目するとしたら、確かに愚かである。しかし、競合的合理性という考え方で、専門家と一般人の間の不一致をすべて説明できるわけではない。専門家は事実を［正しく］認識しているが、一般人はそうではないということもしばしばである。サメの攻撃や原子力やテロについて、一般人が専門家よりもずっと多く懸念を抱いている場合（あるいは、より少ない懸念しか抱いていないとしても同じことだが）、その理由の大きな部分は、確率無視によるものである。それゆえこの場合、価値観の相違ではなく、ある種の非合理性こそが、専門家と一般人のリスク判断の相違を説明する上でしばしば役に立つのである。

この論点は、「情動ヒューリスティック」がある特定のリスクを人々が心配したりしなかったりすることの原因となる、というスロヴィックの重要な指摘と密接に結びついている[58]。人々がある［決定や生産の］過程やある製品（原子力、遺伝子組換え作物、ヒ素、ＤＤＴなど）に対して強い否定的な感情を抱く時、人々は確率の問題についてあまり考えない傾向があり、それゆえに過剰に反応するだろう。これは［単なる］不合理であって、競合的合理性とは言えない。そして人々がある［決定や生産の］過程やある活動やある製品に対して強い肯定的な感情を抱く時（それぞれのグループ毎に、アルコール、日光浴、タバコ、ハーブ治療あるいは有機食品などが例としてあげられうる）、彼らは危害の確率が低くはないのに、リスクについて考えない傾向がある。これもまた、不合理としか言えないだろう。実際のところ「情動ヒューリスティック」は、人間が行う評価

——製品や活動に対して、政治家や教師や求職者や投資可能性に対して、自動車に対して、その他あれこれに対しての評価——の大部分について、説明の助けとなる。ここで私が言いたいのは、社会的ハザードについて考える際の専門家と一般人の相違について、確率無視が部分的な説明を提供できるということ、そのことは、一般人によるリスク評価に対して新たな疑念を投げかけるものであるということだ。

もちろん、専門家も彼らなりのヒューリスティックを使うし、彼らなりのバイアスを持っているというのも事実である(59)。リスクについて考える際にすべての人が直面するような認知的問題に対して、専門家たちだけが免疫があるとはとうてい言えない。専門家が常に正しいということではない。しかし一般人が専門家に異議を唱える場合、それは異なる価値判断に由来するのではなく、一般人の方が確率無視の餌食により陥りやすいだけのことだ、というのもしばしばなのである。

心理学、とくに恐怖と道徳的判断の問題に関する心理学においては、「二重処理」の考え方に対して、近年大いに関心が高まっている。確率無視もこの観点から見られなければならないことは既に述べた。二重処理理論によれば「システムI」に関わる認知作用は、高速、連想的、直感的であり、他方「システムII」に関わる認知作用は、緩慢、複雑、そしてしばしば計算的、統計的であることを思い出そう。多くの場面で、高速処理はたいへんうまく機能する。たとえば、森の中で熊に遭遇したり、裏通りでナイフを持った大男に出会ったりして（ただちに逃げ去る）場合である。しかし、熟慮が許される状況下で決定を下す政府や人々は、もっとよい処理をすることができるはずだ。

メディアについて、確率無視の不均一性についてのメモ

これまで述べたことから、恐怖を引き起こす上で、報道の種になるような出来事が大きい役割を果たすことは既に明確だろう。「最悪のケース」が本当に実現した例を提示するだけでそうなるのである。犯罪の場合、この点が明確に立証されている。(60) きわめてまれな犯罪についてメディアが報道することで、人々はほとんど直面しそうもないようなリスクを恐れるようになる。新聞や雑誌がテロリズムや狂牛病による死を強調すると、人々の不安の大きな増大が予想できる。それは想起可能性ヒューリスティックの作動によるだけでなく、確率の観点からの調整を人々は自然に行うものではないからでもある。ここに重要な警告がある。新聞や雑誌やニュース番組がごくわずかなリスクによるある種の危害を強調すると、現実と釣り合わないような不安を人々は感じるようになるだろう。それゆえ、時間が経つにつれて［不安感の］大きな変化が予想される。もともとごくわずかな相違がメディアの影響で誇張されるのであれば、社会の恐怖について国によって重要な違いがあることも容易に想像できる。この点はまたすぐ後で述べることにしよう。

確率無視に対する脆弱性が各個人によって、さらには各社会によっても異なるということも正しい。人によっては、人間的感情を引きつけるような文脈にあっても、確率情報を考慮に入れる。他方で、最悪のケース（最良のケースでも同じことだが）に執着することで、ほとんどいつも確率

情報を無視する人がいることも明らかだ。ヒ素に関する私の実験からは、確率を考慮する際の個人間の不均一性が見てとれる。確率情報にきわだって無頓着な人は、市場を含めた多くの領域で上手くいかないだろう。この情報に対して飛び抜けて注意深い人は、まさにそれだけでお金を稼げるだろう。もしかすると、人口グループによっても相違があるかもしれない。あるグループが、ある健康リスクについて他のグループよりも気に掛けないことがあること、とくに女性とアフリカ系アメリカ人が環境に対する危険に特別に恐怖を抱いていることは、よく知られている。(61) 不安に関する相違は、部分的には、あるグループが確率を無視する可能性が低いという事実に根ざしているのかもしれない。

社会レベルで言えば、制度によって、確率無視への脆弱性を増大させたり減少させるような多くの相違がもたらされうる。熟議民主主義は、人々の短期的な恐怖に対して一定の免疫を有しているような制度を作り出そうと試みるだろう。この可能性については第Ⅱ部で立ち返る。まずは問題の別の側面を検討してみよう。

第4章　野火のように広がる恐怖

人間の認知は社会的孤立空間においておこるものではない。ある出来事が認知上「想起可能」なとき、それはたいてい社会的影響によるものである。感情が人々を確率無視に陥らせる場合、他人による警告が役割を果たしている可能性が高い。市民が最悪のシナリオに執着するとき、そのような執着を確実にするのは、おそらくは社会的プロセスである。

政府とメディアが、いくつかのリスクをとくに顕著なものに見せるのは明らかだ。先に見た［本書七九頁］ジョージ・W・ブッシュ大統領の声明、「一九人のハイジャック犯（九・一一の攻撃への参加者数）が、今度はサダム・フセインから与えられた他の武器や別の計画を持っていると想像してみてほしい。ビン一本、缶一個、箱一つで、我々が今まで知ることのなかったような恐怖の一日をもたらすことができるのだ」に戻ってみよう。政府内外の環境主義者たちも、同じような手口を使って、潜在的なカタストロフィ的危害に人々の注意を引きつけることがある。人々の不安感が活性化されるとき、強固に組織された私的集団が中心的な役割を果たしている。少し先走り過ぎただろうか。まずは実例から始めてみよう。

スナイパー

二〇〇二年秋、二人のスナイパーがワシントンD.C.地区で一〇人の人を殺害した。被害者はランダムに選ばれた。男性も女性も、若者も老人も、白人もアフリカ系アメリカ人も含まれる。もちろん、これらの殺人事件はそれぞれ悲劇だ。だが、スナイパーの行動は、他の何百万人の人にも影響を与えた。多くの市民は、次は自分が撃たれるのではないかと恐れた。時にはどんよりとした、時には非常に激しい恐怖が、国の首都を襲う。市民の行動は劇的に変わった。

スナイパーが人々を一人ずつ狙い撃ちし始めてから、買い物、ガソリンの補給、草刈りといった日常的作業が潜在的に命にかかわるものとなった。ワシントンD.C.の住人は、死をもたらす銃の照準から懸命に逃れようとして、どこで食料品を買い、いつガソリンを補給し、どうやって運動するか工夫している。防弾ベストを身につけた者もいた。……自分の身を守るために何をすべきか、住民達が知るのは困難だ。(1)

多くの人々はガソリンを買うためにヴァージニアまで運転して行った。予防原則が現実に作動したのである。以下の例を見てみよう。

- 多くの学区は、「緊急事態」の下におかれた。生徒は学校の建物の中にいなければならず、昼食や野外活動のためにキャンパスを出ることはできない。およそ一〇〇万人の子供が影響を受けた。
- いくつかの学校で、大学適性試験が中止された。
- レクリエーションリーグ（六歳児のサッカー、高校女子のテニス、フィールドホッケー、野球）が、すべて中止・延期された。
- バージニア州ウィンチェスターでは、すべての校外遠足が中止された。
- 約五〇地区のスターバックスの店舗で屋外の席が撤去された。
- プリンスジョージズ郡の学校組織は、無期限にすべての競技種目を中止した。
- 四歳から一九歳までの五千人以上の選手が所属するワシントンD.C.サッカーリーグは試合を中止し、メリーランド州やバージニア州のユースリーグは学校組織の指導に従うように命じられ、ほとんどのリーグは屋外のイベントを中止した。
- 多くの人々は大きなフロントガラスのあるフィットネスクラブに行くのをやめた。安全を保つために、給油中に防弾チョッキを着たり、車のドアで自らを守ったりする者もいた。

しかし、スナイパーの行動が引き起こした異常な影響には、とても奇妙な点がある。その地域の人々にとって、スナイパーが引き起こしたリスクの増加は非常にわずかなものだった。約五〇〇万人がその地域に住んでいる。仮にスナイパーが三日ごとに人を一人殺していくとしよう。一日あたりの統計上のリスクは一〇〇万人のうち一人未満、週あたりの統計上のリスクは一〇〇万人のうち三人である。これは些細なリスクであり、人々がほんのわずかな心配すらしないような日常の多くの活動に関連するリスクよりもはるかに低い。サッカリンが含まれるダイエット炭酸飲料を三〇本飲むこと、一〇〇マイル運転すること、二本タバコを吸うこと、一〇回飛行機で旅行すること、喫煙者と同じ家に二週間住むこと、フィラデルフィアではなくデンバーに四〇日間住むこと、できたてのパンを三五枚食べることには一〇〇万分の一のリスクがある。[2] スナイパーがもたらす一日あたりのリスクはそれよりも小さいのである。予防的対応の中には、たとえばガソリンを買いに車でバージニアまで行くことのように、ほぼ確実にスナイパーの攻撃のリスクを上回るリスクを引き起こすものもあった。運転者が事故で怪我をしたり、死んだりする可能性の方が、スナイパーに撃たれるより可能性よりはるかに高かったのである。

統計上のリスクに関する私の評価について、確かに粗探しもできよう。当時の人々の中には、特定のリスクにさらされていて、スナイパーに狙撃されるリスクは私が述べたものよりも大きいと合理的に思考していた人もいるかもしれない。しかし、たとえそうだとしても、ほぼヒステリー状態に近いまでの高いレベルの不安や恐怖が多くの人に対して産み出されたのであり、現実のリスクがその根拠となるのに十分な程度だったということは、とてもありえない。防御行動はそれほどコストの大きいものではないという事実を考慮すると、いくつかの防御行動自体は合理的だったかもしれない。しかしそこでなされた警戒の程度は、リスクの程度によっては、とうてい正当化されうるものではない。

それでは、スナイパーの攻撃のさなか、なぜそんなにも多くのワシントンの人々が恐怖を感じ、自分たちの行動を変えたのだろうか。ここまでの議論がいくつかの手掛かりを提供している。一連の出来事は大々的に公表され、容易に想起できたため、多くの人々にリスクを実際のものより高いと考えさせたことは疑いない。たとえ実際のリスク水準に何の変化がなかったとしても、鮮烈な事例が公衆の注意を引きつける時、公衆の恐怖はしばしば突然「跳ね上がる」ことを思い出してみよう。(3) そして、控えめに言っても、ガソリンスタンドや運動場でスナイパーに殺されるという考えは、とくに新聞やテレビが実際の殺人に大いに注目するような時代にあっては、情動に強く訴えるものだと言える。それゆえ想起可能性ヒューリスティックと確率無視の組み合わせを参照して、スナイパーの攻撃の影響を説明するのは合理的である。

しかし、個々人の認識のみに焦点をあてるこのような説明は、重要な点を見落としている。無数のリスクが、原理的には「想起可能」である。つまり無数のリスクが、確率無視に結びつくようなある種の顕著性を原理的には有しているわけである。［だが］リスクの想起可能性や、どのリスクが確率無視に結びつくかは、場所によって明らかに異なる。多くの地域社会において、危険な性行為に関連したリスク（毎年何万人ものアメリカ人がそのために死んでいる）はあまり顕著性がない。しかし、ある社会の中では、それらリスクは確かに顕著に目を引くものである。原子力関連のリスクはアメリカ人には想起しやすいが、フランス国民にはそうではない。彼らはそのリスクをあまり心配していない。アメリカ人は遺伝子組換え食品に関連したリスクにはあまり気をつかわないが、そのリスクが「想起可能」である（にされる）可能性は、原理的には存在するのだ。

また、銃による暴力の場合を考えてみよう。わたしたちは銃の存在が多くの死を引き起こした事例を見つけることができ、また銃の存在によって遵法的な市民が犯罪者から自分たちの身を守ることができた事例も見つけることができる。(4) また、性的暴力のリスクに直面した女性が、積極的な自己防衛をしたらリスクが増えるのか減るのかという問いについて考えてみよう。ある事例では、抵抗が暴行を防いだ。他の事例では、抵抗が殺人を引き起こした。(5) どちらの事例がとくに想起しやすいだろうか。専門家の判断ですら、どちらの場合を想起できるかによって動かされているようである。(6) 放棄された有害廃棄物処理場は、一九八〇年ごろまでのアメリカでは顕著性を有するリスク源ではなかったが、その頃に起きたラブキャナル事件論争のため、それらの処理場は突如として懸念を強く生み出すものへと変化した。想起可能性は、時間の経過とともに根本的に変化するのである。［他方］いずれにせよ、いくつかの統計的に大きなリスクは大きな恐怖を引き起こすものとはならない。多くの社会において、喫煙に関連するリスク（アメリカでは毎年何十万人もの死亡の原因となる）は少しも顕著性がない。これはなぜだろうか。

この問いが提起するのは、恐怖やリスク認識における社会的、文化的な要因に注目することの必要性である。(7) 想起可能性については、もっとも明らかにそう言える。スナイパーによる狙撃やサメの襲撃、そして少女の誘拐のように、非常に目立つ一方で確率が低い危険の多くの場合において、それが想起しやすい原因ははっきりしている。マスメディアがこれらリスクを重点的に取り上げる。人々がこれらの恐怖や心配をお互いに話し合う。そうして一般に広まった恐怖や心配という事実に対して、メディアの注目がまた集まる。このようなスパイラルは、人々の関心が次のことに移るまで続くのである（多くの社会に見られる「今月のリスク」症候群は、このように想起可能性と社会的影響との相互作用に起因するのだ）。しかし多くの場合、ある人にとって想起可能であり顕著性があるからといって、すべての人にとってもそうであるとは限らない。たとえば、予防原則を支持する人々の多くは、反論の余地がないような証拠を求めたために、政府が環境危害の抑制に失敗し、広範な病気や死という結果を招いてしまった事例に注目している。このような人々にとっては、想起可能な事象が、不確実性に直面する場合における強い予防措置を要求していることになる。しかし、予防原則に懐疑的な他の多くの人々は、根拠薄弱な科学に対して政府が過剰に反応し、健康や安全上ほとんど利益のないようなことに対する莫大な支出を招いたケースに注目している。このような人々にとっては、想起可能な事象は、不確実性に直面する場合における控えめな対応を正当化するものだ。どのような事例が、誰にとって想起可能性のあるものになるのだろうか？

いずれにせよ人々は、異なった事前性向を持っている。多くの可能性のうちで、どれが顕著性を有するかが決まる上では、この事前性向が大きな役割を果たしている。もしあなたが遺伝子組換え食品に恐怖を感じやすい傾向があるなら、遺伝子組換えは健康に害を引き起こすといわれるような出来事を捜し出すし、それらを思い出すだろう。もしあなたが電磁波に恐怖を感じやすい傾向があるなら、電磁波がガンの発生率を高めているようにみえる事例に注意を払うだろう。もしあなたが、メディアがとりあげることは虚偽またはでっち上げと信じる傾向があるなら、人々の恐怖が根拠のないものと証明された事例が目に入るだろう。想起可能性が人々の信念を規定することに寄与するのは確かだ。しかし信念もまた、想起可能性を規定するのに寄与する。信念も想起可能性も、お互いにとって内生的なのである。社会的な力や文化的な力が、顕著性と相互作用しながら、別の問題群でなく、ある問題群に対する関心を生み出している場合は、事前性向こそが重要である。

行動を予測するため、共有された目標を法がどのように達成しうるのか見るため、パターナリズムの正当な役割を分析するためには、社会的な力と個人の認識との相互作用のあり方を知ることが必要だ。実際、法が、これに関連する効果を強めることがある。たとえば、想起しやすく顕著なリスクに対して法が急激かつ積極的に反応することで、そのリスクをさらに想起しやすく顕著なものにする。当局者があるリスクに焦点を当てる時、社会的関心を高めるために、「人間に」内在する認知過程を用いることができる。私がこれらの点を強調するのは、社会的動態の文脈の中で恐怖を見ることの重要性を主張したいからだ。それには、情報の流れの意識的操作も含まれる。

カスケード

利用可能性と顕著性は、社会的なバンドワゴンやカスケードを通して広がっていくことがある。

一見典型的であるかのような逸話や心をつかむ実例が、これらの過程の中で人から人へと急速に伝播していく。[8] 事実、ワシントンでのスナイパーの攻撃、ラブ・キャナル事件の恐怖、狂牛病論争、その他多くの社会的過程において、このような過程が大きな役割を果たし、恐怖を産み出し、そして時には新法をも生むことになったのである。

図式的な例をあげて考えてみよう。アンドリューは危険な出来事を聞きつけた。彼はそれを多くの真実を明らかにするわかりやすい例だと思った（犯罪、テロリズム、殺虫剤、環境災害、国家安全保障上の脅威、どれに関するものでもよい）。アンドリューはバリーに知らせた。バリーはその出来事をそれほど有益な情報と考える気にならなかったが、アンドリューの反応を見ているうちに、それは確かに多くの事を明らかにしているし、深刻な脅威が存在すると信じるようになった。キャロルはそのリスクを低く考えがちだったが、アンドリューとバリーの共通見解を一度聞いてしまうと、彼女も同様に怯え始める。次に話を聞くデボラは、自分で情報を大量に持っていない限り、三人の共通見解になってしまったものを拒絶することはできないだろう。[9] 図式的な説明ではあるが、この例は、一部の人が一度ある例を証拠として扱い始めると、多くの人が彼らの意見に影響されるようになり、カスケード効果を引き起こすことを示している。自然災害に対する保険を購入するかどうか決定する上で鮮烈な事例と社会的相互作用とが要因となるのは、部分的にはこういった理由による。[10]

リスクに対処する医者の間では、カスケードは一般的である。「ほとんどの医者は最先端の研究を行っていない。同僚がやった事、やっている事に頼らざるを得ないことが、手術手法の流行り廃りや、医療を原因とする病気につながっている」[11]。というわけで有名なニューイングランド・ジャーナル・オブ・メディシンの論説は「バンドワゴン病」について検討している。医者が「レミングのように、一過的で盲目的な伝染的熱狂をもって、もっぱら特定の病気と治療を強調する。それはもっぱらみんな同じ事をやっているという理由だけからである」という状態のことである[12]。扁桃摘出を含むある種の医療行為は「当初は、薄弱な情報に基づいて採用されたように思われ」、扁桃摘出手術とその他の手術の頻度の極端な差異は、カスケードが作用していることの適切な証拠である[13]。

社会的カスケードにみられる顕著な特徴は、それに関与する人々が、彼ら自身が影響を受けた社会的シグナルを同時に増幅している点にある。まさにそのような関与によって、カスケードに加わる人口は、その規模を拡大し、さらにまた他の人が加わるようになるだろう。不幸なことに、実態とはマッチしないような社会的恐怖に拍車をかけるほんのわずかの「先発者」がいるだけで、カスケードは人々を誤った方向に導きうる。先に挙げた例で言えば、私たちの小さなグループの意思決定には、アンドリューが大きな影響力を有していた。実際のところ彼は、その出来事についての正確な情報を有していなかったかもしれないのだが。バリー、キャロル、デボラの三人は、もしかすると、その出来事を心配する理由があまりないことを示すのに十分な、独自の情報を有していたかもしれない。だが、自分のしていることに絶大な自信を持っていない限り、先に動いた人に従ってしまいがちなのである。皮肉なことに、仮にたいていの人が他者に従っているだけだとすれば、一部または多くの人々がある恐怖を共有しているようだという事実は、ほとんど情報を産み出すものではない。多くの人々は、その他者もまさに自分たちと同じことをしているだけだということに気づかないまま、他者が与えるシグナルに反応する。もちろん、結局のところは修正されるかもしれないが、それでは遅い時もある。

社会的リスクの領域では、「想起可能性カスケード」が多くの社会的信念の原因となっている。[14] 顕著性がある出来事は、想起しやすいため、人々に影響を与えやすく、また繰り返し伝えられやすい。それによってますます多くの人々にとって想起しやすくなり、カスケード効果をもたらすことになるのだ。恐怖を引き起こすような説明は強い感情的な力を伴い、とくに広まりやすいため、それがますます増幅される。[15] ここには一般的な含意を見て取ることができるだろう。様々な地域社会毎に様々な社会的影響が見られるので、地域による多様性は不可避的である。それぞれの地域社会において、顕著性を有する例は異なっている。そのためそのような多様性——たとえばニューヨークとオハイオ、イギリスとアメリカ、ドイツとフランスの差異——は、大規模な文化的差異というよりもむしろ、偶然や、小さなまたはランダムな要素を含むかもしれない。それぞれ異なった「想起可能な」例を持つそれぞれの社会集団の判断の相違は、その由来をこの種の社会的過程に負っている。実際、フランスとアメリカにおける原子力に対する対応の違いの大部分はこれで説明されうる。そして、ある集団が、銃が暴力を増大させた事例に関心を集中し、他の集団が、銃が暴力を減少させた事例に関心を集中するとすれば、その理由の大部分は想起可能性カスケードによる。「多くのドイツ人はサクランボを食べた後に水を飲むことは命取りになると信じている。ソフトドリンクに氷を入れることが不健康だとも信じている。しかしイギリス人はサクランボを食べた後に冷たい水を喜んで飲むし、アメリカ人は氷を入れた飲み物を好むのである」[16]。

この関連で、テロリズムとSARSに関するリスク認識の国際比較研究について考えてみよう[17]。アメリカ人は、彼ら自身や他の人々にとって、SARSよりもテロの方がはるかに重大な脅威であると認識していた。一方、カナダ人は、彼ら自身や他の人々にとって、テロよりもSARSの方がはるかに重大な脅威であると認識していた。アメリカ人は、テロにより深刻な損害を被る可能性を八・二七パーセントと見積もっていた。これは、SARSにより深刻な損害を被る可能性に対する見積（二・一八パーセント）の約四倍の数値である。カナダ人は、SARSにより深刻な損害を被る可能性を七・四三パーセントと見積もっていた。これは、テロに対する見積（六・〇四パーセント）よりも有意に高い数字である。とりわけ、カナダ人のSARSに対する見積は、非現実的に高かったと言える。SARSに罹患するリスクの最良推定値をカナダにおける統計数値に基づいて考えると、〇・〇〇〇八パーセント（その結果として死に至る可能性は〇・〇〇〇二パーセント未満）であった。テロリズムについては、理由は述べるまでもないだろうが、客観的リスクの計算はずっと難しい。だが、もしアメリカが毎年少なくとも一回、九・一一と同じ数の死者を出すようなテロ攻撃を受けると推定したとして、テロによって死亡するリスクは約〇・〇〇一パーセントとなる。仕方なく算出した推論上の数値ではあるが、議論の出発点としては、妥当でないとまでは言えないだろう。

国民間の差異や、リスク認識の一般的誇張はどのように説明できるだろうか。想起可能性カスケードが良い回答を与えてくれる。アメリカでは、テロのリスクは（ごく控えめに言っても）大いに注目されており、脅威感を継続的に生み出し続けている。しかし、アメリカ国内ではSARSの事象はずっと発生しておらず、メディアの報道は他国における事例に限られている。それら他国の事例はSARSに関してある程度の顕著性をうみだしてはいるが、テロリズムの顕著性に比べてははるかに低い。カナダの場合は正反対だ。SARS問題が高い頻度で公の議論になり、容易に想起できる事例と結びついて、膨れ上がった数字の感覚を作り出したのである――それはテロリズムの場合以上の膨れ上がり方であった（ほとんどの国と同様にカナダでも、九・一一後はテロリズムは顕著性のあるリスクなのだが）。この場合も他と同様に、想起可能性とカスケード効果が国民間の差異を説明する上で助けになる。

ＨＩＶの感染リスクに対する人々の認識の要因は何だろうか。ある人々やある集団はこのリスクをまったく心配しない一方で、他の人々や集団はそのリスクが頭から離れないのはなぜだろうか。ケニアの僻地やマラウイについてのある研究は、社会的相互作用が重大な役割を果たすことを示している[18]。その著者達によれば、リスク認識は議論の産物であり、それはしばしば「病気や死を見たり聞いたりすることによって引き起こされる」ものである[19]。人々は「ＨＩＶの感染や予防について抽象的には知っている」が、「専門家の推奨に従って性行動を変更することの妥当性や有効性については」よく理解していない[20]。ＨＩＶ感染についてのリスク認識は、社会的ネットワークの関数に他ならない。高いレベルの懸念を表現する人々との相互作用から、信念や行動の明白な変化が生まれる。社会的ネットワークの影響は不均等である。「社会的ネットワークの相手の少なくとも一人がＡＩＤＳにかなり懸念を抱いている」ことによってかなりの影響が見られるとされる。著者達はカスケード効果については明白には言及していないが、ＡＩＤＳについてのリスク認識がカスケード効果から生み出されていると述べても、彼らの知見とは矛盾しない。

この点に照らせば、重要であり多くの議論がなされているモラル・パニックという考え方をよりよく理解できる。[21] 社会あるいはその一部が、異教徒、外国人、移民、同性愛者、不良少年達、薬物使用者が、道徳に対する脅威を与えていると突然認識し、恐怖を感じるようになる。このようなモラル・パニックは、どのようにして広まるのだろうか。答えの多くをカスケードが与えてくれる。多くの人は、道徳に対する脅威を恐れるべき独自の理由を持っているからではなく、他人が恐怖を表現しているがために、モラル・パニックに陥るのである。どうして多くの人が間違っているということがあろうか、と私たちの多くは考えがちである。容易に理解できるような例でその脅威が説明された場合には、その例が一般的傾向を例証しているかように思われる場合には、私たちはとくにカスケードに呑み込まれてしまう。社会的カスケードは、しばしばモラル・パニックである。社会的影響によって焚きつけられた恐怖こそが、モラル・パニックの原因となるのである。

集団極化

ここまで述べてきたことと密接に関連したもう一つの現象がある。同じような意見を持つ人々が互いに熟議し合うと、概して彼らは、議論を始めた時点よりもずっと極端な観点を受け容れてしまうことになる、というものだ。[22]「集団極化」として知られる過程である。いくつかの例について考えてみよう。

- 議論を経ることで、フランス人は、アメリカや経済援助に関する同国の意図に対してより批判的になる。[23]
- フェミニズムをある程度支持する女性達が、議論を経た後ではより強くフェミニズムを支持するようになる。[24]
- 議論を経ることで、人種偏見の事前性向を有する白人は、「人種差別主義は、アメリカの都市においてアフリカ系米国人が直面している状況の原因か」という問いに対して、より否定的な答えを返すようになる。[25]
- 議論を経ることで、人種偏見の事前性向を有しない白人は、先ほどと同様の問いに対して、より肯定的な答えを返すようになる。つまり、白人の偏見こそが、アメリカの都市でアフリカ系米国人が直面している状況の根源であると考えるようになる。[26]
- 懲罰的損害賠償を課したいと「もともと」思っていた陪審員達は、概して、熟議前に一人一人が考えていた損害賠償額の中央値よりも有意に高い額を導き出す。[27]
- 共和党の大統領により任命された連邦裁判所の裁判官は、同じ共和党任命の裁判官ばかりで構成された法廷においては、少なくとも一人の民主党任命の裁判官がいた場合に比べて、極めて保守的な判決投票パターンを見せる。民主党任命の裁判官に関しても同様のパターンが見られ、民主党任命の裁判官ばかりの場合、とくにリベラルな判決投票パターンが見られる。(28)

集団極化は、恐怖に関する文脈では必然的に起こる。何人かの人が地球温暖化やテロリズムを恐れ、お互いに話し合うならば、内部的に議論した結果として、恐怖が増大するだろう。原子力はおそらく安全だと信じている人々が互いに話し合えば、彼らのそのような信念は強化され、原子力には何も心配すべき理由がないと信じるまでに至るだろう。ある集団があるリスクについてヒステリー的に心配し、別の集団はそのリスクを存在しないものとして扱っているとしたら、その原因はおそらく集団極化であろう。したがって、集団極化は、集団ごと、地域ごと、そして国民ごとに恐怖のありようが異なっていることについてのもう一つの説明要因である。内部的に議論することでベルリン市民はあるリスクを心配するようになるが、ニューヨーク市民は気にしない。逆もまたしかりである。危険の程度がパリでもロンドンでも大差なかったとしても、パリ市民がたいして気にしない危険らしきものをロンドン市民は恐れるかもしれない。

集団極化に関しては、以下の四つの主要な説明があり、どれも詳細に研究されている。

説得力がある議論

説得力がある議論の役割を強調する最初の説明は、常識的な直観に基づく。ある問題についての個人の立場は、グループ内でなされた議論のうちもっとも説得的に思えたものによって、ある程度定まってくるというものである。人々の判断は、グループでの議論におけるもっとも説得的で多く支持された方向に向かいがちであり、これが集団性として受け取られる。恐怖を感じているメンバーからなる集団では、その恐怖を正当化する議論の方が不均衡に多いだろうから、一般に議論は人々をより大きな恐怖へと導くだろう。リスクが誇張されていると信じているメンバーによる集団でも同様である。そのグループのほとんどの者が地球温暖化の脅威を軽視していれば、議論のバランスは、脅威を無視する方向へと向かうだろう。その中の人々の意見も同様に変わっていく。

社会的比較

社会的比較を援用する第二の説明は、人々は他の集団のメンバーに好意的に受け入れられたい、他のメンバーを好意的に受け入れたいと思っているという主張から始まる。他人が信じることを聞くことで、自分の立場を優勢な立場の方へと調整するのである。集団のメンバーのほとんどが、恐怖を表すことを許容しないように見えるならば、メンバーはその事実を考慮し、それに応じて発言を調整するだろう。たとえば人々は、テロリズムや地球温暖化から身を守るための積極的手段に賛成しているように思われたいと考えるかもしれない。そうすると、公的に述べられる意見は、集団の他のメンバーが考えていることが分かった時点で、変化するかもしれない。優勢な立場に従って自ら沈黙するように人々を仕向ける社会的影響によって、集団極化は煽られているのである。集団の中では、恐怖であれ、恐怖を感じないことであれ、社会的比較の産物でありうる。

自信が極端な考えを生む

第三の説明は、極端な考えを持つ人々は自分が正しいという自信をより多く持っている傾向があり、そして人々が自信を得るにつれて信念がより極端になっていくことを指摘することから始める。[29]ここでの基本的な考え方は単純である。自信がなく、どう考えるべきかわからないとき、人は穏健な意見になりがちである。しかし他の人が自分と同じ意見を持てば、自分が正しいという自信をつけ、それゆえにより極端な方向に向かうかもしれない。もしある集団内の人々に恐怖を抱く傾向があるなら、集団相互作用の結果として恐怖を支持する議論がより有力に見えるという単純な理由により、その傾向はさらに強固になるだろう。背景がさまざまに異なる実験において、単に自分の見方が裏付けられたというだけで、他者と意見を共有していることを知り自信をつけたというだけで、人々の意見がより極端なものになっていくことが示されている。

感情の伝染

他者が示した感情に人はとてもよく反応する。[30]落ち込んだ人々がまわりにいれば、自分たちも落ち込むだろう。熱心でエネルギッシュな人たちがまわりにいれば、自分たちも熱心でエネルギッシュになる。このような感情の伝染の背後にある詳しい心理的メカニズムは完全に解明されてはいないが、恐怖は、伝染する感情の典型例である。恐怖を抱いた人々の集団では、内部で会話した結果、さらに恐怖が増幅されることが予想できる。

集団極化が、想起可能性ヒューリスティックや確率無視と結びつきながら起こるものであることは疑いない。たとえば何人かの人々が、狂牛病について、スナイパーの銃撃について、少女誘拐事件について、深刻な外国の脅威を政府が不当に無視し続けている状況について、議論する場合を仮定してみよう。議論の際に挙げられた事例は記憶に残りやすくなるだろう。また、もしその集団が、あるリスクを深刻だと考えるような事前性向を有しているのであれば、社会的な力学により、その事例は非常に啓発的なものだと信じるようになるだろう。恐怖に対する事前性向は、集団的熟議を経ることでより加重されやすい。集団の中では、恐怖を感じやすい傾向が自己増幅するのである。

上院情報問題特別調査委員会の二〇〇四年の報告書をこの観点から考察してみよう。この報告書では、イラクによる深刻な脅威を発見しようとする事前性向を中央情報局（ＣＩＡ）が有していたため、他の可能性を検討したり、実際につかんでいた情報を獲得・活用したりしなかったと主張している(31)。特定の恐怖の文脈における集団極化の餌食になったことで、ＣＩＡは、イラクが大量破壊兵器を保有しているという「推測を否定するような情報を拒絶する傾向」を見せたのである(32)。この主張は、アメリカ航空宇宙局（ＮＡＳＡ）の失敗について、「スペースシャトル」コロンビア号事故調査委員会が二〇〇三年に行った調査における主張をそのまま繰り返している点で注目に値する。同委員会は、事故の原因は、情報を出さないＮＡＳＡの不適切な文化にあると明確に述べた。ＮＡＳＡは「チェックアンドバランス」を欠き[33]、「公式見解」に従うべく人々に圧力をかけた[34]。その結果として極化プロセスが働き、深刻なリスクを無視する結果になったというのである。

メディア、利益集団、そして政治家

ここまでの議論は、それぞれ平等に扱われる個人の間に生ずる相互作用を問題にしていた。しかし現実の世界では、とりわけ想起可能性と顕著性が関係しているとき、ある意見は他のものよりも重要であるということを明らかにしておかなければならない。とくに、メディアの行動や優先事は大きな役割を果たす。「流行」が見出される多くの場合、現実にはそのようなものはなく、強く心を捉えるものではあるが代表的とは言えないような出来事に関するメディアの報道の産物である。それらの出来事に注目が集まることで、想起可能性と顕著性が確実なものになり、不正確に高い確率評価と一定程度の確率無視とが同時に促進されるのである。そしてメディアの重大な注目を集めることで、法的対応を求める要求も目に見えて影響されるだろう。ワシントンでスナイパーの襲撃が起きた状況の下で、激しいメディア報道が社会不安の主な源泉となり、大量の私的、公的なリソースがリスク減少に振り向けられることが確実になることに寄与したのである。

となると、なぜメディアが特定のリスクを扱い、他のものは扱わないのかという疑問が自然に生まれる。二〇〇二年における以下の指摘は、この疑問の解決の糸口となろう。

批判はあろうが、恐怖が支配したことは、ケーブルテレビのニュースネットワークの視聴率を上げることとなった。実際、目下の視聴率は二〇〇一年九月一一日のテロ攻撃以来の最高レベルを記録している。先週末にはFOXニュース・チャンネルの毎日の視聴平均は一か月前より二七パーセント増加、CNNでは二九パーセント、MSNBCでは二四パーセント増加した(35)。

このように、メディア報道は経済的な自己利益の反映でもある。代表的事例であろうとなかろうと、強く心を捉える事例は人々の注意を引き、視聴率を上昇させうる。その結果としてしばしば確率判断が歪められる。それゆえ、想起可能性ヒューリスティックとメディアのインセンティブとの間で悪循環が起こる可能性があり、一方が他方を悪化させながら、しばしば人々の理解を歪めていくことになる。

メディア報道の重要性を知っているため、よく組織された私的団体は、人々の注目をある特定のリスクに向けるためにとても熱心に活動する。これらの団体には、利他主義なものもあれば、完全に利己主義なものもある。よく知られた戦略は、想起可能性と顕著性の両方の引き金となるかもしれない事件を宣伝することである。テロリスト自身は最も極端で非道な例であり、大いに目立つ攻撃を利用して、「安全な場所はない」と人々に思わせる。しかし多くの実例は、必ずしも不愉快なものではなく、時には有益なものでもありうる。ラブ・キャナル事件における放棄された廃棄物処理場は、有毒廃棄物の除去をより促進するために利用され、またエクソン・バルディーズ号原油流出事故が、シエラクラブその他の環境団体によって原油流出に関するより厳しい安全措置を推進するために利用されたことを考えよう。[訳注] 想起可能性ヒューリスティックに関して、少なくとも実践的な知識は持っているため、私的団体は選ばれた事件に飛びつき、それらが公衆にとって一般的な顕著性を有するように喧伝するのである。これらの例すべてにおいて、特定の事件の利用は、人々や立法府を正しい方向に動かす上で必要なのかもしれない。確かに、顕著性と想起可能性との相互作用という社会的プロセスは、必要とされる改革を促進することもありうる。しかし、とくに社会的影響が問題を誇張するように人々を導く場合、あるいは確率の問題が無視される場合、［それがよい方向に働く］保障はない。

政治家たちも同じような企てに携わっている。影響力のある政治家の声は、まさに影響力があるというその性質によって、増幅器を備えているのだ。当局者が人々に対してある事件を持ち出すとき、一見わかりやすい説明かのように思える事例が広範囲に広まる。法律の制定も、それ自身想起可能性を高めうる。つまり、もし法律が有毒廃棄物処理場や「ヘイト・クライム」の問題に対処すれば、人々はそれらの問題を容易に想起可能なものとしてみるようになるだろう。ジョージ・W・ブッシュ大統領がどの点を強調したとしても、九・一一同時多発テロ攻撃は重要な問題となっただろう。しかし、大統領とホワイトハウスは数え切れないほどその攻撃に言及したが、それは多くの場合、一見遠いと思われる脅威が現実的であること、その脅威に対抗するためにはかなりのコストを負担する必要性があることを強調する手段としてであった（このコストには、二〇〇三年のイラク戦争も含まれるが、それはカタストロフィを鮮明に語りあげる大統領の演説によって煽られたものだった)。これらの攻撃の顕著性が、政治行動に影響を与える大きな役割を果たしたこと、そしてその役割を理解するためには社会的影響の参照が不可欠であることは疑う余地がない。

事前性向

今まで述べてきたことだけでは、事柄の全体をとらえているとは言えない。確かに信念や指向性は想起可能性の産物であり、社会的影響は想起可能性と顕著性の両方を保証する。しかし、既に私が指摘したように、想起可能性はそれに先立つ個人的・社会的な信念や指向の産物でもある。言い換えれば、想起可能性は、個人の事前性向に対して内生的である、ないしはその所産なのである。

どうしてある人は、予防策をとらなかったことが深刻な環境被害へとつながった出来事を思い出し、強調するのだろうか。彼らは環境保護を好む事前性向があるからだ、というのがありそうな理由だろう。また、どうしてある人は、環境保護が少しの利益のために莫大なコストを費やす

〔訳注〕**エクソン・バルディーズ号原油流出事故**　一九八九年三月二四日に発生した、大型タンカー「エクソン・バルディーズ」号による大規模な原油流出事故。米国史上最大級の流出事故と呼ばれ、環境や生態系に甚大な影響を及ぼした。

ことを招いた出来事を思い出し、強調するのだろうか。彼らは、環境規制に反対する事前性向があるから、というのがありそうな理由だろう。想起可能性ヒューリスティックと確証バイアスとの間の相互作用がここに見られる。確証バイアスとは、「私たちがもともと持っている仮説や信念を確証するような情報を求める傾向」[36]であり、上述のＣＩＡやＮＡＳＡの判断を評価した人々は、この傾向をそこに見出したである。

もちろん、事前性向はブラック・ボックスではないし、空から降って来るものでもない。それには源泉があるのだ。想起可能性と顕著性がそれである。ヒューリスティックが事前性向の構成を促し、今度は事前性向がヒューリスティックの現実社会における作動の原因となるという、複雑な相互作用が見られることになる。これはすべて、単に個人的に生じるだけではなく社会的にも生じているし、事前性向は静態的なものではない。ある事前性向を持った集団にいる場合、そこにおいて顕著性のある事例と、逆の事前性向を持つ集団にいる場合に顕著性のある事例とは、かなり異なるだろう。ここでは集団極化がとくに重要なのである。

より一般的に言えば、異なる文化的指向は、何が想起可能なものとなるかどうかを決定する上で、大きい役割を担っている。たとえばアメリカ合衆国はきわめて多様性がある社会であるから、異なった地域、異なった集団が異なった文化を持っていると想定する方が妥当であろう。アフリカ系アメリカ人社会において想起可能な例は、白人社会でのそれらとはしばしばまったく異なる。国家をまたがると、その差異はよりいっそう目立つ。異なる世界観が有力な役割を果たすこともその理由の一部であろう。そして、個人にとって言えることは、国家にとっても同様に言える。

事前性向は、ある程度まで想起可能性によって定まるし、また想起可能性は、ある程度まで事前性向によって定まる。社会的影響はこの双方の段階で作用する。何が想起可能であるかに影響を与え、また、事前性向をいずれかの方向に動かすのである。ここでの問題は、個人と社会の両方が、存在しない、もしくはごくささいなリスクを恐れる一方で、それと同時に本当の危険を無視するかもしれないことである。

恐怖がどのような問題を引き起こすかに関する私の議論は、本質的にはこれで完了である。これまで、予防原則の最も強い形態は首尾一貫しないものであり、それが指針を与えているかのように見えるのは、単に人間の認識にさまざまな特定の特徴があるからだということを見てきた。また、最悪のシナリオが人間の判断を歪め、起きそうもない出来事に対して過度の恐怖を産み出すことも見てきた。カスケード効果や集団極化を含めた、社会的な影響は恐怖を高めも低めもする。その結果、人々が根拠のない恐怖を示したり、正真正銘危険な状況に対して根拠のない自信を見せたりすることがしばしばなのである。

これらの問題を解決するために、個人レベル、社会レベルにおいて、なしうることは何だろうか？　もし私たちが熟議民主主義の理念にコミットするならば、私たちはポピュリストにもなれないしテクノクラートにもなれない。法や政策は人々の大きな誤りを反映すべきではない。民主主義は、市民の恐怖に（あるいは恐怖を感じないことでも同じだが）に機械的に従うべきではない。ここでの議論は決して、テクノクラート支配の美徳を提唱するものではない。私が既に述べたように、市民は、量的には同一のリスクの間において質的な区別をすることがある。この質的区別を行う理由が、彼らの熟慮された価値観であるならば、そのような市民の判断は敬意に値するのである。

それでは、予防というテーマに戻ることとしよう。

Part II　SOLUTIONS

第 II 部
解決編

第5章　予防原則の再構築と恐怖の管理

私は予防原則を厳しく批判してきたが、予防すること自体は理に適っていることを疑う人はいない。予防原則がめざす目標は有益なのだから、それら目標を正しく理解すれば、予防原則の中心的な発想の再構築に道筋をつけることができる。このような再構築は、予防原則を支持する人々の懸念を真剣に受け止めるものである。三つの次元に沿って再構築がなされる。カタストロフィ的リスク、不可逆的な損害、そしてカタストロフィの恐れはないが際だって懸念すべき理由があるリスクに対する安全マージンの三つの次元である。本章では、このような考察から導かれる諸原則について論じ、続いて、人々の過度な恐怖、根拠に基づかない恐怖に対して政府がいかに対処すべきかを検討する。

カタストロフィ

確率を割り当てることができない壊滅的なリスクに市民が直面したとき、反カタストロフィ原則を適用することは、彼らにとって理にかなっている。もし規制主体が不確実性の条件の下で行動している場合、マキシミン原則に従い、最悪のシナリオを特定して、それらの中でも最悪の場合を取り除くようなアプローチを選ぶのがおそらく最も良いだろう。従って、もし積極的な対策が地球温暖化関係のリスクを減らすために正当化されるとすれば、そのリスクが潜在的にカタストロフィ的であり、また、現在の科学では最悪のシナリオが起こる確率を特定することができないから、ということが一つの理由になる(1)。マキシミン原則は、不確実性が存在するときにはいつでも魅力的な決定規則であるが、規制の文脈では、極端に悪い結果との関係で、同原則はとくに重要である。

これらの主張を理解するためには、議論を少し戻して、マキシミン原則をより詳細に検討してみる必要がある。最悪のシナリオを除去することは、一般的に理にかなっていると言えるのだろうか? 次のような例について考えてみよう。現在ロサンゼルスに住んでいる報道記者が、二つの仕事のうちの一つを選べると言われている。第一に、たとえばイラクのような、多くのテロにさらされている国へ行くことができる。第二に、フランスにおける反米感情を取材するためにパリに行くこともできる。彼が考えるに、イラクでの仕事を選んだ場合、まったく対極的な二つの結果がありうる。（a）彼の職業生活においてもっとも興味深く実りある経験をするかもしれないが、（b）殺されるかもしれない。パリでの仕事にも、また別の対極的な結果がありうる。（a）興味深い経験をして、とても楽しいかもしれないが、（b）孤独でホームシックになるかもしれない。パリを選んだ場合の最悪のシナリオがイラクの場合の最悪のシナリオよりもずっとましだという理由から報道記者がパリを選ぶとしたら、それをばかげているとは到底言えないだろう。

しかし、マキシミン原則がいつも賢明な決定規則であるとは限らない。件の報道記者が、今度はロサンゼルスにとどまるかパリに行くかの選択権を持っていて、個人的な観点からも職業的観点からもパリの方がはるかに良いとしよう。ここでマキシミン原則を援用し、パリへ向かう飛行機が墜落するかもしれないのでロサンゼルスにとどまるとしたら、それは彼にとってばかげたことだろう。このような例を用いて、ジョン・ハーサニ（John Harsanyi）は、非合理性さらには狂気すらも産み出すものとして、マキシミン原則の拒否を主張する。

マキシミン原則を真剣に受け止めるならば、もはや道を横断することはできない（何と言っても、車にぶつかるかもしれない）。橋の上で運転することもできない（何と言っても、橋が壊れることだってある）、結婚することもできないだろう（何と言っても、大失敗に終わるかもしれない）等々である。もし誰かが本当にこのように行動したとしたら、すぐに精神機能不全に陥るだろう。(2)

イラクとパリの間の選択においてマキシミン原則を利用することに対して、ハーサニの議論を用いて異議を唱えることもできる。件の報道記者は、単に最悪のシナリオを確認するのではなく、イラクで殺される確率も計算すべきではないか？　マキシミン原則は確率無視の一つの形態ではないか？　イラクでの死のリスクが一〇〇万分の一であると判明し、そして個人的にも職業的にもパリの選択よりイラクの選択の方がずっと良いと仮定してみよう。報道記者は、起こりうるかもしれない最悪の事態に過度に固執して決断するよりも、イラクを選ぶべきだと考えるのは妥当だ。ここまでは、ハーサニによるマキシミン原理の批判は確固たる論拠に基づくように思われる。

しかし、ハーサニの議論には重要な点が欠けている。ロサンゼルスかパリかを選ぶ報道記者の分析についても同じだ。リスクは関連する状況のすべての側面に存在するのである。報道記者がロサンゼルスにとどまっても、街のチンピラに殺されるかもしれない。マキシミン原則を利用してアメリカにとどまるという決定を正当化することはできないのである。そしてハーサニの議論に反して、マキシミン原則は、道を横断したり橋の上を運転したり結婚したりすべきでないということを本当は意味しない。それら三つを拒否すること自身にもまた、(死亡やひどい災難を含めた）最悪のシナリオがありうるからである。実のところハーサニは、予防原則があれば飛行機や抗生物質は認められなかっただろうと危ぶむ科学者達とまったく同じような間違いを犯している。マキシミン原則をとる、すなわち予防策を命ずるのであれば、一部ではなくすべての関連リスクを特定する必要があるのだ。

にもかかわらず、マキシミン原則に対するより一般的な反論は正しい。もし様々な結果に対してそれぞれ確率を割り当てることが可能なのであれば、最悪の場合がほとんど起こりそうにない場合や、他のずっと良い可能性の方がはるかに起こりそうな場合に、マキシミン原則に従うことは不適切だ。私たちの報道記者は、もし現実的にパリで起こりそうな結果がはるかに良いものであれば、たとえパリの場合の最悪のシナリオがロサンゼルスの場合よりも悪い場合でも、マキシミン原則を否定して、パリに行くのがよいだろう。報道記者は想像し得る結果に確率を乗じて期待値を計算し、それにしたがって意思決定をしなければならない、それが合理的だ、などと言いたいわけではない。人生は短い。人々は忙しい。ひどい災難を防ぐために安全マージンを設けることは決して非合理的ではない。しかし本当に悪い結果が起こる可能性が本当に小さいとき、マキシミン原則は馬鹿げている。

しかし、それはいつも馬鹿げているだろうか？　既に示唆したように、マキシミン原則はリスクではなく不確実性の状況下では大きな意味を持ちうる。パリで伝染病が未知の速度で蔓延しているため、我々の報道記者は、そこでの恐ろしい死に対して確率を割り当てることができないとしよう。その場合、ロサンゼルスに留まるのは賢明かもしれない。予防原則を練り直そうとする非常に啓発的な業績[3]において、スティーブン・ガーディナー（Stephen Gardiner）はジョン・ロールズ（John Rawls）の次のような議論を援用する。「重大なリスク」が関わり、また、それらの発生に対して確率が割り当てられないとき、マキシミン原則は適切な意思決定ルールである。少なくとも、選択者が、「マキシミン原則に従っても確実に得られるような最小の利得よりもより多くを得るかもしれないとしても、その超過分に対して彼があまりまたはまったく関心がないのであれば、そうである」[4]。ガーディナーは、配分的正義についてのロールズの主張を環境問題の状況に援用する。予防原則の「核心」とガーディナーがみなすところのマキシミン原則は、（1）カタストロフィ的な帰結の潜在的可能性に直面していて、（2）確率を割り当てることができず、（3）マキシミン原則に従ったことによる損失にはあまり関心をもたなくてもよい場合には正当化される、と主張するのである。

ガーディナーは、マキシミン原則を正当化するためには、カタストロフィの可能性を含む脅威といっても、それがありえそうな程度が一定の閾値を超えたものでなければならない、と賢明にも付け加える。その脅威が非現実的であるとして無視されうるようなものであるならば、マキシミン原則に従うべきではないのだ。ガーディナーは、地球温暖化問題の分析のためにこのような概念が有用であり、そのことはマキシミン原則の適用を支持するよい論拠となると信じている。

彼の議論は正しい道筋をたどっていると私は思う。しかし、何よりも上記の条件（3）があることで、彼が述べる結論自体が些末なものでしかないことになってしまう恐れがあるのではないか。もし個人や社会が、ほとんど費用をかけることなく、カタストロフィのリスクを取り除くことができるのなら、当然取り除くべきだろう。しかしそのような問題は、現実世界ではめったに起こらない（もし現実に起きたらもちろんマキシミン原則に従えばよいだろうが）。現実の論争の場合は、不確実なカタストロフィ・リスクを除去するためには、費用とリスクの両方を強いられることになる。たとえば地球温暖化の場合、どのような規制を選択するかを決定する立場の者が、マキシミン原則に従うことで失われるものについて「あまりまたはまったく気に」ならない、ないし気にしなくても良いということは、とてもありそうにない。温暖化問題においてマキシミン原則に従うことは、温室効果ガス排出の削減に多くを支出することであり、その結果として、ほぼ確実にガソリンやそのほかのエネルギーの価格が高騰し、またおそらくは失業や貧困の増加を生み出すだろう。

ガーディナーの議論は、上のような些末な結論を超えて、何か役に立つだろうか？ 適切に作り直せば役に立つと、私は思う。理由は単純だ。条件（3）は厳しすぎ、放棄されるべきなのだ。もし、マキシミン原則に従う費用が莫大なものになり、規制に関する決定者がそれらの費用に対してとても関心を抱いている場合であっても、不確実なカタストロフィ・リスクに直面する場合はマキシミン原則に従うべきだとすることは理に適っている。ただ、ここからが最も難しい問題なのだが、マキシミン原則のためにどれだけの費用を負担することまでが理に適っているのだろうか。簡単な例を考えてみよう。もし、すべての国が二〇〇万ドルの資金を拠出したなら、地球温暖化に関連するカタストロフィ的危険が除去されうるとする。この費用が受容可能なものであることは確かだ。そして実際、地球温暖化は、確たる証拠に基づいて確率を特定することができないようなカタストロフィ・リスクをもたらすと論じられている。そして［温室効果ガス］排出削減にかかる費用の額は、よりはっきりわかっている。そうであれば、積極的な予防策は、原則的には十分正当化されていると言えよう(5)。

上とは大きく異なる場合も考えてみよう。世界中の生活水準を五〇％下げ、世界の貧困が増加することを意味するほどの資源をすべての国家が提供しない限り、地球温暖化に関連するカタストロフィ的危険を除去することができないとしよう。もし、地球温暖化が全面的カタストロフィの不確実な危険を本当にもたらすというのであれば、マキシミン原則の形式論理に従う限り、世界規模での生活水準のこのような途方もない低下が支持されることになる。しかしこの論理に従うことが合理的であることが明らかとは言えない。これだけの規模の費用を負うのであれば、カタストロフィの危険が最低閾値を超えるものでなければならない、つまり、カタストロフィリスクが生じる確率が示されていて、それがそれほど低いものではないことが必要だと主張したくなるだろう。まず今は、より費用のかからない措置をとり、更なる研究によって、カタストロフィ的帰結が生じる確率についてもっと十分に知ろうとする方が、はるかに理にかなっていると思えるだろう。

この点について、さらにはマキシミン原則に伴うより一般的な問題について正しく理解するために、次のような想像を試みてみよう。カタストロフィな帰結を伴う一連のハザードがあり、ある個人またはある社会が、それらに確率を割り当てることができないとする。これらハザードの数は、二〇でも一〇〇でも一〇〇〇でもよいだろう。他方でこの個人または社会は、同数の他のハザードに対しては確率（一パーセントから九〇パーセントまで）を割り当てることができる。後者のハザードの帰結は「悪い」から「非常に悪い」までの幅があるが、決してカタストロフィに至ることはない。そして最後に、［前者も後者も］これらハザードはすべて費用をかければ除去できるものであり、そのための費用は高いが、それを負担することが非常に悪い、あるいは、カタストロフィ的な被害をもたらすほどのものではないとする。［この場合］、マキシミン原則によれば、当該個人または社会は、二〇個であれ、一〇〇個であれ、一〇〇〇個であれ、カタストロフィをもたらす可能性があるハザードを一つ一つ取り除くために相当の費用を費やすべきだ、ということになるだろう。しかし、これらハザードのたった一つに対してこれだけの額を費やしてしまうことで、［後者の］非常に悪いハザードに対して、その発生確率がたとえ九〇パーセントだったとしても、もう対抗手段が残っていない、ということもありうる。多数のハザードに直面していて、それらの中にはリスクの領域にあるものも不確実性の領域にあるものもあるという事態を想定すると、マキシミン原則は優先順位の賢明な設定とは矛盾していると思われる。不十分な情報しか持っていない個人や社会が、マキシミン原則に従ったことだけで、現実の貧困と苦痛を強いられる、あるいはさらに悪いことになることすら想像することができる。(6)

この複雑な問題をここできちんと整理することはできない。しかし、次のことは確かに言える。生活の上でも法律の上でも、反カタストロフィ原則にはそれなりの役割がある。不確実なカタストロフィの危険がある場合にはこの原則をあてはめることができる。少なくともこれらの危険を減少させるための費用が莫大なものでなく、その費用を負担することで、より差し迫った問題のためのリソースを振り向けてしまうことにならない場合であれば。反カタストロフィ原則は予防原則ではなく、もっとずっと狭いものである。しかし地球温暖化関連の規制も含めた規制に関する選択において、反カタストロフィ原則には、役割を認めるに値する。それは（莫大なコストまではかからない）重要な措置を今とるべきこと、そして、壊滅的事態となる実際の可能性についてよりよく理解できるように一層研究を行うべきことを、説得力を持って呼びかけるのである。

重要な留保が四点ある。**第一に**、反カタストロフィ原則はあらゆる社会的リスクに対して注意深くあらねばならない。カタストロフィを避けるべき措置がまさにそれ自身のカタストロフィ・リスクを作り出すとしたら、その措置をとることは理に適わない。ある原因によるテロリズムのリスクを減らすための先制攻撃が、また別の原因によるテロのリスクを増加させるなら、反カタストロフィ原則は解答をもたらすものではない。**第二に**、反カタストロフィ原則の使用にあたっては、費用対効果の考え方に敏感でなければならない。最少の費用で目標を達成しうる手段をとることを規制主体は求められる。地球温暖化との関連で言えば、関連リスクを減らしうる多数の方法がある。国家も国際機構も、費用を最小化するような方法を選ぶべきである。テロリズムに対する対処についても同じことが言える。**第三に**、分配の問題への考慮は重要だ。反カタストロフィ原則は、負担を負う能力がもっとも小さい人々が極端な負担を負うことを減らせるようなやり方で適用されるべきである。地球温暖化について言えば、豊かな国々の市民が最も責任を負っているような問題の解決に対して、貧しい国々の市民が多額の多量の寄与を要求されることがないことを保障すべき特別の必要性がある。もし反テロリズム政策が人種的マイノリティや、宗教的マイノリティの集団のメンバーに特別な負担を課すなら――人種プロファイリングを考えてみよう――このような負担をなくす、あるいは軽減するような他の政策を検討する価値がある。**第四に**、費用それ自体も重要である。どの程度まで予防するかということと、その費用とを切り離すことは適切ではない。私がここで議論してきたような、最悪のシナリオが本当にカタストロフィであってその確率を割り当てることができないような問題では、大きい安全マージンをとることは大変合理的であろう。

不可逆的損害：その曖昧さについてのメモ

不可逆的な損害のリスクが関係する場合、予防原則がよく持ち出される。[7] 既に見てきたように、予防原則が何を避けようとしているかに関するさまざまな説明の中で、「不可逆的」という言葉が数え切れないほど登場するのである。これは直感的には単純かつ魅力的である。いくらかの犠牲を払えば取り消すことのできる損害を防ぐことに対してよりも、事実上最終的に確定してしまう損害を防ぐことに対して、より多くの対策が講じられるべきだというのだ。不可逆的損害が一方にあり、可逆的損害がもう一方にあるとき、「オプション価値」の理解によれば、不可逆的損害を回避するために一定の額のプレミアムを支払うことで将来の柔軟性を守ることは有意義である。

しかし、不可逆性を強調することには深刻な問題がある。その基本的な発想自体が多義的なのである。どんな生物のどんな死も不可逆的だが、不可逆性を持ち出す者は、不可逆的損害の概念をすべての致死的リスクに適用しようとはしない。生物だけではない。岩や冷蔵庫だってそうだ。壊れてしまえば、永久に壊れたままである。そして、時間は直線的に進行するのだから、すべての意思決定も不可逆的であることも容易に理解できよう。今日の午前一一時にテニスをしたとすれば、その決定自体は取消不可能であり、その時間になされえたかもしれないことは、永久に失われることになる。政府が、五月にニューヨーク州北部に新しい高速道を造るとき、その高速道の移転や除去は可能だとしても、決定を行ったこと自体は不可逆的となる。ある特定の行為が「不可逆的」であるかどうかは、その行為がどのように特徴づけられるかに依存する。それが正確にどのようなものであるかに従って狭く特徴づけるならば、いかなる行為も、定義上、文字通り不可逆的である。

不可逆性に関心がある人々は、より具体的な事柄を想定している。環境条件の大規模な変化のような、その影響を受けるものたちにとって永久的・半永久的な変化をもたらすもののことを言っているのである。しかし、この意味での不可逆性は、高度な予防的アプローチをとるべき十分な理由にはならない。このような不可逆的変化が悪い方向に向かうものであること、また、一定レベル以上の規模のものであることが最低限必要だろう。地球の気温がほんのわずか変化した場合、その変化が仮に永久的なものであっても、それが有益であるかまたはほとんど損害をもたらさないようなものであるなら、高価な予防的処置を正当化することにはならないだろう。

不可逆性という考え方は、二つの理由から非常に重要である。一つ目の理由は、第一章でも言及したように、ストック・オプションとの類比に基づくものである。多大で不可逆的な損失を被る前に、(限定された)予防策に資源を費やし、より多くの情報が現れるのを待つことは有意義だと言える。第二の、より根本的な理由は、不可逆性とカタストロフィ的損害との間に次のような関係があることである。カタストロフィ的であるように思われる損失が、実際には妥当なコストで回避や阻止が可能なのであれば、それはそもそもカタストロフィ的ではない。一方、文字通り不可逆的で、復元するのに非常にコストがかかるのだとしたら、反カタストロフィ原則が直接適用できる。ある生物種が失われることは悲劇であると信じている人にとって、絶滅危惧種を守ることは、一つのカタストロフィを避けるための努力である。個々の生物の死が可逆的かどうかは、ここでは重要でない——それが可逆的でないことは明らかだ。重要なのは、広く支持されている見方によれば、種の絶滅はカタストロフィであるが、種の一員が死ぬことはカタストロフィでない、ということである。不可逆的な損失が本当に注意を向けるに値するものか、反カタストロフィ原則やなんらかの特別の予防策を発動させるに十分かどうかについては、単なる不可逆性という事実だけではなくその規模に目を向けなければならない、というのがここでの結論である。

安全マージン

安全マージンはカタストロフィ的リスクに限定されるものとは言い難い。［それを設けることは］多くの状況において合理的である。だが、どれだけの安全マージンを設けるか、どうやって選択すべきだろうか？

最初のステップは、規制主体も、普通の市民と同様、危害の確率とその規模の両方に注意を払うべきであることに気付くことである。危害の規模が大きければ、その時、規制主体はその確率が高いことについての証拠をそれほど要求しなくてもよい。一万分の一の確率で一万人が死ぬリスクはとても深刻にとらえられなければならない。結果がカタストロフィ的とまで言えるかどうかにかかわらず、確率と規模の双方を衡量することは適切である。

この簡潔な議論は、予防原則の賢明な利用と賢明でない利用とを区別するのに役立つ。賢明でない利用の例を挙げれば、携帯電話に関係するとされるガンのリスクに対して予防原則を持ち出すことには、これまでのところ正当な理由はない。携帯電話の使用者一人一人にとって、ガンのリスクは、非常に低いか、存在していないとさえも言えるようなものだからである。(8) これに対して、賢明な利用の例としては、飲料水が含有するヒ素に関連する低レベルの（五〇ＰＰＢ）リスクが挙げられる。このリスクは、予防の名の下に、アメリカ合衆国がより一層の規制（上限一〇ＰＰＢ）を課すことを合理的なものとするのに十分なほど高い。

あるいは、現在の科学によって、ありうべきそれぞれの結果を、確率上の大まかで一般的な分類に振り分けることができると仮定してみよう。たとえば、小さな損害の確率が三〇％、中程度の損害の確率が四〇％、深刻な損害の確率が三五％、カタストロフィ的損害の確率が五％といったようにである。また、時が経つにつれて私たちはますます多くのことを知ることができるとも仮定しよう。だとすると私たちは、「まず行動し、そして学べ」という原則に基づき、今特定の措置をとることを選択できるだろう。その措置は、仮に最悪の結果の確率がより高いものであった場合の措置とおそらく同じものではないだろうが、他方で、最悪の結果が実際に起こりそうだということが結局明らかになった場合は、それを防ぐことができるようなものでなければならない。(9) この見地からすれば、我々が「何を知らないか」を理解することは、規制主体が何もすべきでないということを意味しない。規制主体は、時間の経過とともに段階に応じて行動すべきである。一種の保険としての予防措置をとり、現時点における知識に照らした確率と規模に関する予想よりも実際の損害が大きくなる可能性に対して、備えておくべきなのである。

しかし確率と［損害］規模の理解だけでは、とうてい十分ではない。適切な規制手段を特定することも最小限必要である。高確率で深刻な損害がおきる場合、問題の製品や製造過程を全面的に禁止すること（これを「禁止型予防原則」と呼ぼう）が正当化できるかもしれない。反対に、損害が深刻ではなく確率も低い場合も、さらなる研究や情報の公開という意味での予防原則であれば支持されうる。多くのリスクについて、このような「情報公開型予防原則」――リスクを作り出す者は、事実を公衆に公開しなければならない――に従うことは賢明である。リスクの確率、リスクの規模、そして規制手法の一覧を理解することは、良い選択肢を特定することに大いに役立つ。そのような選択肢のすべてについて、既存のエビデンスと、当該リスクが現実化した際の規模に相応するような安全マージンが選ばれるだろう。

しかし、この段階でも、分析はまだひどく不完全である。選択された手段がもたらすリスクや費用についても知らなければならない。予防に費用がかからないのなら、もちろん予防がなされるべきである。「慎重なる回避」という魅力的な観念について考えてみよう。それは、小さい費用で回避が可能なときには、単に思弁的なものでしかないハザードさえも回避することを求める。しかし予防措置が、重要なリスクが発生する相当な確率をもたらすのであれば、予防という考え方そのものによってそういった予防措置は禁止される。危険について考える際、視野を広くとることの重要性を私は強調してきた。それはたとえば、規制主体に対しても、一般市民に対しても、一つあるいは一連のリスクを低減しようとすることでどのような問題が生じるかについても考えるように求めることである。しかしこの考えは、安全マージンの概念に対して致命的打撃を与えるものではない。特別な関心を払われるべきリスクを特定すること、それらのリスクに対して安全マージンをとることがなぜ適切なのかを説明することを、規制主体に要求するだけである。

たとえば、日光浴によってガンになるリスクが些細なものでなく、また、そのリスクを削減するための費用が、日焼け止めを使うか、毎日多少の間、太陽から離れていることだけだとしよう。この場合、安全マージンにはおよそ反対し難い。また、空港におけるテロリストの攻撃のリスクが無視しえないものであり、リスク削減の費用が、九・一一の攻撃以降アメリカ合衆国において一般的になった程度の安全対策であると仮定しよう。この費用が決して些細とは言えないとしても、それを負担する価値は十分にあると推定することには説得力がある。サダム・フセインをイラクから除くためにアメリカが主導した戦争と今の例とを比較してみよう。合理的な人々が「安全マージン」を根拠にあの戦争を正当化することもできた。人命の点でも金銭の点でもとても高い費用がかかったが、フセインの恐怖政権の継続がイラクの人々にもたらすリスクだけに注目すれば、それは負う価値があるものだったとすることもありえよう。しかし、また別の合理的な人々は、その戦争自体がテロリズムのリスクの一因となることを恐れたのである。とりわけ反米感情を刺激し、テロリストを募集しやすくし、彼らに殺人行為を行わせやすくするというのである。どちらの側にもリスクがあるとき、「安全マージン」の考えだけでは、背後にある議論の解決にはならない。

いずれにせよ、現実に問題になるのは、安全マージンを設定するかどうかではなく、安全マージンをどの程度にするか、どのリスクに対してマージンを適用するかである。テロリズムに関係するリスクについて言えば、巨大な安全マージンをとるのであれば、アメリカ合衆国において空の旅を禁止することになる。このような禁止のコストが高すぎることは明らかである（そしてこの禁止は、それ自体複合的なリスクをもたらすだろう）。大気汚染と地球温暖化関連のリスクについて言えば、安全マージンを十分に高く設定すれば、火力発電の禁止が要求されることになろう。しかし現時点において、そのような禁止は余りに高くつく（そしてその禁止は、決してリスク・フリーではない）。個人も社会も、マージンが生み出す費用とリスクとに十分な注意を払いながら、安全マージンを選択すべきなのである。

予防を分析する

ここまでの議論で、特定のリスクに対する予防原則の適用が、四つの重要な要素から説明できることがわかるだろう。（a）規制的対応のきっかけとなるような不確実性の程度（b）そのような対応を正当化するような、予想される損害規模（c）予防原則の適用の際に選ばれる手段（情報公開の要求、技術的な要求、全面禁止といった手段）。そして、（d）疑わしい場合における安全マージンの適用である。[10]

ある活動が損害のリスクを「いくらか」もたらすという理由だけでそれを禁止しようとは、賢明な人であれば誰も考えないだろう。この意味で、予防原則理解の絶対主義的バージョン（このバージョンが現実に影響を及ぼすことも時にあるのだが）[11]は、予防原則擁護者にとっても理論的魅力を欠くものである。[12]リスク回避のために費用のかかる措置を要求するのであれば、一定の閾値を超える程度の証拠がなければならない。重要なリスクが存在することについての科学的な根拠のある疑いやそれを示唆する証拠という形が必要である。しかし、予想される損害の規模も極めて重要である。リスクが実現した場合の損害がとくに大きいものであるならば、科学的証拠に対する要求は弱まる。

また我々は、規制手法の範囲を特定できる。[13]たとえば、「研究資金増加要請型予防原則」は、懸念すべき最小限の理由さえあれば、まず予防的措置として、研究の進展のために助成すべきだということを主張するだろう。[14]「情報公開型予防原則」は、疑いがある場合、人々をリスクの可能性に曝すことになる者は、それらの人々に対して関連情報を開示しなければならないと主張するだろう。遺伝子組換え生物の表示に関する議論はこの形式の予防原則に関するものである。「経済的インセンティブ型予防原則」は、疑いがある場合、起こりうるリスクを発生させる人々は、公衆によるそのリスクの評価額と一致するだけの税や課徴金などを支払うべきだと主張するだろう。すべての規制手法に対して、それに対応する種類の予防原則が存在する。もちろん、「安全マージン」の考え方についても、様々に異なった理解が可能である。単に思弁的で、カタストロフィにはならないようなリスクのための小さいマージンから、想像しうる最悪の事態に対する保険としての大きいマージンまでの連続的な幅を含んでいるのである。

［いま述べたさまざまな種類の予防原則は］可動的なパーツであり、そのそれぞれに着目することで、大きな発展がなされうる。危害の可能性があるが、その確率があまり高いものではなく、その結果がカタストロフィとはほど遠いものならば、「情報公開型予防原則」が最も理に適っているだろう。他方、大きい安全マージンをとった「全面禁止型予防原則」は、危害のエビデンスが明確で、その結果が非常に悪いものであるならば、正当化されるだろう。

予防原則に関する欧州委員会のコミュニケ[15]は、賢明なところもあるが、漠然としていて困惑させるような箇所も多い。上の観点から検討してみよう。このコミュニケによれば、予防原則は、「リスク評価、リスク・マネジメント、リスク・コミュニケーション」を含む「リスク分析への体系的アプローチの中で検討されるべきである」。したがって、予防原則に基づく措置は、やみくもに予防的であるべきではなく、適用において差別的でなく、既にとられた類似の措置と整合的なものでなければならない。欧州委員会はまた、選択された保護のレベルに対して予防的対策が比例的であるべきで、それは「行動すること、またはしないことの、便益や費用の可能性に関する調査に基づく（適切かつ可能な場合は経済学的費用便益分析を含む）」べきだと主張する。

比例的対応の考え方は、リスクが「ゼロにまで減らしうることはめったにない」という事実を認識するのに有効である（「めったにない」とは控えめな言い方であるが）。費用便益分析に言及しつつ、人々による受容可能性も含めた「非経済的な考慮事項」も重要であることを認識していることも賢明である。しかし、費用便益分析と予防原則とを結び付けることはそんなに簡単ではない。もし規制に要する費用の予測が規制による便益の予測を超えるときは、どうすべきなのだろうか。そのような場合においても、欧州委員会は、予防の利益のために行動が正当化されると主張するだろうか。だとすれば常にそうだというのか、それとも多くの場合においてなのか。「健康に対する考慮は、経済的な考慮に対して先行する」という委員会の主張は、[16] 肯定的な答えを示唆するものだろうが、この主張は役に立たない。二つの理由からそうである。第一に、あらゆることは程度問題である。公衆衛生をほんの少し改善することは、莫大な金銭の支出を正当化しないだろう（深刻でないようなわずかな健康問題を避けることに一億ドルを支出する価値があるだろうか）。第二に、巨額の支出はそれ自体が（第1章で我々が見たような）健康に対する悪影響を持ちうる。政府が巨額の資金をリスク削減のために使えば、失業や貧困が増加する、あるいは少なくともそのリスクがある。そして失業も貧困も、病気や死の増大を導くのである。

欧州委員会はまた、[17] 行動するかどうかの検討にあたって「逆効果の可能性に対する科学的評価」の重要性を強調する。実際、予防原則が援用される場合は、「悪影響の可能性が確認」される一方で、「科学的評価」[18] によればデータが不正確であるか結論を出すには十分でないという状況が前提となるとされている。このように委員会は、証拠なしに予防原則を発動すべきだとはしていない。委員会コミュニケは多くの疑問点を残すものであり、私もいくつもの疑念をあげてきた。しかしそれが、予防原則を、コントロールするための費用が過剰あるいは不相当でない場合において潜在的に重要なリスクに注意することを求めるものと理解するのであれば、妥当な出発点を提示するものと言えるだろう。

その出発点を超えてさらに進み、カタストロフィの不確実なリスクがある場合以外において、予防原則を再構築するためにはどうしたらよいだろうか。我々の準備は既にできている。最も注意を要するリスクのためには安全マージンを設定するのが賢明である。そのマージン自体が深刻な損害を課したり、重大なリスクを作り出したりしないものであるならば。ある製品や活動が現実的にリスクを作り出す一方で、現実的利益をもたらすものではない場合は、その製品や活動の禁止には強力な論拠があるといえる。我々の課題は、関連するリスク総体を特定し、適切な手法を特定し、そして、「ターゲット」たるリスクのみならず、リスクの削減と結びついたリスクに対しても十分に注意した上で、安全マージンを課すことである。それらの課題はしばしば困難を伴うが、多くの場合、主要な研究に少し注意を払うだけで、一般市民にとっても国家にとっても激しい議論になっているような問題を解決する上で大いに役立つ。

恐怖の管理と公開の必要性

この数十年の間で、「危険を作り出す者は、それに内在するリスクを人々に知らせ、無知ではなく知識を促進することによって、情報に基づく選択を可能にしなければならない」という考えを、多くの人々が熱心に擁護するようになった。規制政策の世界では、政府の不作為よりも、また、コマンド・アンド・コントロール型の規制よりも情報公開の方が良いと思われることがしばしばであるが、その理由は単に、介入の程度が低く、自分が望むように人々が選択することを許すからである。薬品や医療処置についてもしばしば患者に知らされる。低確率の事象についてもしばしば患者に知らされる。どんなにリスクが低くても、最悪の結果も含めて知らされるのである。一般的に言って、人々が危険に直面している場合、確率がどんなものであろうとその危険について彼らに伝えることこそが最善だ、ということになるのだろうか?

恐怖の性質について理解すると、情報公開という方向性には注意書きも必要だということがわかる。たとえば規制当局が、遺伝子組換え食品を含む商品に対して、その旨の表示を求めるとしよう。自分が買っているものが何であるかということを消費者が知ることを保障するためである。あるいは規制当局が、飲み水に含まれるヒ素の値を消費者に公開することを水道会社に対して求めるとしよう。民主主義的社会においてこの値は、一般的には最高で二五PPB、最低で五PPB程度である。上のどちらの措置も、本来それに値するよりもはるかに大きいトラブルを引き起こすだろうことが合理的に推測できる。人々が危険を実際よりも過大評価して、公開されたリスクを誤解することだけが問題なのではない。リスクの公開が人々をひどく怖がらせ、様々な種類の危害を引き起こす一方で、有益な情報を人々にまったく与えないこともある。もし人々が確率を無視するものであるならば、悪い結果にばかり注意を向け、さらにはそれに固執することで、不安や苦悩を味わう一方で行動を変えることはせず、理解を改めることもしないだろう。単にリスクについてだけでなく確率情報が意味することについても人々に知らせるほうがよい――たとえば、日常生活において遭遇する他のリスクとの比較によって。しかしもし、リスク(の確率)が低く、賢明な人にとっては通常困らない類のものであるならば、高いレベルでの警戒を引き起こすことが予想できる事実を公開させることは、本当に重要なのだろうか？

もちろんここには、人々の自律の尊重と彼らの福祉への配慮との関係という難しい問題がある。ある見方からすれば、人々は彼らが直面しているリスクを知る権利を持っている。低確率のリスクを公開することは、たとえ公開が恐怖と苦悩を増加させるとしても、自律を根拠にして正当化されるかもしれない。しかし、もし人々に確率無視の傾向があり、我々が問題にしているリスクがとうてい起こりそうもないものなのであれば、適切に処理されないような情報を公開することが、自律の利益のために正当化されるかどうかは、決して明らかではない。いかなる公開であっても、それが価値を持つためには、少なくとも、人々がリスクを文脈に即して理解できるようにするための努力を伴っていなければならない。

この点は、当局者、メディア、そして法規制をいずれかの方向に動かそうとする人を含め、リスク情報の発信者の市民的責任にも大きく関係する。確率無視と想起可能性ヒューリスティックの作動を考えれば、恐怖を劇的に増大させることで、人々の判断を大きく変化させることは難しくない。最悪のシナリオについて述べることで、行動も思考も大きく変えうる。このようにしてもたらされる変化を、現実のリスクに対する一種の無頓着や宿命論を減らすための方法として、全面的に正当化する向きもある。しかし、リスクが統計的に極めて小さいとき、公的関心を引き起こすために心理的メカニズムを利用することは、控えめに言っても、望ましくないのである。

恐怖の増幅？

政府が、現在人々が無視しているようなリスクに対して目を向けさせたがっているとしよう。その場合政府は、確率情報を提供するのではなく、何よりも、憂慮すべきシナリオを鮮烈に語り明確なイメージを人々に与えて彼らの感情に訴えかけ、最悪の場合へと人々の注意を向けようとするのがよいだろう。まさにこれは、喫煙、アルコール依存、無謀運転、薬物依存といった問題に対して、政府が時折試みている方法である。喫煙を抑制しようとする取組みのうちで最も効果的なものの中には、もしタバコを吸えば、「タバコ会社のカモになってしまう」あるいは「善良な第三者に害を押し付けることになってしまう」と思わせて人々の感情に訴えかけるというものがある[19]が、これも驚くべきことではない。そのような取組みのいくつかは、病気、さらには死の鮮烈なイメージを提供する。こういった類の戦略によって、現実からかけ離れた楽観主義を克服することもできる。このような楽観主義は、本来重大な関心を払うのが正当なリスクに対して人が注意を払わなくなる場合の、よくある原因なのである。

確率無視が存在する以上、政府が人々の恐怖を引き起こすことはあまり難しいことではない。テロリズムが効果的なのも、部分的にはまさにそのためである。しかし、そこには深刻な倫理的な問題が存在する。政府はその市民を尊重をもって扱うべきである。政府の望む方向へと誘導される客体として扱うべきではない。リスクについて考える上で人々には限界があることを利用して、政府が人々を操作したりだましたりすることは許されないという主張は、もっともである。最悪のシナリオや被害の劇的なイメージの利用は、許しがたい操作にあたると、批判者は思うかもしれない。しかし、政府が民主的責任を負ったものであり、本当に深刻なリスクを冒すことを人々にやめさせようとするのである限り、原理的には、それに反対すべき理由はないのではないか。タバコ会社も他の会社も、経済的目的またはその他の目的のために、人々の感情を引きつけ、彼らにリスクをとらせようとする。言論の自由を尊重する以上、政府も火に対しては火をもって立ち向かうことが許されるべきである。もちろん、問題がいつも単純なわけではない。州が宝くじを販売するとき、経済的な価値が事実上ゼロであるチケットに人々がお金を使うようにさせるため、州政府は「裕福な生活」の劇的なイメージを使う。願望の領域における確率無視につけこむこのような戦略は、確かに倫理的問題を提起する。ここで私が言いたいのは、現実に存在するリスクについて政府が関心を引き起こそうとするとき、人々の感情に働きかけるとうまくいくだろうということだけである。

恐怖を増大させることと減少させることとの間には、目だった非対称性も存在する。鮮烈な事件や最悪のシナリオは高い水準の恐怖を作り出すが、安心させるための取組みはなかなかうまくいかないようなのだ。人々が今、低い確率の危険について警戒しているとして、不安を削ぐことために政府ができることはあるだろうか？　リスクが実現する確率の低さを単に強調するだけでは、うまくいきそうにない。最もよい手法は**話題を変える**ことだろう。低確率のリスクについて議論することは、たとえ安心させる方向の議論であっても人々の不安を高める傾向があることについて、既に触れた。低確率のリスクに対する恐怖を減らす最も効果的な方法は、おそらく、単に何か他のことを議論し、あとは放っておくことである。九・一一テロ攻撃の後のブッシュ大統領の取組みを思い出してみよう。飛行機に乗ることの統計的リスクが低いことを強調するのではなく、それを一種の愛国的な行動として、テロリストたちの勝利を阻むものとして扱った。このような取組みが人々のリスク認識を減少させたわけではないだろうが、飛行の「意味」に焦点を当てることによって、人々の行動を大きく変えたようである。

テクノクラートとポピュリスト

しかし法と政府は、低確率リスクに対する激しい感情的反応に基づいて起こる人々のパニックに、どのように対応すべきだろうか。ありうべき二つの立場を区別してみよう。**テクノクラート**であれば、人々の不合理性は無視し、恐怖に対しては、現実と結びついている限りにおいて対応しようと思うだろう。**ポピュリスト**であれば、とにかく人々が懸念を感じているのだからというだけの理由で、その懸念に対応するだろう。私に言わせれば、どちらの立場も単純すぎる。

確率無視やその他の過剰な恐怖に政府は惑わされるべきではないということ、また、実現しそうにもないリスクを減らすために多くの納税者の資産を費やすことは一般的に言ってばかげているということについて、私たちが合意していると仮定しよう。その場合、民主主義社会は明らかな問題に直面する。公選の政治家は、極端な恐怖に対応すべき強いインセンティブを感じ、たとえば、どのような合理的な説明による正当化もできないような法律を制定してしまうことがよく見られるからである。最善の対応は教育や情報などによるものである。相当な理由がないときには、政府は規制を求める人々の要求に屈するべきではない。

この点は、規制過程において専門家に大きな役割を確保することの重要性を示唆する。もし、規制を求める人々の要求が、おそらくは不当な恐怖によって歪められたものであるならば、リスクが現実的なものかどうかを判断するのにより良い立場にある独立性を与えられた公務員に、主要な役割が与えられるべきである。もちろん、専門家が間違っているかもしれない。しかし、もし、代表制機関が人々の恐怖に反応することで過誤を冒しやすいものであるならば、一定の独立性を有する機関を作りだすことこそが、まったくもって適切である。民主主義政府は、人々の価値観に対してこそ対応すべきであって、彼らの大きな過誤に対してではない。

しかし、このような主張は、それ自身複雑な問題を提起する。確率が小さい、または微少なリスク――サメの攻撃、郵便物の中の炭疽菌、飛行機でのテロなど――に対して人々が強い不安を感じているとしよう。政府は自らが事実を知っていると確信しているが、人々は事実に裏付けられた程度よりもずっと強い不安を感じているとした場合、政府は、規制によって、人々のその不安に対応すべきだろうか？　それとも、そのような不安は不合理だとして無視すべきだろうか？まずは個人の場合のアナロジーで考えてみよう。人々の恐怖自体は不合理であっても、彼らが日常の行動においてその恐怖を考慮することは十分に合理的かもしれない。仮に私が飛行機に乗ることを恐れているとしたら、そうしないことが賢明かもしれない。飛行中だけでなくそのことを考えるだけで、自分の恐怖によってとても怖い経験をすることになるだろうからである。もし恐怖が存在し、そして私がそれを除去することが出来ないのであれば、飛行機に乗らないことこそがもっとも合理的な決定かもしれない。恐怖症のある人々にとっては、その恐怖症とつきあうことが、しばしば最善な行動である。

社会的レベルでもこのことはあてはまる。たとえば、飲み水に含まれているヒ素のことを人々が心配し、それが危険レベルではないだろうという保障を与えてくれるような方策を要求すると仮定しよう。そして、現在のヒ素のレベルによるリスクは極めて微少であると仮定しよう。人々が求めていることを政府は行うべきでない、ということはそんなに明白だろうか? 我々の仮定に従えば、この恐怖自体は現実である。人々が飲み水を「安全でない」として恐れるならば、そのことだけでも、人々は重大な損害を被っていることになる。[また]、多くの分野では、恐怖が広まることは、一連の副次的な問題の発生に寄与する。恐怖は、人々が飛行機に乗ること、ある食べ物を食べることといった、特定の行動をとることを渋らせるかもしれない。それが産み出す費用は非常に高いものであるかもしれない。狂牛病への恐怖は、何百万ドルもの損失を生み出した例である。人々の他の福利を政府が増大させようとする場合のように、政府が恐怖を減らそうと試みてはいけない理由があるだろうか?

ここでの最も単純な解答としては、もし政府が人々に情報を提供して教育できるならば、そちらの対策をとるべきだというものがある。恐怖を減らす他には何も意味がない対策をとり、資源を浪費すべきではない。しかしこの単純な解答は、決まり文句に過ぎる。情報と教育が本当に機能するかどうかは、経験的にのみ答えることができる問題である。もし機能しないのであれば、個人の場合と同様、現実に存在し、我々の仮定に従えば根絶困難であるような恐怖に対して政府は対応すべきである。たとえば政府にとって、ごく小さなリスクをゼロにまで減らすこと、そして同様に重要なことだが、そのリスクがゼロにまで減ったことが目に見えるようにすることが安価に可能なのだとしたらどうだろう。それは教育や情報提供よりも効果的で安価かもしれず、そのような対策を政府がとるべきことは明らかである。恐怖は現実の社会的費用であり、それは他の社会的費用にもつながることを思い出そう。たとえば人々が飛行機で空を飛ぶことを恐れていれば、多様な形で経済的損害が発生する。人々が郵便の送受信を恐れる場合も同様である。根拠のない恐怖であっても、とくにそれによって潜在的に巨大な「連鎖反応」が生じるのであれば、それを減らすことは社会的によいことなのである(20)。

同時に、実際上のやっかいな問題も生じる。政府が、恐怖を減らそうとしてその恐怖を生み出す活動を規制すると、その活動が規制するに値するのだと暗示することになり、まさにその活動に対する恐怖を非常に強めることになるかもしれない。遺伝子組み換え食品表示を政府が義務づけるべきかについての先の議論についても、似たようなことが言える。表示の義務づけによって、存在するかどうかもわからない危険の存在が暗示されてしまうのだ。確率無視を伴う恐怖は、時を追うごとに減少する場合もある。経験によって、ある行動や過程が「非安全」という認知的カテゴリーから「安全」という認知的カテゴリーへと移動するのだ。この過程はリスクが本当に低いときには有益なものであるが、規制的アプローチをとると、それが起きるのを妨げてしまうかもしれない。もしそうだとしたら、何もしないことこそが望ましい方針であろう。

政府が何らかの対応をなすべきであることが明白だとしても、多くの問題が残る。どのように、そしてどれくらいの対応をすべきなのか？　その答えは、恐怖の程度と対応にかかる費用とによる。もし人々が極端に恐怖を抱いているのなら、実質的対応の正当化はもちろんより容易であろう。対応に要する費用が極端に高いのであれば、対応しないことこそが賢明だと言えるだろう。我々は、問題となる行動がどの程度の価値と危害とをそれぞれどれだけ産み出すかを知っておかなければならない。私が強調しているのは次のことである。人々の恐怖は、それ自身独立した、懸念すべき事柄である。恐怖自体が高い費用を意味し、また重大な関連費用を産み出しうる。リスクそれ自体を減らすことなしには人々の恐怖を軽減できないのであれば、政府がリスク減少に取り組むことは合理的である。

第6章　費用と便益

費用便益分析は、社会的リスクを評価し管理するためのツールとして、ますます広く普及している。予防原則の代わりに費用便益分析を行うべきことが主張されることも実際よくある。費用便益分析は、規制主体は盲目的に「予防策をとる」のではなく、規制の便益と費用とを集計して純利益を最大にする手段を選ぶべきだと主張する。このアプローチは、しばしば、経済的効率性を根拠に正当化される。この見解によれば、規制主体はもし便益が費用を上回れば規制を実施すべきであるが、そうでなければ実施すべきではないというのである。私はこの見解を支持しない。*効率性は関連する要素ではあるが、それが規制の唯一の目標だとは到底言えない。民主主義社会の市民は、たとえ効率的でない場合でも、絶滅危惧種や野生生物や原野の保護を選択する可能性が十分にある。また、もし貧しい人々が規制による保護により利得する立場にあるのなら、たとえ豊かな人々が、貧しい人々が利得するよりも多くの額を失うのだとしても、そのような保護は価値があるかもしれない。

ここまでの議論から、**認知的**観点からの費用便益分析擁護論を立てられると私は思う。つまり、経済効率性に依存して費用便益分析を擁護するのではない。人間がリスクについて考える際に直面する問題点に対して、費用便益計算によって対処できる可能性を強調する擁護論である。想起可能性ヒューリスティックが人々に確率を誤って評価させるのであれば、費用便益分析によって、防御が求められるような現実的危害を人々がより正しく把握することができる。もし、確率無視が人々に確率を考えさせず最悪のシナリオにのみ注目させるのであれば、費用と便益を強調することで、何が問題になっているかをより明確に意識することができる。もし、人々がトレードオフを無視してしまうのであれば、費用便益分析はそれを修正するのに適している。遺伝子組換え食品、地球温暖化、飲料水汚染、その他さまざまな問題において、競合する複数の手段において、それぞれ何が得られ、何が失われるのかを可能な限り見ることが重要である。こういった意味において費用便益計算は、リスク分析における重要な要素なのである。算数によって拘束衣を着せようというのではない。何が問題になっているのかを明確にする手段として理解されるべきである。人々の恐怖を規律づける上で、それは重要な方法だ。システムⅠのヒューリスティックとバイアスに対抗して、ある種のシステムⅡを作り出すのである。

費用便益分析が規制に関する決定をコントロールすべきだとは私は主張しない。この分析は、選択ルールを確立するものではない。民主主義社会の構成員は、たとえ費用が便益を上回る時であっても、あることを行うことを選択するかもしれない。しかしそうするのならば、それは費用便益分析が与える情報を受けとった上でなされるべきである。そしてもし規制主体が、予測される便益に比べて不釣り合いに高いコストを課すことを選択するのならば、彼らはどうして自分たちがそうすることを選択したのかを説明すべきである。

予防原則と費用便益分析との関係は、正確に言ってどのようなものだろうか。既に見たように、欧州委員会は、予防原則を支持する一方で、予防原則を適用する中で費用便益分析が役割を果たすべきだとも強調する。その上で委員会は、健康は単なる金よりも重要だとも主張する。私は既に、これは滑稽で何の役にも立たない言明だという不満を述べた。仮に健康が少ししか増進されないのであれば、それに巨額の金を拠出するべきではない。他の健康問題にその金を拠出することができたかもしれないし、巨額支出自体が健康問題を引き起こすかもしれないからである。私は費用便益分析を支持する一方で、予防（とくにカタストロフィの危険に対する予防）がその適用にあたって役割を果たすのが良いと思う。予防原則と比較した場合における費用便益分析の主要な長所は、後者が、狭い視野ではなく広い視野を与えてくれるということである。

もちろん費用便益分析の批判者は異議を唱えるに違いない。予防策をとらない場合、実は深刻なものであることが結局明らかになるようなリスクを分析者は無視してしまうものだというだろう。もし費用便益分析が、便益をそれとして算出する前に、確実な証明を要求するものであるのならば、そのような異議はもっともである。しかし、優れた分析者は、確実性も証明も要求しない。一〇〇〇分の一の確率で五万人の生命を救える場合、規制の期待値は五〇人の生命であってゼロではないことを彼らは知っている。低確率の大きな危害を防ぐための安全マージンを市民が求めるかもしれないこと、そしてその結果、五千人が死亡する一〇〇分の一のリスクよりも五万人が死亡する一〇〇〇分の一のリスクのほうが、より注意するに値するかもしれないことも知っている。費用便益分析は、価値評価の問題を決して解決するものではない。このツールを用いる人々は「安全マージン」の考えを拒絶しない。彼らは、個人と社会の双方によるリスク認知を改善するために費用と便益を分析しようとするのである。

私は他の著書で、認知的観点からの費用便益分析擁護論について詳細な説明を試みた(1)。ここでは、費用便益分析について懐疑的な人々がしばしばとりあげるもう一つの問題に焦点をあてようと思う。費用便益は実際には何を含意しているのか？ そもそも私たちは、社会的リスクの金銭的な量を見出すことができるのか？ どうやって私たちは生命や恐怖に価値をつけるのか？ 私の主な目的は、このような疑問に対して進展をもたらすことである。まずは、費用便益分析の実際の運用にあたり、単純な考え方が基盤となっていることを示そう。その考え方とは、**一般人がリスクに割り当てる金銭的価値がいかなるものであるかを聞くことによって、政府はリスクに金銭的価値を割り当てる**というものである。この考え方は十分魅力的であり、首尾一貫性を持っていると私は指摘したい。しかしまた、もっとも説得的に費用便益分析の運用を正当化するまさにこの理論の下で、費用便益分析の実際の運用が二つの深刻な問題を抱えていることも主張する。第一に、人々は、同一の統計的リスクについて同じような見方をしない。人々はエイズ、飛行機事故、アルツハイマー病、ガン、労働事故などによる一〇万分の一の死亡リスクをそれぞれ区別する。第二に、異なった人々、異なった集団は、リスクについてそれぞれ異なった見積りを行う。ある人々は、他の人が平静に対処するようなリスクを極端に回避する。年かさの人々は、若い人々と同じようにはリスクを考えない。人種、性別、豊かさによっても違いがある。これらの反論は、費用便益分析の実際的運用の基盤となっている理論に疑問を投げ掛けはしない。ただ、もしその理論が正しいならば、費用便益分析の実際の運用をかなり根本的に変える必要があることを示唆しているのである。

要するに私は、費用便益分析に関する現在の理論を**とても**真剣にとらえようとするつもりなのだ。そう、今この理論を利用している人よりも、もっと真剣に。もちろん、この理論を深く疑い、それは環境的・社会的リスクに関する政策の基盤としては良くないと信じている人も多い。[2] 彼らの議論とその根本的な問題点については次章で扱うが、さしあたりは、［費用便益分析の］実際の運用を見ることから始めよう。

費用便益分析の実際：規制機関はどのようなことを行っているのか、それはなぜか

規制行政機関にとって、人の生命に金銭的価値を割り当てることは、今では標準的になっている。アメリカ合衆国においては、環境保護庁（ＥＰＡ）が、六一〇万ドルという一定の統計的生命価値（ＶＳＬ）を用いている。[3] 表６．１は、一九九六年から二〇〇三年までの間に、各機関が実施した規制における実例を集めたものである。まず浮かぶ疑問は、各機関はこの種の金額基準

をどのようにして設定するのか、ということである。その答えは、二種類のエビデンスからなっている。一つめにして最も重要なのは現実世界の市場であり、そこでの実際のリスクに対する補償額がエビデンスとされる。[4] 職場であれ消費財であれ、追加的安全には価格がついている。その価格を調べるために市場におけるエビデンスが探求される。[5] 二つめの種類のエビデンスは、統計的リスクを減らすためにいくらの支払い意思があるかを人々に尋ねる仮想評価研究による。[6] EPAの六一〇万ドルは、実際の仕事場におけるリスク研究の結果であり、それら研究は、労働者がどれだけの額の支払いを受ければ死亡につながりうる危険を引き受けるかを特定しようとしたものである。[7] この実験におけるリスクは通常は、一万分の一から一〇万分の一という、一般的な範囲の中にある。VSLは、単純な計算の産物である。労働者が一万分の一のリスクに直面することに対して、平均六〇〇ドル支払われなければならないと想定しよう。その場合、統計的生命価値は六〇〇万ドルだというわけである。

現在行政機関が依拠している二ダースほどの研究の一部を概観するために表6.2を見てみよう。[8] 政府機関によるこれらの研究の利用の仕方について、もちろん多くの疑義がありえよう。[9] これら研究において、決定的な数字に関して非常な多様性があることも極めて明白だ。一九九一年当時のドルの価値に換算して、七〇万ドルから一六三〇万ドルにまで及ぶのである。環境保護庁は、関係する研究が出した値の中央値である六一〇万ドルという数字を採用してきた。しかし、当該研究こそがもっとも正確であると考える理由がないならば、その中央値で固定してしまう事には恣意性のリスクがある。実際、VSLデータをより広くみれば、さらなる問題が生じ、[V

SLの」範囲もより広くなる。［生命リスクの］相違がまったく補償されていないことを示す研究もあり、そうであればVSLはゼロを示すことになる。[10] 政策に利用するためには、この数字は、控えめに言っても信じ難く低いものだと言えよう。労働組合に属さない労働者がリスクの差異についてマイナスの補償を受けることになる、つまり彼らは、死のリスクに直面していることによって、より少ない支払いを受けているようだということを示す研究もある。[11] また別の研究は、アフリカ系アメリカ人の場合、賃金の有意な相違として補償を受けているということはない、すなわち、彼ら特有のVSLはゼロだということを示している。[12] 他方、表6．1の範囲を下まわるのではなく、上まわるVSLを見いだした研究も見つかる。低レベルのリスクの仕事を選ぶ人々のVSLは二二〇〇万ドルにもなるというのだ。[13]

最も包括的なレビュー論文によれば、ほとんどの研究は三八〇万ドルと九〇〇万ドルの間の範囲に収まっていることがわかる。[14] これくらい範囲が圧縮されていれば、規制行政機関の決定を秩序づけるのに役立つだろう。多くの規制の場合、三八〇万ドルと九〇〇ドルどちらのVSLを選択しても、費用便益分析の「最終結果」（bottom line）がそれによって影響されることはないだろう。もっともその範囲は依然としてかなりの裁量の余地を残すものであり、その意味で政策と法律に重大な影響をもたらす。二〇〇の生命を救うプログラムの貨幣化された価値が、七億六〇〇〇万ドルから一八億ドルにまで及ぶことになることを考えてみよう。また同様に、多くの人々の注目を集めた環境保護庁のヒ素規制は、VSLを三八〇万ドルと見たときは費用便益分析において簡単に不合格となるが、九〇〇万ドルと見たときは簡単に合格である。[15] 単純に言えば、結果

機関	規制と日付	統計的生命価値（VSL）
環境保護庁（EPA）	［大気浄化法］126条（＊）に基づく州間オゾン輸送の削減を目的とした申立てを契機とした，（大気汚染への当該物質の）重要な寄与に関する調査および規則制定 2000/1/18 65 FR 2674-01	590万ドル
環境保護庁（EPA）	有害廃棄物燃焼装置による有毒大気汚染物質に関する最終基準 1999/9/30 64 FR 52828-01	560万ドル
環境保護庁（EPA）	第一種飲料水規則：殺菌剤と殺菌副産物 1998/12/16 63 FR 69390-01	560万ドル
運輸省／連邦航空局（FAA）	免許を受けた［ロケット］打ち上げに関する金銭的責任の要件 1998/8/26 63 FR 45592-01	300万ドル
保健福祉省／食品医薬品局（FDA）	マンモグラフィーに関する品質基準 1997/10/28 62 FR 55852-01	2～300万ドル
保健福祉省／食品医薬品局（FDA）	子供や若者保護のための，タバコ及び無煙タバコの販売・頒布の制限に関する規則 1996/8/28 61 FR 44396-01	250万ドル
農務省／食品安全調査局	病原体の減少：危害要因分析重要管理点（HACCP）制度 1996/7/25 61 FR 38806-01	160万ドル
運輸省／連邦航空局（FAA）	操縦士訓練施設における訓練，試験，調査における航空シミュレーターの使用 1996/7/2 61 FR 34508-01	270万ドル
消費者製品安全委員会	木炭の小売コンテナの表示の要件 1996/5/3 61 FR 19818-01	500万ドル
消費者製品安全委員会	複合焔管付大型花火打ち上げ装置 1996/3/26 61 FR 13084-01	3～700万ドル

表 6.1　行政機関が算出した生命価値　1996〜2003

機関	規制と日付	統計的生命価値（VSL）
運輸省／連邦自動車運送安全局	州間通商における小型旅客自動車運転手に対する安全規制基準 2003/8/12　68 FR 47860-01	300 万ドル
保健社会福祉省／アメリカ食品医薬品局（FDA）	食品表示：栄養表示，栄養成分強調表示，健康強調表示における，トランス脂肪酸の扱い 2003/7/11　68 FR 41434-01	650 万ドル
農務省／食品安全調査局	即席食品の肉類（家禽食品を含む）中にあるリステリア菌の管理 2003/6/6　68 FR 34208-01	480 万ドル
保健福祉省／食品医薬品局（FDA）	人間用の全身性抗生物質の表示規制基準 2003/2/6　68 FR 6062-01	500 万ドル
行政管理予算局	連邦規制の費用便益に関する議会への報告 2003/2/3　68 FR 5492-01	500 万ドル
環境保護庁（EPA）	公道走行用以外の大規模火花点火式内燃機関及び，リクリエーション目的車両（水上・陸上）の内燃機関からの排出規制 2002/11/8　67 FR 68242-01	600 万ドル
環境保護庁（EPA）	第一種飲料水規則：ヒ素に関する基準，適合性確保措置の明確化，新たな水源の汚染源のモニタリング 2001/1/22　66 FR 6976-01	610 万ドル
環境保護庁（EPA）	新車に対する大気汚染規制：大型内燃機関及び車両に関する基準，ディーゼル燃料中の硫黄に関する規制基準 2001/1/18　66 FR 5002-01	600 万ドル
環境保護庁（EPA）	新車に対する大気汚染規制：第 2 段階自動車排出基準と，ガソリン中の硫黄に関する規制基準 2000/2/10　65 FR 6698-01	590 万ドル

表6.2　生命価値に関する研究

研究	方法	VSL（統計上の生命価値）
Kniesner and Leith (1991)	労働市場	70万ドル
Smith and Gilbert (1984)	労働市場	80万ドル
Dillingham (1985)	労働市場	110万ドル
Marin and Psacharopoulous (1982)	労働市場	340万ドル
V. K. Smith (1976)	労働市場	570万ドル
Viscusi (1981)	労働市場	790万ドル
Leigh and Folsom (1984)	労働市場	1170万ドル
Leigh (1987)	労働市場	1260万ドル
Garen (1988)	労働市場	1630万ドル

出典：合衆国環境保護庁「経済分析準備のためのガイドライン」（ワシントンDC，合衆国印刷局，2000年）89頁．

が様々であり、数字の信憑性について疑問が生じてくるということなのである。

加えて、環境保護庁が依拠しているこれらの研究のほとんどは、一九七〇年代のデータに基づいている。この時点と比べて国民所得は大幅に増加しているのだから、ある意味でそれは、一九七〇年代のデータから算出されるどんなＶＳＬも低すぎることを示唆している。もちろん、他の条件が同じであれば、より多くお金を持っている人は、統計的リスクを減らすためにより多くの額を支払う。ある研究は、二〇世紀初頭のＶＳＬは、現在のドルに換算して約一五万ドルだったことを明らかにした。(16) 一世紀後のこれに対応する額の二〇分の一よりも小さい。環境保護庁が一九七〇年代のデータを用いていたことは、危機に瀕した人命の金銭的価値への重大な過小評価を生み出してきたというのが合理的な想定であろう。六一〇万ドルという数字は、実質国民所得の増大という変化に対する調節を反映していないからである。(17) 調整を行わないことは、原則として、重大な過誤と言える。本当の「ＶＳＬの」額は、もっと大幅に

高いかもしれない。(18)

より根本的な問題もある。これらの数字が尊重に値するのは、その数字の基になった選択を行った人々に情報が欠如していたり、選択が限定合理性の産物ではない場合に限られる。たとえば、労働者は彼らが直面しているリスクを知らない、もしくは彼らの決定が想起可能性ヒューリスティックや楽観性バイアスの産物だと仮定してみよう。その場合、労働者が一〇万分の一のリスクを冒すために六〇ドル支払われているという調査結果があったとしても、規制主体は、政策決定の目的でその調査結果を利用すべきではない。先の仮定によって、その数字は、情報を与えられた人々による合理的なトレードオフを反映したものではないからだ。この点は次章で再度論ずる。現在の実務は、すべてもしくはほとんどの労働者が情報を与えられた上で選択しているという前提に基づいてるわけではない。市場プロセスによって、安全性の様々な程度についての正しい「価格」が保証されるという前提に基づいているのである。石鹸やシリアルや電話の価格を比較するとき、たいていの消費者は十分な情報を持っておらず、また多くの人々は、誤った道へと招くヒューリスティックを使用する。しかし市場競争が、少なくともほとんどの場合には、理に適った価格構造を生み出すというのだ。

これらの関連する問題が解決でき、人々の価値づけを真に表す数字（仮に六〇〇万ドルとしようか）を我々が特定できるとひとまず仮定――これはあくまで仮定であって、それに必ずしも同意する必要はない――してみよう。この仮定が正しいとしても、「VSLは六〇〇万ドルである」という主張に従うことは極めてミスリーディングである。「一万分の一のリスクに関して、当該母集団におけるWTP（支払意思額）の中央値は六〇〇ドルである」、もしくは、「一〇万分の一のリスクに関して、WTPの中央値は六〇ドルである」と述べる方がはるかに正確であろう。もしそれが正しければ――どのような前提が必要かは今後検討しなければならないが――上の命題は政策決定の上でたいへん役に立つ。しかし、ちょっと見るだけで、確率の相違から独立したVSLがこれらの数字によって正当化されるとは必ずしも理解できないことがわかるだろう。仮に人々が一〇万分の一だけリスクを減らすために六〇ドルを支払う意思があるとしよう。そのことから、人々は一〇〇万分の一だけリスクを除去するために六ドル、あるいは一〇〇〇分の一だけリスクを減らすために六〇〇〇ドル、一〇〇分の一だけリスクを減らすために六万ドルを支払う意思があるということは導けないであろう。統計的なリスクを減らすための人々のWTPは非線形的だと考えるのが妥当である。[19] 確率一〇〇％に近づくにつれて、リスク削減に対する人々のWTPは収入の一〇〇％に至るまで非線形的に上昇する。またリスクが〇％に近づくにつれ、WTPは非直線的に〇に近づく。一〇〇万分の一のリスクに対して、多くの合理的な人々は、そのリスクを取るに足らないものとして扱い、何も支払おうとしないであろう。

つまり、VSLが六一〇万ドルであるという主張は、「一万分の一から一〇分の一のリスクを除くために、人々は六〇〇ドルから六〇ドルまでの支払意思を有する」ということを、単に簡潔に言っているだけのことなのである。多くの行政機関が扱うリスクはこの範囲にあるので、この点に関するエビデンスはかなり有益な情報を提供する。本書議論にとって、重要なのはこのことである。

ここで私が強調したい問題は、リスクと人の両方により、VSLが必然的に異なってくるということである。まずはリスクの可変性から始めよう。

リスクによる相違

六一〇万ドルという数字の根拠となるエビデンスは、職場における事故のリスクからきていること、仮にこのエビデンスが一般化できるものだとしても、それは確率から独立したVSLを正当化するものではないことを、私は指摘した。しかし、さらに実際上重要な論点がある。職場の事故で死ぬ一〇万分の一のリスクに対するWTPと、大気汚染によりガンで死ぬ一〇万分の一のリスクに対するWTPとは異なるのではないだろうか。またその値は、テロリストの攻撃の結果として飛行機で死ぬ一〇万分の一のリスクを避けるためのWTPとも、さらにはスノーモービルの欠陥のために死ぬ一〇万分の一のリスクに対するものとも異なっているのではないだろうか。アメリカ政府によるVSLの現在の利用の背後にある理論それ自体が、以下の単純な結論を正当化する。**VSLはリスク特殊的であり、統計的に同等のリスクがすべて同じなわけではない。**単一の数字を使うことは重大な失敗を産み出すのである。

データ

まさに「職場のリスク」というカテゴリーが、重要な相違を覆い隠してしまうことにまず注目しよう。どの経済も、一定の範囲の職業や産業を含むものであるが、それらの各々から単一のVSLが導かれることを期待してはいけない。実際、最近の研究は、職業や産業によって重要な違いを見出した。[20] ブルーカラー労働者は、他の職業よりもVSLが高かったのである。機械オペレーター、取締役、営業、歯科技工士、清掃員、警備員、秘書を別々に見れば、かなり広い範囲にわたる値がでてくることも、それぞれのカテゴリー内においても多様な値が見出されることも必然的である。

加えて、環境保護庁が規制の対象とするリスクの多くは、同庁がそのVSLを導き出すために用いた職場のリスクとは質的に異なるものである。二つの相違点がとくに重要だ。まず、職場での研究はガンよりもむしろ事故に関するものであるが、EPAが行う決定はしばしばガンのリスクに関わる。ガンに関連するリスクが他の種類のリスクよりも高いWTPをもたらすという証拠は少なからず存在する。[21] たとえば、ハミット（James.K.Hammit）と劉（Jin-Tan Liu、劉錦添）は、台湾において、ガンのリスクの除去に関するWTPが、類似の慢性的疾患のリスクを避けるためのWTPよりも1／3だけ大きいことを見出した。[22] 仮想評価研究のいくつかは、人々は、即死の場合と比較して二倍もの額をガンによる死亡を防ぐために支払う意思があることを示している。[23] 人々はガンに対して特別な恐怖を有しているようだ。突然の予期できない死亡や心臓疾患による死よりも、ガンによる死を防ぐことに対してより多くを支払う意思を持っているようである。[24] 「ガンプレミアム」がガンの「恐ろしい」性質によって作られているのかもしれない。統計上のリスクが一定の場合でも、恐れの対象となるリスクが特別な社会的な注目を生み出すことは、しっかりと実証された事実である。

確かにこの点に関する現存の統計的エビデンスは明白とまでは言えない。職業上の被曝に関するある研究では、ガンのリスクに対する有意に高いVSLは見出されていない[25]。しかしその研究では、職業上の理由によるガンが、すべてのガンによる死の一〇〜二〇パーセントを占めていると考えられている。その比率はおそらく高すぎる。もし、職業上の被曝がすべてのガン（による死）の五パーセント（より現実的な数字である）しか占めていないとすると、ガンのリスクに対するVSLは、環境保護庁が現在使っている数字のおよそ二倍の一二〇〇万ドルほどにもなる。原則として、VSLの値はリスク特殊的であるべきだ。そして、ガンのリスクが、非常に高いVSLを生み出しているのではないかと疑うことには十分な理由がある。

職場のリスクと環境保護庁に関連するリスクとの第二の違いは、後者のリスクはとくに非自発的で制御できないものだということである[26]。職場の事故のリスクとは違い、ほとんどの汚染リスクは、補償と引き替えに自発的に引き受けられたものとは思われていない[27]。とても汚染されている町に住むことで、リスクの見返りに利益を受けているといえるかどうかは、まったくもって明らかではない。とても多くの文献が、非自発的な、恐ろしい、制御できない、そして、潜在的にカタストロフィ的なリスクは、非常に高いレベルの人々の心配を産み出すことを示唆している[28]。もしそうであれば、職場の事故から導かれたWTPの数字は、環境保護庁や他の多くの行政機関が提供する規制による利益に対する［本当の］支払意思額と比べて、ずっと控えめなものになってしまうことだろう。

この議論の含意は、職場の事故と環境リスクとの区別だけには止まらない。たとえば、人々は高速道路での安全よりも、飛行中の安全に対して、より大きい支払意思を有しているようだ。[29] だとすれば、連邦航空局のＶＳＬの方が幹線道路交通安全局のＶＳＬよりも高くてしかるべきだろう。奇妙なことに、その連邦航空局のＶＳＬは異常に高いどころか、むしろ異常に低い。[30] 病気の中には、他の病気よりも高いＶＳＬを生み出すものもあるだろう。アルツハイマー病によって死ぬ一〇万分の一のリスクは、心臓発作によって死ぬ一〇万分の一のリスクよりも高いＶＳＬを生むことはほぼ確実である。エイズで死ぬ五万分の一のリスクは、自動車のブレーキの欠陥が原因で死ぬ五万分の一のリスクと同じＶＳＬを産み出しはしないだろう。多くの人々は、即死するような一撃のリスクを小さくするよりも、進行の遅い衝撃によって死ぬリスクを小さくするためにより多くを支払うだろう。仮に我々がそれを見出すツールさえ持っていたとしたら、死亡リスクが飛行機事故によるものか、大気汚染に由来するガンによるものか、交通事故によるものか、欠陥のあるおもちゃによるものか、水質汚染に由来するガンによるものであるかによって、人口全体における各リスク特有のＶＳＬの中央値があってよいだろう。

シートベルトの利用、自動車の安全、家の火災報知器についての研究が実際に行われており、そして七七万ドル（煙探知装置、一九七〇年代のデータに基づく）から九九〇万ドル（安全ベルトとオートバイのヘルメットに関連した死亡事故のリスク）の範囲におよぶ、広い範囲のＶＳＬの数字が見出されている。[31] それぞれのカテゴリーの中でも、さらに差異が間違いなく生じるだろう。すべてのガンによる死亡が同等なわけではない。情報を与えられた人々は、長い間苦しむことを含むガンとそうではないものの間に区別をつけるだろう。もし私たちが本当にWTPをもとにVSLを作り上げようと思うのなら、統計的に同一なすべての死亡リスクを同等に均一の数字で扱うのは、愚鈍である。

実務と自発性

上で述べてきたような主張を、現行の規制方針がまったく取り入れていないわけではない。ヒ素規制の文脈では、環境保護庁がそのような点の一部に注意を払っていた[32]。そのためヒ素についての自らの分析にあたり、リスクの非自発性や不可制御性を理由として七パーセントの上方修正の必要が述べられた[33]。この修正と所得増による修正によって、VSLは六一〇万ドルから七二〇万ドルにまで上昇するだろう[34]。実際は、この額でも低すぎるかもしれないことを示唆する根拠がある。リチャード・レヴェツ（Richard Revesz）は、「非自発的な発ガン性リスクによる死を避ける価値は、業務上の即死を避ける価値の四倍と推定されるべきだ」と主張している[35]。このアプローチをとれば、ヒ素に関するVSLは六一〇万ドルから二四三〇万ドルへと跳ね上がる。私はこの二四三〇万ドルが正確な数だと主張しているのではない。VSLがリスク特有的なのはほぼ確実だ、と示唆しているだけである。

非自発的／制御不能と、自発的／制御可能とを厳密に二分できると考えないことが重要だ[36]。これは様々な面において明確な区別のない連続体なのであり、リスクを二つのカテゴリーにきれいに分けることができると信じるのは誤りだ。飛行機旅行のリスクは制御不能なものだろうか？

多くの人々はそう考えるが、飛行機に乗るという決断自体は人間が制御できる。ロサンゼルスの大気汚染のリスクは非自発的に負わされたものだろうか？　答えは肯定的になるかもしれないが、人々にはロサンゼルスに住むかどうか選ぶ権利がある。小惑星の衝突により死ぬことは非自発性のモデルケースであり、ハンググライディングとは対極にあるように見える。しかし、正確に言ってそれはなぜだろう？　非自発的にリスクに直面しているかどうか、すなわちリスクが個人の制御の中にあるかを決める際に、その基礎となっている問題が二つあるように思われる。一つめにはリスクに曝されている人々が知っていてそうしているかどうか、二つめには費用面や他の面から、人々がリスクを避けることが難しいかどうかだ。このような概念によってリスクにアプローチすれば、危害の確率が同じであっても、あるリスクが他のリスクよりも悪いことがあるのは明らかだ。この点だけで、様々なリスクを通じてＶＳＬが均一ではないことを示唆するのに十分だ。

人による相違

たとえリスクは同じでも、人々の価値観や好みは多様である。六一〇万ドル自体、中央値による数字——さまざまな平均値の中央値——である。しかし、職場であれ他の場所であれ、ＷＴＰが人によって大きく変わるということには、皆が同意している。この可変性の一部は、さまざまなリスクに応じてリスク回避性の程度が異なることに起因する。さまざまな人々がさまざまな恐怖を持っている。ある人々はとくに殺虫剤に関連する危険を懸念する。別の人々は飛行機旅行のリスクに焦点を当てる。これらの相違の一部は（現に存するリスクの水準についての）信念の産物だが、好みや価値観の産物である場合もある。動揺に、高レベルのバックグラウンド・リスクにすでに直面している人々が、一〇万分の一のリスク増加を避けるためのＷＴＰは、低レベルのバックグラウンド・リスクにしかさらされていない人々よりも低いことが予想されるはずだ。貧しい国または貧しい地域に住む平均余命が短い人々は、平均余命が長い地域に住む人々と比べて、一〇万分の一のリスクに対して懸念を示さないだろう。もしある母集団が、三〇種類に上る、一万分の一ないしそれ以上の確率のリスクに直面しているとしたら、バックグラウンド・リスクがそれほど深刻でない集団と比べて、一〇万分の一の新しいリスクに対してより低いＶＳＬを示すはずだ[37]。豊かな国の人々のＶＳＬと貧しい国の人々のＶＳＬの間の違いについては後述するが、その一部は、後者のグループが全般的に高いバックグラウンド・リスクに直面しているという事実の産物なのである。

年齢によってもＷＴＰは変わる。他の条件が均しければ、余命が長くないという事実だけから高齢者のＷＴＰは低くなり、それ故にＶＳＬも低くなることが予想できる。たとえばある研究によれば、四八歳の人のＶＳＬは三六歳の人より一〇％低い。また別の研究によれば、四五歳以下の人のＶＳＬは六五歳以上の人の二〇倍である[38]。ある慎重な分析によれば、ＶＳＬのピークは三〇歳前後であり、そこから一〇年ほど維持され、その後は徐々に減少していき、六〇歳の人のＶＳＬは三〇〜四〇歳の人の半分になるまでに至る[39]。この知見は、とくに一八歳以下の人について困難な問題を引き起こす。もし、幼児から一五歳までの子供が低いＶＳＬを示すとしたら、またそれが彼らがお金をほとんどあるいはまったく持っていないからだとしたら、政府はどうすればよいだろう？　彼らについて小さなＶＳＬを用いるのは妥当とは言えない。しかし、ではどんな数を使うべきであって、それはなぜか？　この問題に関する進展はほとんどない[40]。アメリカ政府は通常の均一のＶＳＬを、他の人々についてと同様、子供に対しても用いている[41]。しかし、子供に関するこの困惑させる問題を脇に置けば、支配的な理論に従えば、まだ何十年も生きられる人よりも残りの寿命が短い人の方がＶＳＬが低いと考えられる。この相違は政策決定にあたり考慮されるべきであろう[42]。

同じ議論の筋に沿って、多くの統計学者は、規制政策は統計上の生命だけでなく、統計的延命年価値（ＶＳＬＹ）に注目すべきだと提案している[43]。仮にそれが正しいとすれば、若い人々の統計上の生命は、高齢層の人々の統計上の生命よりも価値があることになる。二〇〇三年、アメリカ政府がＶＳＬＹに焦点を当てることに関心を持ったとき、それは人々の声高で激しい反対を招いた。ある提案によれば、それは「高齢者の死の価値の割引」であり、七〇歳以上の人々が一ドルに対して五八セントの価値しか持たなくなるというのだ[44]。しかし仮に、七〇歳以上の人々が、平均して、その年齢以下の人々のＷＴＰの約五八％のＷＴＰしか持たないのであれば、現在の実務が基づいているところの理論から、この不均衡がまさに正当化される。この理論が正しいのなら、高齢者と若者の間の不均衡は、ＷＴＰ［の相違］によって正当化される限りにおいて、完全につじつまがあっている。

より根本的な点として、お金をあまり割くことが出来ない人は、十分に多いお金を持つ人に比べて非常に低い値のVSLしか示さないだろう。WTPはその人の支払い能力に依存し、支払い能力が低ければ当然WTPも同様に低くなるだろう。こうした理由から、年収が五万ドルの人のVSLは、年収が一五万ドルの人のVSLよりも低くなる。リスクを一〇万分の一軽減するために、前者に属する人々は二五ドル以上は支払う意思を持たないのに、後者に属する人々は一〇〇ドルを支払う意思を示すかもしれない。そうだとしたら、政府はすべての人々に対して一〇〇ドルの支払を強要すべきではない。そう決定することは、一〇〇ドル支払う意思のない人に損害を与えてしまう。人がそれだけの価値を持つと考えている以上の額を支払わせることになるのである。政府が現在用いているような均一の生命価値は、貧しい人にとって「過剰保護」になる恐れがあり、それは彼らにとって有害であるかもしれない。また裕福な人にとっては、十分な保護がなされない恐れもあり、それは彼らにとって有害である可能性が高い（論争を招くだろうこの問題には、次章で立ち返ることにする）。

単なる事実の問題として、労働組合に所属している労働者は、引き受けたリスクに対してより多くの補償を受け取ることが予想される。どの研究もほとんど常に、労働組合所属の労働者のVSLはより高い――一二三〇万ドル、一八一〇万ドル、さらには四四二〇万ドル――としている。[45]同様に、VSLが国によって異なること、貧しい国々よりも富裕な国々でVSLが高いことも予想できる。そして、事実、諸研究によれば、VSLが台湾では二〇万、韓国では五〇万、インドでは一二〇万と低いのに対して、カナダでは二一七〇万、オーストラリアでは一九〇〇万と高く

表 6.3　VSL の各国比較

国及び研究年度	VSL（2000 年当時の米ドル額換算）
日本（1991 年）	970 万ドル
韓国（1993 年）	80 万ドル
カナダ（1989 年）	390〜470 万ドル
インド（1996 年，97 年）	120〜150 万ドル
台湾（1997 年）	20〜90 万ドル
オーストラリア（1997 年）	1130〜1910 万ドル
香港（1998 年）	170 万ドル
スイス（2001 年）	630〜860 万ドル
連合王国（2000 年）	1990 万ドル

出典：W.Kip Viscusi and Joseph Aldy, The Value of a Statistical Life: A Critical Review of Market Estimates Throughout the World, 27 *J. Risk & Uncertainty* 5,45（2003）に基づいて著者が作成.

なっている[46]。表6.3[47]を見るとわかりやすい。アメリカ合衆国内であれば、高所得者の集団の方が低所得者の集団よりもＶＳＬが高いことが予測される。もしあるプログラムが、裕福な郊外における健康リスクを除去することを目的としているならば、その場合のＶＳＬは、人口全体の中央値を上回るだろう。もし保護されるべき人々の大部分が低所得地域にいるのならば、ＶＳＬは平均を下回るだろう。現在、各行政機関は、費用便益分析を行う上でこの可能性に注意を払っていない。

人種やジェンダーのような、より議論を生むカテゴリー別ではどうだろうか？　最近の研究は大きな差異があることを示す。一九九六年から一九九八年までの職場のデータを用いて、リース（John D. Leeth）とルーサー（John Ruser）は、女性のＶＳＬの範囲は八一〇万ドルから一〇二〇万ドルまでだが、男性のＶＳＬはその半分よりも少なく、二六〇万ドルから四七〇万ドルの範囲であることを明らかにした[48]。また彼らは、ヒスパニックの男性の方が白人の男性よりも少し高いＶＳＬを示す（五〇〇万ドル対三四〇万ドル）こと[49]、そして最も衝撃的なことだが、アフリカ系アメリカ人は職場でのリスクに対する代償を受け取っておらず、すなわちＶＳＬはゼロとなることを見いだした[50]。ビスクシィ（W.Kip Viscusi）もまた、一九九二年から一九九七年までの職場のデータを用いて、リース／ルーサーのものとはかなり異なる数字であるが、人種的区別による重大な不均衡を見出した[51]。ビスクシィの研究によれば、ＶＳＬは白人男性で最も高くてアフリカ系アメリカ人男性が最も低く、白人女性とアフリカ系アメリカ人女性は上の両極の間に位置する。とりわけビスクシィは、白人全体のＶＳＬは一五〇〇万ドルである一方、アフリカ系アメリカ人全体のＶＳＬは七二〇万ドルであることを見出した[52]。白人男性のＶＳＬが一八八〇万ドルである一方、白人女性全体は九四〇万ドルである。アフリカ系アメリカ人女性の総合的なＶＳＬは六九〇万ドル、アフリカ系アメリカ人男性は五九〇万ドルであった。ビスクシィによる別の研究によれば、ブルーカラー男性のＶＳＬは七〇〇万ドル、ブルーカラー女性のＶＳＬは八五〇〇万ドルである[53]。

　リース／ルーサーの研究とビスクシィの研究との間になぜこれだけ大きい相違があるのかは謎である。だがここで最も重要なのは、ＶＳＬには母集団ごとの相違があることが十分予想され、両研究ともそのような相違を示していることである。

理論と実践

今まで述べてきたことをまとめれば、単一のVSLではなく、非常に多くのVSLが存在するということだ。実際のところ、各人がそれぞれ一つのVSLを持っているというのでもない。各人が直面しているそれぞれのリスクに向けられた、いくつものVSLを持っているのである。WTPを真に踏まえた政策をとるのならば、各人に対して、それぞれのリスクを減らすための支払意思に対応した水準の保護を提供しようとすることになるだろう。WTPを踏まえることが、現在の実務が前提とする目標である。実現可能性を度外視すれば、その目標は、最大水準の個別化を要求するものである。

思考実験として、仮に全知の規制主体が存在し、各個人それぞれが直面する統計的なリスクに応じたそれぞれのWTPをたやすく決め、規制による保護のレベルをそのWTPに完璧に調和させることができるとしよう。この場合規制主体は、各人に対して、それぞれのリスクに対する彼のWTPよりも多すぎもせず少なすぎもしない保護を与えなければならない（もしも人々が貧しいためにWTPが低いのであれば、彼らに対しては補助金が与えられるかもしれないが、WTPを超える財を買うことを強制されるべきではないだろう。この点は後述する）。このアプローチによれば、規制による便益は、市場において取引されるあらゆる他の商品——安全それ自体も含めて——と同じように扱われるだろう。煙報知器や、「安全性に定評がある自動車としての」ボルボの購入の場合を考えてみよう。多くの人々は、リスクに対処するとき、情報の欠如と限定合理性に起因する極めて深刻な諸問題に直面することを私は強調してきた。全知の規制主体であればこれらの問題を克服し、それがないとすれば人々が欲するであろうところのものを提供するだろう。

もしこのことが可能だとすれば、現在とられている理論を完璧に実現することができる。最大限の個別化によれば、全体としてのWTPは裕福な人々より貧しい人の方が、白人より黒人の方が、そして（場合により）女性よりも男性の方が低いことになる。しかし、この思考実験の下では、政府が（たとえば）九五％の白人に対するプログラムでは高いVSLに依拠し、五％の黒人に対するプログラムでは低いVSLに依拠して決定を行ったとしても、どんなグループも差別しているわけではないことになろう。その違いは、完全に個別化されたVSLの集合から生じたものに過ぎない。通常の市場が自動車や消費財について作り出しているような集合と同じようなものである。たとえば、比較的貧しい人々は、平均して言えば、裕福な人々よりも安全度が低い車を購入するだろう。

もちろんこの思考実験を深刻に受け止めることには、実際的な問題が二つある。第一に私たちは各人のWTPを知らないし、そしてそれを明らかにすることは実際には不可能だということだ。第二に、規制による便益はしばしば公共財であって、多くの人に対しても提供されることなしにある人に対して提供することは実現不可能である。たとえば大気汚染の文脈で言えば、清浄な空気を、多数もしくはすべての人に［同時に］与えることなく数人だけに与えることは不可能である。大気汚染や水質汚染の規制において、個別化という選択肢はありえない。

これらの問題は、完全な個別化にとっては致命的な障害である。しかし、より一層個別化する上では致命的障害ではない。少なくとも、最も論争を招くような問題を避けつつも、異なるリスクに対する異なる社会的態度を費用便益分析に算入することはできる。たとえば、行政機関が分析を行う際、ガンのリスクに関する既存研究に注意を払うよう促すことはできよう。仮定が異なることによって数値が異なることを示し、ガンによる死亡に対するVSLを高くすることが促されるかも知れない。加えて、VSLに関する様々な調査結果の不均衡を、異なる機関による評価それぞれに対応させることによって、それら機関間の差異を恣意的ではなく合理的なものにすることができるかもしれない。たとえば、もし職場での事故死のリスクからのVSLが、消費財による死のリスクからのVSLよりも小さいのであれば、労働安全衛生局が消費者製品安全局よりも低いVSLを用いてもよいだろう。規制主体がさまざまなリスクに対応するVSLについての多くの情報を引き出すことができるような研究計画を容易に考えることができる。この方向へと動くことは、厄介な倫理的問題を必ずしも生じさせないだろう。

規制の影響を受ける人がとくに裕福かとくに貧しいかに応じて、行政機関が異なるVSLを採用することを提案するとすれば、はるかに多くの論争を巻き起こすだろう。個々人によって区別することについては議論があろうが、しかし行政機関は、少なくとも、時の経過による国富の変化に対応して、単にインフレ調整にとどまらないVSLの調整を行うべきである。またたとえば、低いVSLを持つことが予想される移民農業労働者を保護する規制の場合はどうだろうか。最近の研究は、まさに所得とVSLとの関係を推測している[54]。またある母集団が比較的裕福であるため、行政機関はより高いＶＳＬを採用するかもしれない。

さしあたりここでは、私はこうしたアプローチを推奨しているわけではない。私が言いたいのは、現在政府が用いている理論からはこの種のアプローチが示唆されるということだけである。

さて我々は、このアプローチによるならば答えが必要となるより大きな問いに立ち返ろう。現在用いられている理論は正しいのか？　その最大の弱点はどこにあるのか？

第7章　民主主義、権利、分配

規制政策において人々の現実の支払意思額（ＷＴＰ）を生かすことを支持すべき論拠は何だろうか？　そもそも現実のＷＴＰを気にかけなければならないのだろうか？　危険を削減することを金銭的等価額に換算する上で、およそＷＴＰが関係するのだろうか？　ＷＴＰがどうであろうと、人は（特定の）リスクを被らない権利をもつのではないのか？　そして、一般的に言って、熟議民主主義と費用便益分析との関連はどのようなものだろうか。

これまでの恐怖についての議論から、答えの端緒が既に示唆されていると期待したい。ある規制に年間二億ドルの費用がかかり、それが二〇人の生命を救うとしよう。たとえば飲料水におけるヒ素の許容値を五〇ＰＰＢから一〇ＰＰＢに減らすといった規制（実際これらは、ヒ素規制に関する現実的な数値である）である。もし私たちが、救われる生命を金銭的等価額へと変換することを嫌がるなら、首尾一貫した規制の体系を作り出すのに大変苦労するだろう。ある政策は生命を一〇〇〇万ドルと評価し、他の政策は二〇〇〇万ドル、四〇〇〇万ドル、二〇万ドルと評価するかもしれない。もちろん、もしその相違がリスクや影響を受ける人々の特性に由来するのなら、評価の違いも正当化されるだろう。そしてもちろん、ある金銭的等価額を割り当てるべきこと、それが他の額ではないことを正当化する説明が必要になる。しかし金銭的等価額を用いようとするなんらかの努力なしには、［規制政策は］場当たり的で不整合になったり、強力な私的利益集団に影響を受けやすかったりするだろう。最終結論としての数値は決定的なものではないことを私は強調してきた。しかし、［規制政策］プログラムは、首尾一貫性がない場合、恐怖、問題の軽視、利益集団の権力などの組み合わせによって規定されてしまうものであり、その首尾一貫性を高める上で、金銭的等価額は少なくとも有益な情報を生み出すのである。

ここで懐疑派は、多くのリスクについて、その重大さを正確に見積もることが私たちにはできないと言うかも知れない。たとえば、毒性物質関連では、低レベル［曝露］における有害性を外挿［既知のデータから、そのデータの範囲外の数値を予測すること］によって見積ることは、しばしば推論的なものでしかない。高レベル［曝露］におけるリスクの疫学的データについても、用量反応曲線に議論の余地があるかもしれない。用量が低下すれば、有害性は急速に下がるのだろうか？　それを下回ればまったくリスクがないような安全閾値は存在するのだろうか？　低レベル曝露は実際には人間の健康によい――そのような結果が示された場合もある――ということがあるだろうか？　科学はただ、可能性のある結果の範囲を示すことしかできない。［また］、地球温暖化もそれに含まれるが、上の範囲自体が論争の対象になっているような問題もあるではないか。おそらく私たちは、不確実性、それどころか無知の状況下で活動しているのであって、そうであれば、有害性の非金銭的な換算についてすら、わずかな確信をも持ち得ないだろう。

多くの社会的リスクから生じうる危害の特定に際して生じる厄介な問題を軽視するとすれば、それは誤りであろう。テロリズムの問題は費用便益を受け付けない。自然からのものであれ人為的なものであれ、他の多くの危険についても、同じことが当てはまる。しかし、多くの場合は、予想される危害の範囲を特定することは可能であるし、そうするための知識は常に増加している。世界中の多くの地域で、費用便益分析が事業の実現可能性を検証するために用いられている。ここで私は、合理的な範囲が特定できうる場合についてのみ論じているのだ。WTPがそこで果たすべき役割とはどのようなものであろうか？

単純な設例

まずは、WTPの活用を肯定できる「単純な設例」から始めよう。単純化のために、多様な一〇万分の一のリスクに人々が直面している社会、そしてどの人々も十分に情報を与えられており、それぞれのリスクを除去するためにちょうど六〇ドルの支払意思を有している社会を仮定しよう。また、これら一〇万分の一のリスクを取り除く費用には大きい変域があり、ほぼゼロのものもあれば、何十億もの費用がかかるものがあると仮定しよう。最後に、あらゆるリスク除去の費用は、それによって利益を得る人によって完全に負担されていると仮定しよう。この（重要な）仮定の下では、規制は利用者の支払う料金と等価である。たとえば、飲み水の中に含まれるヒ素からガンが生じる一〇万分の一のリスクを除去するという政策の費用を、人々の水道料金がまるごと反映することになる。もし一人につき一〇〇ドルの費用がかかるのであれば、各自の水道料金は、正確にその量だけ増加するわけである。

これらの仮定を置いた場合、WTPの使用に賛成する議論は説得力があってわかりやすい。〔この場合、〕規制は強制的交換を意味する。つまり人々に、ある便益をある額で購入しなければならないとするのである。政府が人々に対して、彼らが欲しがらないもののために支払うべきことを強制すべき理由があるだろうか？　もし人々が一〇万分の一のリスクを取り除くために六〇ドルしか払おうとしない場合、政府が彼らに六一ドルないしそれ以上を支払うことを要求すべきではないのでは？　先の仮定により、人々の嫌がる条件での強制的な交換が、彼らの厚生を悪化させることになる。もちろんこの場合、人々は無料で便益を受取るべきであるという答えもありうる。つまり強制的な交換よりもむしろ補助金の方が彼らの利益になるというのだ。この問題については後に検討するが、今注意して欲しいのは、規制は補助金ではないということである。なぜなら先の仮定では、人々は彼らが受け取る便益に対して〔同額を〕支払っているからである。

この仮定を前提とすれば、WTPとVSLの利用に異論を唱えることはひとまず難しい。規制を評価する目的からは、現に存する所得分配が不公平かどうか、貧しい人々が、わかりやすくいえば「一定のリスクを冒すことを強いられている」かどうかは、問題にならない。不公平な分配やそれによる強制の構図を矯正するためには、人々が受け入れがたいと思う条件で対価を払わせ、規制の便益を得させることを必要としない。人々が、裕福でないがため、一〇万分の一のリスクをなくすことに対して、二〇ドルしか支払意思を持たないとしよう。また、仮に彼らが現在の二倍の富を手にするならば、五〇ドルの支払意思を持つとしよう。そのような場合でも、仮により多くのお金を持っていたとしたら支払うであろう額を支払うように政府が強制することは、彼らに対する親切にはならない。

ここからは、先ほどよりは作為的でない仮定をとり、「規制により」影響を受ける人口集団が、現実世界の人口集団により似ていることにしよう。つまり（1）それらの人々は、統計的には等価であるリスクについても、それらを避けるためのWTPにおいてかなりの多様性を示す（2）個々人を見ても、さまざまなリスクを避けたいという欲求の程度に大きな相違があるとする。リスク評価の多様性から始めよう。人々は自動車事故で死亡する一〇万分の一のリスクを避けることに対して五〇ドル以上は支払う意思がないが、ガンで死亡する一〇万分の一のリスクを避けるには一〇〇ドルまでの支払意思を有するとする。政府は彼らのWTPに注意を払うべきだろうか？　私は、少なくとも、もし（先ほどの「単純な設例」の場合におけるように）人々が受け取る便益の分だけ彼らが支払うことになるのであれば、そうすべきだと思う。もし政府が両方のリスクについて七五ドルのWTPを用いるのであれば、それは人々に、自動車事故に関するリスクを避けるために支払いたい額よりも多くの額を、そして、ガンを避けるために支払いたい額よりも少ない額を支払わせることになるだろう。政府がそのようなことをすべき理由があるだろうか？そしてもし、この設例における議論が説得的であるとすれば、それは、WTPとVSLがリスクによって異なる無数の場合に［も］適用されるべきだろう。

ついで個人間の相違に目を向けてみよう。統計的なリスクを避けるために、異なる人々は異なる額を支払おうとするという事実に政府は注意を払うべきだろうか？　その答えはひとまず肯定的だろう。この場合の相違も同様に適切である。もし、ニューヨークの人々が、モンタナの人々よりも、ヒ素のリスクを減らすためにより多く支払おうとするなら、少なくとも関係者が適切な情報を与えられている限り、規制主体はその事実に注意を払うべきである。ここでも他の場合と同様、社会的な財に対して人々が支払おうとする額よりも多くを支払うように政府が要求することは、救済にはならない。リスクに対して、異なる人々が異なる嗜好や異なる許容範囲を有しているのならば、政府はその事実を認識すべきである。

実際私たちは、前述の仮定の下で、ＷＴＰの使用が二つの異なる考慮からくることを見て取ることができる。第一の考慮は厚生、第二の考慮は個人の自律に関係する。私は、厚生の観点から、自分が支払っても良いと思う金額よりも多くの金額をリスク削減に支払わせることを人々に強制すべきではないと強調してきた。自らの選択こそが自身の厚生に対して良い道標であるからである（少なくとも一応そう推定できる。これに関する問題点は次章で述べる）。加えて、人々は尊敬をもって取り扱われるべきである以上、自らが持つ資源を好きなように使うことを許されるべきである。食品や、健康管理や、住居や休養に対してではなく、特定の五万分の一のリスク削減にそのお金を消費しなくてはならないと政府が人々に命ずるとすれば、それは人々の自律を尊重しているとは言えない。自由な市民は自らの選択に従って自分の金銭を配分することを認められるべきである。

多様な選好と価値観を持つ市民の集団を私たちが取り扱っている限りでは、今の点は異論の余地がないだろう。［だが］「政府は豊かな人々に対しては貧しい人々よりも高いWTPを用いるべきだ」ということを含意する主張となると、より厄介である。たとえば、五万分の一のリスク削減に対して、多額の収入を得ている人々が、あまり稼いでいない人々の二倍以上の支払意思を持っているとしよう。もしWTPだけが問題になるのなら、規制主体はその点を考慮に入れるべきであり、豊かな人々を守るプログラムのためには、貧しい人々を守る計画よりもより高いVSLを使うべきだということになる。この相違の理由は、貧しい人々が豊かな人々よりも価値がないということではない。豊かであろうと貧しかろうと、誰であっても、リスクを減らすために支払いたいと思う以上のお金を払わされるべきではないということである。一見そうは見えないが、この考え方は、それなりの平等の基準を具体化している。政策の場合も市場と同様だ。社会的な財に対して、払いたいと思う以上の額を支払うことを人々に要求すべきではないのである。

もし貧しい人々が、重大なリスクの低減に対して多くの額を支払う意思を持たないのであれば、強制的購入ではなく、補助金こそが適切な対応である。たとえば、年収三万ドル以下の比較的貧しい人々のグループの各構成員が、一〇万分の一のリスクを除去するためにたった二五ドルしか支払う意思がないと仮定しよう。そして国民全体の中央値が五〇ドルだと仮定すれば、上の額はその二分の一である。規制主体は、この相対的に貧しい人々を含む全市民に対して五〇ドルを支払うことを求めるべきだろうか？　原則として政府は、人々の厚生や自律に真に関心を持つのであれば、人々が受け入れられると考える条件以外での交換を強制すべきではない。しかし、ひょっとしたら規制主体は、貧しい人々にはリスク削減を無料で提供し、つまり、彼らに費用の支払を強制することなく、彼らをより安全に、より恐怖を感じないようにすべきなのではないか。それが正しい場合もしばしばある。このようなことを政府が行うべきだと言えるような状況も多い。しかし、ここでの私が論じているのは規制であって補助金ではない。規制のためであれば、WTPを擁護すべき理由がたくさんある。

さきほどの「単純な設例」のように、リスク削減の受益者が、自身の得るものに対して支払うというのは、ありそうにないほど非現実的だろうか？　確かに多くの状況ではそうだろう。大気汚染規制にかかるコストは、完全に受益者が負担しているわけではない(1)。しかし、労働災害補償の規制の場合は、状況はかなり異なる。少なくとも合衆国では、労働組合に加入していない労働者の場合、彼らが「この規制から」受け取る便益の期待値にほぼ一致する額だけの賃金の減少を被ることになる(2)。安全性を高める労働災害補償プログラムは、健康状態の改善という労働者が受ける便益に対して、彼らが給与の減少の形で支払うことを実質的に要求している。飲料水の規制についても、似たようなことが言える。規制の費用は、より高い水道料金という形で消費者に課される。つまり「単純な設例」も、現実世界との多くの類似点を見出しているのである。

反論

「単純な設例」におけるWTPの使用に賛成する私の主張には、いくつかの反論がありうる。

その中には、重要な限定の必要性を指摘するものもあるし、ある状況の下では、議論を正面から再考すべき理由を与える。

適応的選好、侵害、ミスウォンティング

最初の反論は、人々の選好が、貧困を含む既存の機会に適応してしまっている可能性を強調するものだろう。(3)人々は、単に健康リスクを含めた環境悪化に順応してしまったというだけの理由から、健康を改善する環境改善のために少額のWTPしか示さないかもしれない。[また、]人々のWTPには、リスクを実際よりも低いものと結論づけることによって認知的不協和を減らそうとする努力が反映されてしまっているかもしれない。(4)この反論を一般化すれば、人々は「ミスウォンティング」(5)の問題——自らの厚生を促進させないものを欲しがり、厚生を促進させるものを欲しがらないこと——に悩むかもしれない。もしそうであるならば、WTPは、その根本的な正当化理由をいくらか失うことになる——人々の決定は、実際には彼らの厚生を改善しない。(6)そしてもし政府が、人々に大きな便益をもたらすものに対して彼らが支払意思を示さないことを確信しているのであれば、政府はWTPの考えを捨てるべきである。

ある種の文脈では、この反論は、一貫した熱意をもって選択の自由を追求する新古典派経済学にとっての深刻な問題を浮上させる。厚生のみならず自律までも巻き込む問題になるのである。次の状況を想像してみよう。リスクは避けられないものと人々が信じてしまっているか、あるいは彼らの選好自体が危険で不公平な状況に適応してしまっているという理由から、彼らがリスク

削減を欲しないという状況だ。その場合、人々の選好は、彼らの自律を反映しているとは言えない。言い換えれば、自律という観念は、どんなものであれ人々がたまたま有している選好への尊重だけを要求しているのではなく、強制や不正義を反映しない形で選好が発達することを可能にする社会状況をも要求しているのである。いくつかのリスクについて言えば、それと関連する選好は非自律的である。多くの女性が、男性からの暴力のリスクに直面しつつ、なにもできることは無いと考えてしまい、適応してしまっているという状況が存在する事実を考えてみよう。

リスク政策の多くの問題に対して、この点は含意を有している。しかし、通常の規制との関連では、それは実際的というよりはむしろ理論的な関心事にとどまる。我々が通常問題にするのは、低レベルの死亡リスク（たとえば一〇万分の一）を減らすような措置である。その多くの場合は、情報を与えられた上でのＷＴＰ（たとえば一〇〇ドル）を用いることが適応的選好の産物だと信ずべき理由はない。そのような理由が存在する場合については、「単純な設例」についての判断を修正せねばならないが。

不十分な情報と限定合理性

上と密接に関連した反論は、情報の欠如と限定合理性を指摘する。ずっと強調してきたように、人々は低確率の事象を扱うのに苦労する。規制から得られる利得に人々が気づいていないなら、彼らのＷＴＰはかなり低くなるだろう。想起可能性ヒューリスティックによって、彼らは一定のリスクを過小評価するかもしれない。もし人々が、ある活動が病気や死をもたらした事例を想起できないならば、大きいリスクに対しても、それが些細なものだという結論を下すかもしれない。あるいは、同じヒューリスティックや確率無視によって、人々はリスクを誇張し、現実と照らし合わせて見れば大きく増幅されているといえるＷＴＰがもたらされるかもしれない。そして、人々が「五万分の一」といった考え方の意味を理解し、統計的リスクのエビデンスに対して理性的に対応することができないのであれば、ＷＴＰに依拠することには非常に深刻な問題が存在する。ＷＴＰや確率的生命価値を使用することに対して本当に困難をもたらすこのような状況が、想像可能である。

また人々のＷＴＰは、未来の健康便益についての過度の割引を反映しているかも知れない。もし労働者が将来のことを気にしないか、あるいは将来の利得や損失についてありえないほど高い割引率を採用しているならば、彼らのＷＴＰは脇に置いておくべきことを支持すべき論拠が存在する。たとえば地球温暖化に関連して、時間的に遠い先のことであるという危害の性質のため、潜在的なカタストロフィ・リスクに対して関心が十分に向けられないことになる可能性がある。同様のことが、人々が日常の生活で直面しているような、より劇的でないリスクにもあてはまる。おそらく若い喫煙者は、喫煙によってもたらされる健康への害に対して、あまりにわずかの注意しか払っていない。バランスを欠いた食事や運動不足を選んでしまう人々は、しばしば自らの行動の長期的な影響をよく考えていない。自己管理の問題は限定合理性の重要な部分であり、もし低いＷＴＰが将来に対して適切な注意が払われていないことを示すのであれば、そのＷＴＰを使うべきでない理由が存在する。

これらはすべてありうることだ。しかし多くの場合は、ＷＴＰは不十分な情報の結果ではなく、限定合理性が人々を誤りへと導いたわけでもない。もしそのようなことが起きている場合については、適切な調整が図られるべきである。

権　利

まったく違った種類の反論は、人々の権利に注意を向ける。人々は一定規模以上のリスクに曝されることのない権利を持っており、ＷＴＰの使用は、その権利の侵害になるかもしれない。実際、ＷＴＰがどうだろうと、人間は一定水準を上回るリスクに曝されることのない権利を持つべきだと述べることは、きわめて道理にかなっている。たとえば、水質汚濁が原因で死亡する二〇分の一の一定のリスクに直面する場所に貧しい人々が住んでいると考えてみよう。そのリスクを除去するために、人々は一ドルしか支払う意思がなく、また、そのための費用が一人当たり二ドルであったとしても、政府は汚染を削減すべきだと言うことは理に適っている。ただ一点留保するとすれば、実際の世界では権利は資源依存的であるということだ。人々が自らの政府に対して要求できる権利は、利用可能な金銭の量の産物であり、ゆえに、人々が保護を求める議論が正当であっても、社会の資源水準によって影響を受けることは避けられない。しかしここでは、ある一定の水準を上回るリスクは権利侵害とみなされるべきだと単純に考えておこう。

次のように付け加えてもよいだろう。人々は、そのＷＴＰがいかなるものであろうと、故意又は無謀に危害を押し付けられない権利を持っている。もし、ある企業がある町の市民を高度な危険にさらし、そしてそれが悪意によるものであるか、または市民の福祉に対する気遣いがまったくないものだとすれば、たとえ市民のＷＴＰが低い場合であっても、彼らの権利が侵害されているといえる。うまく機能している法制度であれば、違法行為を行った者に対して、彼らが与えた損害を償わせるものだ。実際、そのような法制度の中には、損害に対して無過失責任を課すものもある。

人々の権利に関する抽象的な主張としては、これらの反論は完全に正しい。人々が深刻なリスクに曝されているが、彼らのＷＴＰが低いことでリスクへの対応が妨げられるのであれば、何かがとんでもなく間違っている。もし政府が、それらのリスクに直面しているのに、何もしないことを正当化するために彼らのＷＴＰが低いことを口実に使うとしたら、さらにひどい話だ。政府の補助金の適切な利用の仕方をＷＴＰが決定すべきだと主張したとしたら、それはばかげている。再分配政策というものは、およそ人々のＷＴＰを目安にすべきものではない（政府が貧しい人々に一〇〇ドルの小切手を与えるのは、彼らがその小切手に対して一〇〇ドルの支払い意思を有するときだけだ、と言うとしたらナンセンスではないか?）。そして、疑いなく権利侵害だと言えるような規模のリスクに人々が曝されているような場合も多くあるのだ。

しかしまた、この種の権利が問題にならないような場合も多い。統計的に小さなリスクの場合はそうだ。たとえ権利が関係する場合でも、適切な対応は、人々が欲していない保護を人々に強制的に買わせることではなく、人々に補助金を与え、［実質的に］無償あるいは許容できる価格で利益を受けることができるようにすることである。政府が財を供給する場合は補助金によるべきだと私は強調している。上の「単純な設例」では、前述の仮定の下での規制が問題になっている。［規制が］問題になる限り、WTPの利用はだれの権利も侵害するものではない。

違法行為を行った者についてはどうだろうか？　企業が故意又は無謀に人々を危害に曝したとき、たとえ被害者のWTPが低かったとしても、企業は責任を負うべきだという主張は正しい（この結論がどのように正当化できるかをここで議論するつもりはない。この結論は功利主義理論の観点からも義務論的観点からも擁護できるものだろうから、それら理論の代わりに、完全には理論化されていない合意が得られうる）。さらに議論を進めることもできよう。賢明な法体系であれば、たとえ故意又は無謀によるものではなくても、それが引き起こした被害に対する支払いを企業に要求することで、企業活動の費用を内部化することを強制するだろう。不法行為理論上活発に議論されている点であるが、ここでも様々な理論的立場を参照しつつ、責任を負うべきことを擁護することは可能である。(7) しかしここでの主題は規制であって、不法行為による賠償ではない。故意または重過失による危害の押しつけを、規制主体が禁止すべきことは確かである。しかし、「人々は、リスク削減に対する自らのWTPよりも多くを支払うことを要求される権利を持つ」と言うのは、少なくとも人々が十分な情報を得ている場合であれば、変だろう。もし人々が一〇万分の一のリスクを取り除くのに二五ドルしか支払う意思を持たない場合、彼らの「権利」に言及することによって、七五ドルの費用がかかる規制を政府が企業に課すべきという結論が正当化されるものではない。

民主主義対市場

また別の反論として、人々は市民であって単に消費者ではないことを強調するものがあろう。規制に関する選択は、市民がお互いの選好と価値観について熟議を行った後になされるべきだということを、その反論は強く要求するだろう。強制的な交換に反対する先の論拠は、人々を消費者として扱うものだった。安全に関する人々の決定を他のあらゆる商品への決定と同じものとみなすのである。ある種の決定に関しては、このアプローチはひどく誤ったものである。良い立憲政体とは熟議民主主義であって、単に最大化するだけの機械ではない、ということを私は述べてきた。多くの社会的判断については、消費者の個人的選択を集約することによってではなく、むしろ、お互いに熟議的議論に参加する市民によってなされるべきだと言える。

いくつかの例を考えよう。

- 人種差別や男女差別に関連する問題では、分別のある社会は人々のＷＴＰを集計したりはしない。差別すること（または差別から解放されること）に対する人々の支払意思を、市場におけるエビデンスや仮想評価法を用いて探究することで差別を許容できる度合いが決まる、などということはない。たとえ差別主義者が人種的マイノリティとの交流を避けるために多くの額を支払う意思を有していたとしても、そのような差別は禁止されている。人々のＷＴＰがどうあろうとある種の形態の差別は法的に認められない、ということを人々は政治過程を通じて決定してきたのである。

・セクシュアル・ハラスメントの禁止は、WTPを問うことからは生じない。多くの加害者は、そういうことができることに対してかなりの額の支払い意思を有しているだろう。その額が、ハラスメントを防ぐために被害者が有する支払い意思額よりも多いことも考えられる。にもかかわらず、ハラスメントは禁止されている。WTPは無関係である。

・絶滅危惧種の保護は、WTPの集計に基づいて選択されているわけではない。絶滅危惧種を保護するかどうか、いつ保護するかは、熟議民主主義を通じて解決されるべき道徳的問題であって、消費者主権の行使を通じて解決されるべきではない。少なくとも開発活動を行う上で絶滅危惧種に危害を加えることが必要な場合であれば、その危害に対して多くの額を支払う意思を有する人々がいるかもしれない。彼らのWTPが、いかなる行為が容認されるかについての法的評価に加味されてはならないのである。

・動物虐待を禁止する法や、人間に積極的な保護義務を課す法は、WTPに関係した何かから生みだされるわけではなく、道徳的なコミットメントから生じるものである。不当な苦しみから動物を守ることを法が求めるとき、規制の対象者（たとえば大学の研究室）がその規制を避けるために多くの額を支払う意思を有しているかどうかということは問題にならない。もちろん、規制により生ずる費用は、規制を課すかどうかの決定において、ある程度の役割を果たすだろう。しかし、基盤となる道徳的判断は［動物の］苦しみを避けるべきだという信念であり、それは本質的にWTPに左右されない。

規制政策の基盤に「選好」を据えるアプローチの限界を強調するために、アマルティア・セン(Amartya Sen)は「議論ややりとり、そして政治的な議論でさえも価値観の形成と修正に貢献する」ことを強調した(8)。センはとくに環境保護の文脈では、解決策は、我々に「既存の個人の選好を最もよく反映することのみを志向するのではなく、それを超えて、それらの選好に基づいて選択をする上で最もふさわしい手続を探すこと」を要求すると主張する(9)。

こういった主張は、根本にかかわるものであり、かつ正しい。WTPの利用に際しての重要な限界をそれらは指摘している。ただ、これらの反論を、その有する価値以上のものとして理解しないことが重要だ。我々の私生活の中で安全・健康と他の何かがトレードオフの関係にあるとき、我々の価値や選好は静的ではない。そういった場合の多くでは、たとえ私たちが単に消費者として行動しているだけだとしても、私たちの選択は熟慮した結果となる。熟慮や熟議が——他人との熟議も含めて——市場の領域に存在しないわけではない。確かに、道徳的問題は、私的な支払意思の集計によって解決されるべきではない。人々の選好にWTPによる裏付けがある場合であっても、道徳的に立入ってはいけないような場合がある。政策はそういった選好を考慮すべきではない。加えて、動物保護の場合のように、道徳的に強固な正当性があるような財に対しても、人々が多額の支払意思を持たないことがある。こういった状況においては市場モデルを適用することはできず、WTPは私たちにほとんど何も教えてくれない。

しかし、「単純な設例」の場合はどうだろうか。上で見たような主張は、低レベルのリスクを除去するのにいくらお金を費やすかという個人の選択を——それらの選択が十分に情報を与えられた上でなされたものであっても――政府が覆すべきことを示唆するものだろうか？　確かに一般的に環境保護においては、「既存の個人の選好の最善の反映」を超えていくことが重要である。しかしこのことは、たとえば一〇万分の一の死亡リスクを除去するために人々が支払おうとする額が七五ドルである時に、人々に一〇〇ドルの支払いが要求されるべきであることを意味するものではない。もし人々のＷＴＰが情報の欠如か熟議の不足を反映しているのであれば、他の人が――政府に属する人であろうとなかろうと――彼らの注意をその事実へ引きつけることは重要である。そしていくつかの場合では、低いＷＴＰは、事実あるいはそれ以外についての過誤に基づいているとして覆されるかもしれない。しかし、これらの点を「単純な設例」についての私の結論に対する一般的な反論とみなすことはできない。人々にとって過大と思える費用の下に統計的リスクを減らすことを政府が強制すべきだと示唆するものではないのである。

極めて低確率のカタストロフィ・リスク

アメリカの人々全員が毎年一〇〇〇万分の一の死亡リスクに直面しているとしよう。そしてそのリスクが現実化した場合、この国の人はみんな死んでしまうとしよう。年間死亡者数の期待値は二六人であるから、ＶＳＬを六一〇万ドルとすれば、これは毎年一億五九〇〇万ドル*の期待費用を生み出す。しかし、この一〇〇〇万分の一のリスクを避けるための一人一人のＷＴＰを聞き出せば、おそらくゼロに近い数値がでるだろう。あなたなら、一〇〇〇万分の一のリスクを避けるためにいくら支出するだろうか？　「ゼロ」と答えるなら、それはほとんどの人と同じだろう。

もしほとんどの人が本当にそうなら、我々が仮定した、アメリカ人全員に関連する一〇〇〇万分の一のリスクは、二六人という年間期待死亡数を産み出す一方で、年間期待費用はゼロに近いということになる。この一〇〇〇万分の一のリスクが**一人一人の**アメリカ人が死亡するだけでなく、**すべての**アメリカ人が死亡するというものであることを考えると、これはとくに奇妙な結果だと言える(10)。

確かにこれは異常なことに思える。一つには、二六人の死を予防することが何も価値がない、もしくはそれに近いものであると結論づけることは理に適っているだろうか。人々のWTPのみに基づく観点からはこれが肯定される。しかし、何十人もの死を防止することにゼロに近い価値を割り当てることはとても妥当とは思えない。この種の事例では、WTPを用いることに重大な問題がある。

実際のところ、今述べた結論では問題性を控えめにしか述べていない。今の事例の場合、そのリスクは潜在的にカタストロフィ的である。上で述べたように、一〇〇〇万分の一の可能性が実現した場合、すべてのアメリカ人が死ぬのである。たとえその大きさのリスクに対して人々が示すWTPがゼロに近いとしても、それを防止するために国家がほとんど何も支出すべきではないと考えることは正しくないと思われる。この点は低確率のカタストロフィ・リスクに対する予防策について一般的に関係する。ある程度の予防策は、たとえWTPの数値によって正当化されない場合であっても、正当なのである。WTPの数値に関する問題の一部に、個人の行動を参考にすると、「カタストロフィ・プレミアム」や「絶滅プレミアム」を反映できないということがある。これらプレミアムは、仮にその検証が可能であれば確実に生じているはずなのに、それを反映できないのである。彼ら自身が直面する一億分の一のリスクを避けるためには、人々は何も支払う意思がないかもしれない。しかし、もし彼らが、自分の国のどの人もこのリスクに直面していること、そして、それがもし現実になれば全員が死ぬことになることを知らされたとしたら、彼らははるかに大きい数字を答えるかもしれない。正しく質問すれば、より高い数値が生み出されたかもしれないのである。しかし、問題のまた別の部分として、WTPは、カタストロフィに対する社会的対応を計測するために十分適した秤ではないということがある。それはおそらく、人々はその種のリスクについての選択になじみがないからであろう。

これは、カタストロフィ・リスクが存在する状況において（低いないしゼロに近い）VSLを使用すること——たとえWTPの数値がそれを正当化するとしても——に対する妥当な反論だと思う。リチャード・ポズナー（Richard Posner）が示したように[11]、カタストロフィ的被害に関する小さなリスクに対してどのように対応するかを政府が検討する際、これは重要な点である。しかし、この反論には、限界も内在することに注意しよう。VSLが実際に用いられている事例の圧倒的多数に対しては、この反論はあてはまらない。それらの事例では、確率が一万分の一から一〇万分の一のリスクが扱われ、大規模なカタストロフィは関係しない。つまりWTPの使用には限界があることが示されたが、この反論の対象範囲も限定されているのだ。

第三者への影響

最後の反論として、第三者への影響に注意を向けるものがあるだろう。もし第三者が危害に曝されているのに彼らの厚生が考慮されていないならば、WTPに基づく計算はひどく不完全なものと言える。たとえば、労働者が一〇万分の一のリスクに直面することに六〇ドルが支払われているとしよう。しかしそのリスクが現実化すれば、友達と家族も同様に傷つくとしよう。彼らの損失は考慮されていない。これは問題ではないか?

この点は、現在利用されているWTPに関する、一般的であるがひどく軽視されている問題を提起する。つまり、統計的リスクを削減するための人々のWTPを行政機関が考慮するとき、他者——とくに家族や親しい友人——もまた、それらのリスクを減らすためにいくらかを支払う意思を持つことを計算に入れていないのだ。ジョンは彼自身の一〇万分の一のリスクを減らすために二五ドルの支払意思を有しているかもしれない。しかし彼の妻ジェーンも、ジョンのリスクを減らすために二五ドルの支払意思を有しているかもしれないのだ。ジョンの代わりに友人や親戚のWTPまでも加算するなら、合計はすぐに一〇〇ドルを超えるだろう。この点はWTPの現在の利用され方にとって、現実の問題なのである。

しかし「単純な設例」の場合、第三者に対する影響はないものとしている。既に述べた仮定の下において、WTPの使用を支持する論拠は、人々にとって価値のない商品を買うことを政府は強制すべきでないというものだった。少なくとも一見した限り、私がここで焦点を当てているような統計的リスクについては、この論拠は妥当である。第三者に対する影響が関係するとき、現在の実務によって生み出される数値はあまりにも小さすぎる。それに対する適切な対応は、より大きな数値をとることである。

人口集団間の差異、国際的差異

富裕層と貧困層

一〇万分の一の統計的リスクを除去するために、貧しい人々は二〇ドルの支払意思があり、裕福な人々は六〇ドルの支払意思を有すると仮定してみよう。貧しい人々のVSLは裕福な人々よりも低くなり、WTPに焦点を当てる規制政策は貧しい人々（二〇〇万ドル）よりも、裕福な人々（六〇〇万ドル）に対してより高いVSLを割り当てることになるだろう。これは貧しい人々に対する不正義ないし不公正だろうか。今の仮定に従う限り、そうではない。既に強調してきたように、政府は、貧しい人々に対して、統計的リスクを除去するために彼らのWTPよりも高額なものを買うように強制すべきではないのだ。この種の強制的交換は、貧しい人々に対して利益を与えず害を与えるものである（もちろん補助金に対しては、また異なる分析が必要である）。

裕福な人と貧しい人を区別しない均一なVSLを、それがあらゆる人を一人の人間として扱う「リスクの平等」を具体化するものであり、また貧しい人々に資源を再分配するものとして正当化しようとすることは確かに魅力的だ。しかし、これは誤りである。（たとえば）全国民の中央値から導かれた均一なWTPは、他の種類の強制的交換と同様、貧しい人への再分配を生み出すものではない。政府が貧しい人々を助けたいのなら、彼らをより貧しくないようにすべきなのであって、裕福な人々が支払おうとするような価格で彼らが財を購入すべきことを命ずるべきではない。ボルボが統計的リスクを減らすとしても、政府は人々にボルボを買うことを命じない。すべての人にボルボを買うことを命じても、望ましい再分配を生み出しはしないのである。貧しい人々の助けには少しもならない。均一なＶＳＬは、人々にボルボを購入することを命ずる政策と、同様の特徴をもっている。

豊かな国々、貧しい国々

今の点は、国際的なリスク規制にとって重要な含意がある。貧しい国の人々は、豊かな国の人々よりも低いＶＳＬを示すことをこれまで述べてきた。この種のエビデンスに基づいて、地球温暖化の影響評価のうちいくつかのものは、裕福な人の命を、貧しい人の命よりも高く見積り、豊かな国々の人々の死亡費用の金銭換算を、貧しい国々の人々のそれよりもはるかに高いものとしている。[12] 一九九五年の第二次評価報告書の中で、気候変動に関する政府間パネル（ＩＰＣＣ）は、先進工業国の人々の命を一五〇万ドルに値するものとして計算する一方で、発展途上国の人々の命を一五万ドルにしか値しないものとしてきた。[13] これらの評価は、大いに物議を醸してきた。たとえばジョン・ブルーム（John Broome）は、このようなアプローチの下では、一人のアメリカ人の命がインド人一〇人や二〇人の命に値することになり「不条理な」判断だと指摘する。[14] それゆえ、政府間パネルを含む分析者の中には、世界共通のＶＳＬとして一〇〇万ドルを選択した者もいるが、この選択は、極めて恣意的で、豊かな国の人々にとっても、貧しい国の人々にとっても同様に、潜在的に有害なように思われる。

確かに、先進工業国の人々の（一五〇万ドルの）命と、発展途上国の人々の（一五万ドルの）命とを区別するのは不条理であるし、粗雑でもある。この問題は重要なジレンマを生むが、均一な数値は誰にとっても役にたたないものかもしれない。以下、問題の複雑さの一端を見てみよう。

抽象的価値？

地球温暖化から生じる（たとえば）世界中で一万人の死、そしてそれが（たとえば）貧しい国々の九千人と豊かな国々の千人だとしよう。その費用の金銭換算はどうなるだろうか？ ここまでの議論は、この問題には理にかなった抽象的解答がないことを示している。つまり、私たちは**何のための**答えか知らなければならないのである。文脈を特定せずに、二〇二〇年における一定数の死の金銭的価値について、一般的に問われたとすれば、（まあ、笑うことを別にすれば）何も答えないのが最善である。VSLの適切な見積りや国ごとの差異は、その使用目的に依存する。人間の生命の実際の金銭的価値を特定するために著しく異なった数字が用いられ、カナダの人々はアルゼンチンの人々より「価値がある」、貧しい人々は豊かな人々より「価値がない」ということが主張されるのであれば、それは馬鹿げているし不愉快なものである。

さらに議論を進めてみよう。著しく異なった数字が、死亡リスクを低減するために援助組織――私的なものであれ公的なものであれ――が支出すべき相当な額を示すために使われるとしよう。これはまったく意味をなさない。貧しい国の貧しい人々が一万分の一の死亡リスクに対して、一ドルの支払い意思があり、同様のリスクに対して、豊かな国の豊かな人々が一〇〇ドルの支払い意思があると仮定しよう。この事実から、国際機関がその資源を貧しい国よりも豊かな国に集中させるべきだというとしたら、ばかげているだろう。事の本質を見るために、あなたが、次の二つのプログラムから一つを選ぶことを求められているとしよう。

(A) プログラムAは、(あなたに五〇〇ドルの費用がかかることが示されているが) 一人あたり二ドルの支払意思のあるコスタリカの貧しい人々五〇人が直面する一万分の一のリスクを除去するだろう。

(B) プログラムBは、(同様に五〇〇ドルの費用が示されているが、) 一人あたり三五〇ドルの支払意思のあるベルリンの裕福な人々五〇人が直面する一万分の一のリスクを除去するだろう。

他の条件が均しいならば、仮にベルリン市民のVSLの方がはるかに高いとしても、ベルリン市民を優先して保護するべきだと考えるのは不条理である。実際のところ、極端な欠乏状態にある人を助けるプログラムAの優先性の方がはるかに高い。個人レベルで正しいことは、国民間の比較においても正しい。

貧しい国々におけるVSL

今度は援助組織がすべきことではなく政府がすべきことを問題にしてみよう。貧しい国の政府が職場のリスクを減らす適切な政策を決定していると想像してみよう。少なくとも「単純な設例」の仮定の下では、その政府は、自国の国民の実際に低いWTPを使用することから始めるのがよいだろう。もしその国の国民が一万分の一のリスクを減らすために二ドルのWTPを示すならば、政府が彼らに五〇ドルや一〇ドルの支払いを求めることは国民に対する親切ではない。このような意味であれば、VSLが国ごとに変わるというのは正しいし、貧しい国の国民は裕福な国の国民より低いVSLを持つといえる。この主張は決して、貧しい国の人々が他の国の人よりも「価値が無い」ということではない。極めて実際的な主張として、「単純な設例」では、規制主体は裕福な国々では高いVSLを利用する、なぜならこれこそが人々の自律性を尊重し、より豊かにする最良の方法だから、というのである。

この点は、国際的な労働基準に関して強い含意を有する。たとえば中国やインドのような貧しい国の労働者も、アメリカの労働者と同等の保護を受けるべきだというのは魅力的である。北京の労働者が、ロサンゼルスの労働者と比較して、著しく高い死亡リスクのある環境下におかれなければならない理由があるだろうか？　基本原理の問題としては、この問いに適切に答えることはできないが、規制政策の問題としてであれば、答えは簡単である。国際的な所得分配、すなわち、北京に住む人がロサンゼルスに住む人に比べて極めて少ない金しか持っていないことが問題なのである。この状態のままである限り、中国の労働者がアメリカの労働者と同様の保護を受けられるようなシステムは、中国の労働者の利益にはならない。ここまでの場合と同様、労働者保護のコストを労働者自身が負担することがその前提ではあるが。中国の労働者にアメリカ人労働者と同様の保護を求めるのは、中国の労働者が拒否するような条件による強制的交換を強いることである。貧しい国の労働者も、裕福な国の労働者と「同じ」保護を受けるべきだというのは過誤であり、この過誤の根底にあるのは、「すべての人の命は等しく価値がある」という道徳ヒューリスティックの一つである。これは大抵の場合はうまくいくのだが、「今の例のように」奏功しないこともあるのである。

WTPの利用を支持する議論は、現在の富の分配が満足すべきものだということを一切意味しないことに今一度注意しよう。現在の分配は不公平であり、それは劇的に変化させられるべきだと我々は信じているかもしれない。実のところ、私自身もそう信じている。強制的交換の問題点は、それが現在の分配を何も変えないということだ。それどころか、貧しい人々の限られた資源を、彼らが買うことを欲しないものに対して使うことを強いることによって、貧しい人々をより悪い状況に陥れるのである。

より難しい設例：分配と厚生

「単純な設例」の基礎となる想定には明らかな不自然さが存在する。もっとも重要なのは、人々は、規制によって自分たちが受ける利益の社会的費用の全額をいつも負担するわけではないことである。それらの費用の一部しか負担しないこともあるし、まったく何も支払わないことさえある。そういう場合、分析ははるかに複雑になる。たとえば大気汚染規制関連では、(規制による) 複雑な一連の分配上の影響があり、結局は貧しい人々やマイノリティの共同体が最終的な利得者になるようだ。[15] ＷＴＰに基づく効率性分析は、大気汚染規制が厚生に及ぼす影響について適切な計算書を提示することができない。貧しい人々が大きな利益を得るのであれば、彼らの厚生の増大はそれを支払う人々の厚生の損失を小さく見せるだろう。ＷＴＰの利用ではこの事実を適切にとらえられない。貧しい人々のＷＴＰが低いからといって、[規制] プログラムから彼らが利得を得ていないわけではない。彼らは多くを得ている。彼らのＷＴＰが低いのは単に彼らがお金を持っていないからである。彼らがそれに対してほんの一部しか支払っていないような便益を与えたとしても、彼らの自律性に対して非礼ではない。したがって、貧困層に大きな便益を提供し、分散した費用を他者に負わせるようなプログラムは、社会的厚生を増大させるだろう。

ある場合においてはこの結論は間違っており、当該プログラムは総計としての社会的厚生を減少させてしまうと仮定しよう。そうだとしても、厚生に対する影響を計算するだけでは、何をなすべきかという問題の終わりではないかもしれない。分配上の利益も重要な考慮事項だからである。貧しい人々が多くの利益を得るのであれば、たとえ裕福な人々がより多くを失うとしても、そのプログラムは価値があるものかもしれない。政府は集計機械とみなされるべきではないことを思い出そう。受取る便益の一部についてしか受益者が費用を支払わない場合、ＷＴＰの使用は、より複雑性を増すのである。例をあげて詳しく説明してみよう。

ある飲料水規制が提案されていて、その規制の受益者は、飲料水の五万分の一のリスクを除くことに対して八〇ドルしか支払い意思がないとしよう。そして、五万分の一のリスクを取り除くための一人あたりの費用は一〇〇ドルであるが、受益者は、実際にはその費用一ドルあたりについて七〇セントしか支払わないとしよう。この設例の場合、受益者は、彼らの支払意思額すべてを支払ったとしても、一〇ドル分だけ豊かになる。一ドルあたりの残りの三〇セントは水道会社自身が支払う。利益を減らすか、従業員の給料を下げるか、人員を減らすという形になるだろう。この例の場合、規制の費用が便益を上回る。つまり非効率的なのだ。しかし仮定によれば、この規制は受益者をより豊かにしている。WTP基準が用いるのなら、金銭換算で費用が利益を上回る事実は決定的である。しかしこの設例の分析は「単純な設例」よりもはるかに難しい。結局のところこの規制は正当化されるのではないか？　WTPの数値が決定的になるのはどのような前提が置かれた場合なのだろうか？

少なくとも規制の文脈で言えば、「経済効率性が政府の目標である」ということがその前提に違いない。つまり、何をなすべきかを知るためには、費用と便益を集計すべきであり、そして、規制の便益が費用を上回る場合に限ってその行動をなすべきであるというものである。WTPの数値を使う時、政府はWTPの基準で測られたすべての便益と費用とを集計する最大化機械として活動している。しかし政府が何をすべきかについてのこのような見方は、大いに異論がありうるものであるし、また私の見方からすれば本末転倒である。実際それは、比較的異論の余地がないパレート基準——誰もより貧しくすることなく少なくとも誰か一人をより豊かにする方法があるかを問題にする――から、はるかに議論の余地があるカルドア―ヒックス基準（の特定のバージョン）[16]――利得を受ける者が、損失を受ける者が失っているものより多くの利益を得ているかを問題にする――への移行である。カルドア―ヒックス基準は、潜在的なパレート優越性として説明されることがある。なぜならそこでは、原理上の問題としては、利得を受ける者が損失を受ける者に対して補償した上で余剰を残すことができるかどうかが問題になっているからだ。もちろんその難点は、パレート優越性が単に潜在的なものでしかないことである。実際には損をしている人も得をしている人もいる。

より難しい設例では、利得を受ける者が得る（金銭換算での）利得が、損失を受けるものが失う（金銭換算での）損失よりも小さい。そのため規制は正当化されないと言われる。上の前提のもとでは、実際この規制は定義上非効率である。社会的な費用が社会的な便益を上回るのである。ではこの規制が本当に正当化されないのだろうか？　この点は決して明白とは言えない。一つめの問題は、ＷＴＰは利得や損失を厚生の観点からというより金銭的な観点から測定していることである。より難しい設例の場合では、利得者は、損失を受ける者が失う厚生よりも大きな厚生を得ているかもしれない。ＷＴＰはこの問いに答えるものではない。二つめは、分配の問題である。全体の厚生の点から、規制は望ましくなく、すなわち厚生の総計を高くするどころか低くする、と仮定しよう。しかし、便益を得る人々が、損をする人々と比べてより恵まれないとしたらどうだろうか。たとえば、もし八〇ドルの支払意思を有する人々が貧しい方に偏った集団であり、残りの費用を支払う人々が裕福な方に偏った集団であるならば、その規制は、厚生の低下にも関わらず正当化されるかもしれない。

［今述べてきたことに対しては］標準的な応答がある。もし再分配が求められているならば、それは規制ではなく税制によるべきだ、というものである。税制の方が、助けを必要とする人々へ資源を移転するのにより効率的な方法であるからだ[17]。少なくとも一般論としては、この応答は正しい。貧しい人々に直接お金を与える方が、規制というはるかに粗っぽい手段を通じて再分配を産み出すよりも良いだろう。しかし仮に税制を通した分配がなされないとしよう。だとしたら、より難しい設例におけるその規制は、非効率であるにも関わらず、直ちに排斥されるべきではない。

難しい設例を単純な設例と同様に扱う？

より難しい設例を単純なものと同じように扱うべき根拠はあるだろうか？　そう考えるのは馬鹿げているだろうか？　ありうべき根拠として、楽観主義的なものがある。最後には帳尻があうだろう、特定の集団が構造的に援助されたり害を受けたりするということはないだろう、税制を使って適正な再分配がなされるだろう、といったものである。現実世界の事例では、WTPを経由せずに人々の厚生を直接調査することは、運用上困難ないし不可能と考えられる。また、分配上の配慮を関連させることで、とくに援助を必要としそれに値する人々に分配されるのではなく、利益集団間の衝突を帰結するだけかもしれない。控えめに言って、「政府機関は一般的には決定の基礎としてVSLを用いて効率性を追求するべきであるが、分配に関する知見次第では別の決断を下すことも許されるべきだ」と結論づけることができよう。たとえば、貧しい人々が多くを得ることになる場合には、費用便益分析によって正当化されなくても規制を推し進めるべきである、というようにである。ここで私が言いたいのは次のようなことだ。さまざまな選択肢の予想される影響を評価することは、賢明な意思決定の重要な部分である。予想される影響は貨幣等価額に変換すべきである。WTPが提供するのは終着点ではなく出発点である。分配上の影響への理解によって結論が変わることはあってよい。社会で最も弱い立場にある人に対して規制的コントロールが与える影響をまさに理由として、そのような規制を実施したり禁止したりして構わない。

このような観点から、VSLの話に戻ろう。「単純な設例」では、「規制による」再分配上の結果は、ほぼ間違いなく、歪んだものである。上で述べた仮定の下では、強制的交換は、それを強いられた人々に対して損害を与える可能性が高いからである。しかし、より難しい設例では、実際のVSLを超えた額を政府が用いたとしても、規制の受益者が損害を受けていると言いきることはできない。すべては規制の再分配効果次第である。もし受益者がより裕福な人々であり、損失を被る人が経済的階層の最下層に位置する人々であれば、高いVSLは歪んだ再分配を生みだす。たとえば高級な保養地の訪問者を保護するような汚染対策プログラムを想像すれば、このような結果が予想できよう。しかしもし受益者が貧しく、そしてその費用を富裕層が負うのであれば、高いVSLは、援助を必要とする人々の利益になるものだ。都市に住む人々を特別に保護するような大気汚染対策プログラムはその例である。だから私たちは、現実のＷＴＰに基づく正確なＶＳＬが常に規制政策の基盤となるべきだと自信たっぷりに信じている経済［効率性］重視の分析者達の見方を受け入れることはできない。しかしまた、個々人を区別しない均一のＷＴＰこそが再分配上最も優れていると信じている懐疑派による自信たっぷりな見方も、また受け入れることはできないのである。

この観点から、貧困国におけるＶＳＬの利用の問題に戻ろう。このような国家において、ＶＳＬが一〇万ドルだとわかっているとする。もし政府が、豊かな国の人々より自国の国民が低く評価されてはならないという理論に基づいて六〇〇万ドルのＶＳＬを利用するとしたら、社会的損失がほぼ不可避的に生じるだろう。「単純な設例」の場合、強制的交換は、それが援助しようとする人々にとって、ばかばかしいほど有害となる。受益者が費用のほんの一部しか支払わない難しい設例においてさえも、このような国家は、リスク削減のために（より正確に言えば、たまたま規制のアジェンダに上げられた特定のリスクの削減のために）金をかなり使いすぎていることになる。その結果としての規制水準は、賃金と雇用水準に対する負の影響をほぼ確実にもたらす（こういう事情からすれば、貧困国ではなく富裕国の労働者が、貧困国の労働者の一層の保護を声高に要求するのは驚くべきことではない。富裕国の労働者こそが、このような規制の主要な受益者となるだろう。それは貧困国の労働者との競争から富裕国の労働者を保護し、貧困国の労働者は大きな損失を被るかもしれない）。極めて高いＶＳＬの非効率がさまざまな形で痛感されることになる。しかし、もしリスク削減の費用が、たとえば富裕国のような第三者によって支払われるのであれば、たとえリスク削減が過大なＶＳＬに基づくものであったとしても、その貧困国の人々の助けとなるだろう。もちろん、このような現物給付よりもむしろ現金をもらう方が、より彼らの助けになることはほぼ確実だ。しかしもし現金による再分配が不可能であるならば、無償または費用のほんの一部のみを負担するだけで提供されるような規制の便益でも、恩恵ではある。

地球温暖化

それでは、たとえば気候変動に関する政府間パネル（ＩＰＣＣ）のような国際的な研究機関は、世界中の人々が直面するリスクの金銭的費用を、どのように評価すべきなのだろうか。既に述べたように、その答えは評価の目的による、つまりどのような課題に対しての答えなのかによるのだ。地球規模の気候変動がもたらす二〇五〇年までの間の費用を集計するための、文脈に依存しない良い方法はない。そのような問いを立てることすらばかげている。意味がないのだ。ある特定の国にとって、京都議定書のような［気候変動問題に対する］特定の対応を受け入れることが有意義かどうか、というのがはるかに賢明な問い方である。(18) 国家レベルにおいて、京都議定書の費用便益を評価することは、その他の規制の費用便益の評価とさほど変わらない。

アメリカ合衆国の場合、京都議定書によって生じ得る費用が生じ得る便益を超えるように見える。予測される費用は三二五〇億ドルである。(19) アメリカにとって予測される利益がだいたい同じようなものであれば、それだけの費用も価値があるものかもしれない。しかし京都議定書の全体的便益は小さい。とにかく［温室効果ガス］排出の義務的削減は、地球温暖化をごくわずか押しとどめるに過ぎないのである。発展途上国において急速に増加する排出量に京都議定書が影響を与えないことが、その理由の一部だ。[20] 合衆国だけを見る場合、便益が費用を正当化しないのはほとんど確実である。[21] 世界全体の状況はより複雑であり、ヨーロッパは純利益を享受することになると予測できる。[22] しかし世界全体で見ても、京都議定書は便益よりも大きい費用を課すように見える。起こりそうもないカタストロフィ・リスクを考慮したとしてもそうなのである。ここで一つ留保するとすれば、地球温暖化の科学はかなり論争を呼ぶものである。もし私たちがこれはリスクよりもむしろ不確実性の領域にある問題だということに同意し、最悪のシナリオを強調するならば、京都議定書を技術革新とそれによるはるかに劇的な削減へ向けての賢明な刺激として正当化することができるかもしれない。

もちろん富裕な国々の場合、地球温暖化による被害が貧しい国々に不釣合いに及ぶという事実、そして、地球温暖化を深刻な問題にした状況を生みだしたのは圧倒的に富裕な国々によるものであるという事実により、地球温暖化減少への寄与を支持する論拠は強化されるだろう。それゆえ、自国にとって得られる便益以上に費用がかかるとしても、合衆国は地球温暖化と戦うための国際的合意に参加するべきだということには道理がある。［しかし］京都議定書の問題は、最も合理的と思われる予測に従う限り、地球温暖化問題をかなり深刻に受け止めるとしても、非常に高い世界的費用と比較的低い世界的便益とが結びつけられていることなのである。[23] その中心的な理由は、温室効果ガスの大気圏内における集積が**累積的**影響を有することである。代表的な温室効果ガスである二酸化炭素は数百年間大気圏内にとどまる可能性がある。現在の排出を劇的に削減したとしても、増加率を遅くするだけだろう。つまりそれは地球温暖化を「減らす」ことにはならないのである。

京都議定書を超える賢明な取り組みは、全体の便益を増大させるために、発展途上国の排出をその他の国と同様に抑制することだろう。そしてまた、全体の費用を減少させるために、排出量取引やその他の戦略を用いることだろう。これらの手段を通じて、気候変動に対処するための価値ある合意を生み出すことが可能になるに違いない。[24] もし世界中の条約に、排出権取引のための広範な制度を盛り込んだとしたら、規制システムにかかる経済的コストは何十億ドルも減ることになるだろう。京都議定書と比較して、規制による便益を増加させ、規制の費用も減少させるような取り組みを採用することは、筋が通っている。発展途上国における排出規制によって重い負担が強いられる分については、富裕な国々が費用を受け持つべきである。

さらに根本的な措置がとられるべきだろうか？　富裕国自身が何かをなすべきだろうか？　リチャード・ポズナーは劇的な提案をする。最終的に極めて大きな削減を生むであろう技術革新——彼によればこれこそが最終目標である——を促進するためだけに、合衆国は厳しい炭素税によって炭酸ガス放出を積極的に規制すべきだというのだ。[25] ポズナーは地球温暖化の潜在的なリスクは非常に深刻であり、確実にカタストロフィ的であるということ、また現在の科学的知見を考慮すると、これらのリスクはほとんど起こりそうにないとして片づけられるようなものではないことを強く主張する。他の多くの人と同様に、ポズナーも、地球温暖化は不確実性の問題を惹起すると主張する。もしその点でポズナーが正しいなら、彼の提案には全面的に納得できる。

しかし私は、これには二つの問題があると思う。第一に、私たちは厳しい炭素税が及ぼす影響についてさらに知る必要がある。たとえば、［ペンシルベニア大学の］ウォートン・スクールでなされたある研究は、京都議定書がアメリカ合衆国にとって極端に高い費用をもたらすことを予想する。(26) それは二四〇万人の雇用とGDPの三〇〇〇億ドルの損失を意味しており、一世帯あたり年平均二七〇〇ドルの負担、ガソリン価格が一ガロンあたり六五セント上昇し、エネルギー料金と電気料金のほぼ倍増を含む。確かに、技術革新が費用を押さえ込むことを考慮すれば、上の数字が過大なものであることはほぼ間違いない。しかしポズナーは、京都議定書が検討した以上の高価なコントロールを提唱しているようである。彼が勧める極端に費用のかかる規制は、とくに大幅なエネルギー価格上昇に耐えられない貧困層を含めたすべての人々に対して、さまざまな負の影響をもたらす。カタストロフィ的な結果［の可能性］は些細なものとは言えないというポズナーの主張が正しいとすれば、このような費用もかけるだけの価値があるものかもしれない。しかし、［関連する］エビデンスに対する私の解釈としては、ポズナーは正しくない。本当にカタストロフィ的な結果など、実際には到底起こりそうもないのである。確かに地球温暖化問題については国際的な取り組みがなされるべきだが、合衆国単独による技術革新の強制は、簡単には正当化できない。技術の進展によるより積極的な削減へと向けた慎重な［国際的］合意から始める方がよりよいだろう。

この問題の基礎となるエビデンスについて私はとうてい専門家ではなく、なんであれその点に関する論争を解決しようとしているわけでもない。私の主たる主張は、国家間において異なるＶＳＬ（を採用すること）がまったくもって理に適っているものであり、評価に関する問いについての答えは、その問いがどのような目的のためのものかということにしっかりと対応していなければならないということだ。

費用便益分析に関するここまでの議論は幅広い領域に及んだので、ここで主要なテーマを述べて締めくくるのが有益だろう。費用便益分析の最も重要な点は、何が実際に問題となっているかについてより具体的な感覚をもたらすことで、過剰な恐怖や不十分な恐怖に対する対応となることである。少なくとも、何もしないこと、規制すること、それぞれの選択肢の予想される効果を非金銭的に示すことが重要である。そしてこれらの効果を、金銭的等価額に換算しなければならない。それは算数によって拘束衣を着せようというのではなく、分析を整理して一貫性を促進するためのものである。とくに「単純な設例」の場合は、ＷＴＰは出発点となるが、それを決定的なものとみなしてはならない。もっとも困難な種類のリスクから防御するためには、安全マージンが用いられるべきである。そして不利な立場にある人々が、一つあるいは他の選択肢によって大きな利益をあげられるのであれば、費用便益分析が他の選択肢を提案する場合であっても、その選択肢を選ぶことは合理的である。

第8章　リバタリアン・パターナリズム

リチャード・セイラーと共著

費用便益分析を行うためには、規制主体は多くのことを知る必要がある。自信を持てる分析を行うのに十分なだけの知識を持たないことがしばしばだろう。では、その代わりにどうしたら良いだろうか？　反カタストロフィ原則は多くの場合有意義だが、それが適用できる分野は限られている（幸いなことだが）。本章の目標は、代わりとなるアプローチの概略を述べることだ。このアプローチは、人々が十分に恐怖を感じていない場合における利用をとくに考えて作られたものだが、人々の恐怖が過剰な場合にも適用可能性がある。

貯蓄と選択

貯蓄行動に関する二つの研究から始めよう。

- 労働者の貯蓄が増加することを期待して、いくつかの使用者は単純な戦略を採用した。401（k）〔退職貯蓄〕プランに加入するかどうかの選択を労働者に求めるのではなく、労働者はそのようなプランに加入を希望するものと推定され、加入しないことをとくに選択しない限りは自動的に登録される。デフォルト・ルールに関するこの単純な変更は、プランへの加入を大幅に増加させた(1)。
- デフォルト・ルールを変えるのではなく、新たなオプションを労働者に提供した使用者もいる。**将来の賃金上昇の一部を貯蓄に割り当てる**というものである。このプランを選んだ労働者はいつでもオプト・アウト〔脱退を選択〕することが出来る。多くの労働者はこのプランを試し、結局ほとんど脱退していない。結果として貯蓄率がかなり上がっている(2)。

リバタリアンたちは選択の自由を信奉し、パターナリズムを非難する。パターナリストたちは拘束されない選択の自由に懐疑的であり、リバタリアニズムを非難するものと思われている。従来の常識によれば、リバタリアンたちはどうあってもパターナリズムを受け入れず、パターナリストたちはリバタリアニズムを毛嫌いする。リバタリアン・パターナリズムは語義矛盾であるように思われる。

しかしながら、先の二つの研究を念頭に置けば、このような従来の常識は解消していくだろう。リバタリアンの精神を備えた、パターナリズムの一つの形態を提案することができる。選択の自由に強く傾倒する者にとっても、それは受け入れられるはずだ。実際、労働者福祉、消費者保護、そして家族に関わる面を含む、現代法の多くの分野を理解しあるいは再検討する上で、リバタリアン・パターナリズムは基盤を提供するものである。(3) 多くの領域において人々は、明確で、安定して、秩序だった選好を有してはいない。彼らが何を選ぶかは、デフォルト・ルール、フレーミング効果（つまり、ありうる選択肢についてどのように表現するか）、起点といった、選択が行われる文脈の詳細によって強く影響される。このような文脈的影響は、まさに「選好」という語句の意味自体を不明瞭なものにするのである。

リスクのある医療処置を受けるかどうかという問題の場合を考えよう。「この処置を受けた人の九〇％が五年後も生存している」と言われたときの方が、「この処置を受けた人の一〇％が五年後には死亡している」と言われたときよりも、人々がその処置に同意する可能性がはるかに高い。(4) この場合、この処置に対する患者の「選好」とは何だろうか？ そのような問題を繰り返し経験することによって、フレーミング効果が消え去ることも予想される。しかし、医者もまた、フレーミング効果に弱いのだ。あるいは、退職貯蓄の問題に戻ってみよう。賃金を一〇〇％現在の所得とすることをデフォルト・ルールとして、貯蓄するためには労働者が積極的に選択しなければならない仕組みを使用者が採用する場合と、労働者のオプト・アウトが自由に許されている自動登録のプログラムを使用者が採用する場合とを比べれば、前者の場合の貯蓄水準の方がはるかに低くなるだろう。この場合労働者は、どれだけ貯蓄するかについての明確な選好を持っていると言えるのだろうか？ この単純な例は、多くの状況に対して拡張可能である。

貯蓄の問題が示すように、法律上のルールであれ組織のルールであれ、その設計上の特徴が、人々の選択に対して驚くほど強い影響を与える。それらのルールは、影響を受ける人々の厚生を改善するという明確な目標を持って選択されるべきだ、というのがリバタリアン・パターナリストの主張だ。これらの戦略のリバタリアン的側面は、「人々は一般的に、もしそう選択するならば、特定の取決めからのオプト・アウトを自由に行えるべきだ」と断固として主張するところにある。有名なフレーズを借りるならば、リバタリアン・パターナリストは人々の「選択の自由」[5]を強く求めるのだ。それゆえ彼らは個々人の選択を妨害するようないかなるアプローチも擁護しない。［他方］パターナリズム的側面は、「私的機関や公的機関が人々の行動に影響を与えようとすることは、［それらの行動が］第三者に対して影響を与えないときであっても、正当化される」と主張する点にある。ある政策が、当事者の選択に対して、選択した人がより豊かになるような影響を与えようとするのであればそれを「パターナリズム的」とみなすというのがこの理解の前提である。ときに個人は、自分自身の厚生の観点から見てより劣った決定をしてしまう。仮に彼らが完全情報と無制限の認知能力と完全な自己管理能力をもっていたとしたら、そのようにしないような決定である。それゆえリバタリアン・パターナリズムが、過剰な恐怖と不十分な恐怖の両方に対応することが期待されるのである。

リバタリアン・パターナリズムは、比較的弱い、押しつけがましくない形態のパターナリズムである。選択が妨害されたり制限されたりするわけではないからだ。その最も慎重な形態におけるリバタリアン・パターナリズムは、制度立案者が望ましいと思う選択肢から離脱しようとする人々にごくわずかな費用を課すだけである。そうであっても、このアプローチはパターナリズムに数えられる。なぜなら、私的であれ公的であれ、制度立案者は人々の選択を予想してそれに従うのではなく、人々を、その厚生を促進するような方向へと意識的に動かそうとしているからだ。リバタリアンによっては、私的機関がパターナリズムをとることについてはほとんどあるいは何の異論ももたず、法や政府のパターナリズムのみに反対する者もいる。しかし、厚生を促進する私的パターナリズムを支持するのであれば、それと同じ論拠は政府にもあてはまる。従って、法や政府の観察者が教条的な反パターナリズムをとることには、根本的な問題がある。この教条主義は誤った想定と二つの誤解の組み合わせに基づくものである。

誤った想定とは、「ほとんどすべての人は、ほとんどすべての場合、彼ら自身の最善の利益になる選択をしている、少なくとも彼ら自身の基準に照らした上で、第三者が選択するよりもましな選択をしている」というものである。この主張はつまらない同義反復だろうか、それとも検証可能なものだろうか。「検証可能であり、かつ間違っている」と理解するのがよいだろう。そう、明白に間違いなのである。実のところ、よく考えてみればそれを信じる者はいない。チェスの初心者が、経験豊富なプレイヤーと対戦したとしよう。初心者は負けるだろうが、それはまさに、彼の選択が劣っていたから負けるのである。それらの選択は、いくつかの有用なヒントをもらえば簡単に向上し得ただろう。より一般的に言えば、人々の選択がどの程度優れているかというのは、ある程度まで実証的な問題であり、その答えは分野によって異なっている。おおよそのことを言っておけば、経験したことがあって十分な情報を持つ文脈における選択（たとえばアイスクリームのフレーバーの選択）の場合、経験がなくほとんど情報を持たない文脈における選択（たとえば治療や投資オプションの選択）の場合よりも、人々はよりよい選択をすると考えるのが合理的である。

第一の誤解とは、パターナリズムに対して実行可能な代替策が存在するというものだ。多くの状況において、組織や機関は他の人々の行動に影響を与えることになる選択をしなければならない。そのような状況においては、なんらかのパターナリズム――少なくとも人々の選択について影響を与える介入という形態のもの――の代わりとなるものは存在しない。一定の分野における人々の選好は、一定の範囲において、制度立案者の選択に影響される。この点は、私的、公的アクターの両方についてあてはまり、また、法的ルールの設計者に対しても消費者サービスの供給者に対してもあてはまる。簡単な例として、ここで問題にしている恐怖とは（まあ、たいていの場合は！）ほぼ無縁な分野であるが、ある組織内の［セルフ・サービスの］カフェテリアを考えてみよう。カフェテリアは、どのような食事を提供するか、どのような原材料を使うか、選択肢をどの順序で並べるかといった大量の選択を行わなければならない。そしてカフェテリアの店長が、消費者は列の前の方に配列されている品をより多く選択する傾向があることに気がついたと仮定しよう。この店長は、商品をどのような順序で配列するか、どうやって決めるべきだろうか。単純化するために、どの商品を列の前の方に配置するかを決めるときに、店長が採用しうるいくつかの戦略の選択肢を考えてみよう。

一．あらゆることを考慮した上で、消費者にとって最適な結果をもたらすと店長自身が考える選択を行う。

二．無作為に選択する。

三．消費者を可能な限り肥満させるだろうと店長自身が考える商品を選択する。

四．消費者が自ら選択すれば選ぶだろう、と店長が考えるものを提供する

選択肢一はパターナリスティックに思えるが、では、選択肢二や選択肢三を主張する者がいるだろうか？　多くの反パターナリストは選択肢四に賛同するだろう。しかし、この選択を実行するのは、その見かけよりもはるかに難しい。一定の可能な範囲については、消費者は、「適切に形成された選好」——しっかり固定したものであって、店長による商品の配列以前に存在するような選好——をしばしば持たないだろう。もし選択対象の配列についての取決めが消費者の選択にかなりの影響を持つのであれば、彼らの真の「選好」なるものは正確には存在しない。

もちろん市場の圧力は、競争に直面したカフェテリア店長の選択に対して規律を課すだろう。多くのカフェテリアがある場合、健康にはよいがとても不味い食品を提供するカフェテリアはうまくいきそうもない。市場志向のリバタリアンは、カフェテリアは利潤を最大化すべきであり、純収益が増大するようなメニューを選択すべきだと力説するかもしれない。しかしたとえば学校、寮や会社のカフェテリアのように一定の独占力が認められたものにとっては、利潤最大化は適切な目標ではない。また、競争に直面したカフェテリアですら、市場における成功は、時として、

人々の選好に追随することによってではなく、総合的に考えた上での人々の厚生を実際に促進することになるような商品やサービスを供給することによってもたらされることに気付くだろう。消費者は、自分たちが最終的に何を好むことになるかについて、驚きを感じるかもしれない。実際彼らの選好は、消費の結果によって変わりうるのだ。そして場合によっては、その分野では適切に形成された人々の選好が存在しないため、市場の圧力による規律にも関わらず、店長がうまく操作する余地がかなり残る、ということもある。

恐怖の問題に対する［このことの］教訓は明確である。もし人々が、恐れるべきでない時に恐れているのであれば、いわれのない恐れに屈服して決定を下すことのないように人々を誘導してくれるような選択肢を私的組織は構築しうる。たとえば病院は、失敗の小さな確率であってもそれにおびえる患者も存在し、彼らがより望ましくない選択肢へと導かれてしまうかもしれない場合には、明らかに最適な医療措置の選択へと導かれるように選択肢をフレーミングすることができる（この点は、患者の自己決定に関する一般的理解に対する警告となろう。患者の中には、ある手術を受けた一万人のうちの一人か二人が重篤な合併症となったという話を聞くことで過度に影響されてしまうような者も存在するのである）。そして人々が、恐れるべきときに恐れを感じていないのであれば、私的組織は、現実のリスクを負うような状況から人々を遠ざけるように誘導してくれるような手配を行うべきである。たとえば、貯蓄の分野において使用者は、人々を彼ら自身の長期的視野の欠如から守ることができよう。

私的組織については今の点を喜んで受け入れるが、厚生の名の下に政府が選択に影響を与えようとすることは拒絶するようなリバタリアンもいるだろうが、彼らは今の議論に満足しないだろう。［彼らが］政府を疑うのは、政府が市場の圧力によって規律されることが少ない、あるいはまったくないという事実に基づくかもしれない。あるいは、偏狭な利害が、政府の立案者を彼らが望む方向に突き動かし、規制主体（ないしは強力な私的利益集団）が望むことを市民にさせるような状況を作り出すだろうという発想に基づいて、政府を疑うかもしれない。政府にとって、誤りや過剰介入のリスクは、現実的問題であり、それは時に深刻である。しかし、カフェテリア（これを政府が経営する場合もよくあるが）の場合と同様、政府も何らかの起点を提供しなければならない。それは避けられないことである。以下で見るように、契約法と不法行為法を通じて政府は日常的にそれを行っているのであって、それは選好と選択に必然的に影響している。この点では反パターナリストの立場は役に立たない。文字通り、起点の提供すらしない者［原文 "non-starter" には「役立たず」という意味がある］なのである。

第二の誤解は、パターナリズムは、常に強制力を伴うというものだ。カフェテリアの例が示すように、食品をどのような順序に配列して提供するかという選択は誰に対しても強制を伴わないが、ここでいうパターナリズム的な理由から、ある順序が他の順序より好まれるかもしれない。もし小学校のカフェテリアで、果物やサラダをデザートの前におくとキャンディーよりもリンゴの消費率が増えるのだとしたら、それに反対する者がいるだろうか？　この問題は、消費者が大人である場合、根本的に違ってくるだろうか？　強制が伴わないのだから、もっとも熱烈なリバタリアンでさえも、ある種のパターナリズムを容認することができるはずだ。選択の自由に疑いを持ち、代わりに厚生を信奉する反リバタリアンに対しては次のように答えよう。パターナリズム的な立案者とその敵であるリバタリアンが、共通の大義の下に手を組み、厚生の促進を約束すると同時に選択の自由の余地を作りだすような政策を採用することが、しばしば可能なのである。自信たっぷりの［政策］立案者に対しては次のように答えよう。立案者がより望ましいと思う解決を拒否する機会を人々に与えれば、混乱したあるいは不正な動機に基づいた計画のリスクを減らせるのである。

なんらかの組織的な決定が不可避的な場合があるということ、ある種のパターナリズムの形式は避けられないものであってその代わりになるもの（たとえば人々の厚生を悪化させるような選択肢を選ぶ）には魅力がないということを一度理解すれば、「パターナリスティックであるべきかどうか」といったつまらない質問を捨て去ることができる。そして、「選択に影響を与える可能な選択肢の中からどのようにして選ぶべきか」という、もっと建設的な質問へと向かっていくことができるのである。

選択の合理性

個人の選択が尊重されるべきという推定は、「人々は、選択にあたり優れた働きができる、少なくとも第三者が行いうることよりもはるかに良くできる」という主張に基づいていることがしばしばである[6]。しかし、少なくともこのような一般的な定式としてであれば、この主張を支持する経験的な証拠はほとんど無い。肥満問題を考えてみよう。アメリカにおける肥満率はいま二〇%に近づいており、そして六〇%以上のアメリカ人が肥満または過体重のいずれかであると推測されている。肥満が深刻な健康リスクを引き起こし、しばしば死期を早めることについては、圧倒的なエビデンスがある。(7)すべての人が最適な食事、もしくは第三者の指導付きで作られたであろうものよりも好ましい食事を選択していると推定するのは、極めて現実離れしている。もちろん合理的な人々は、健康だけでなく食べ物の味にも気を付けるだろうから、「すべての過体重の人々は合理的に行動することに失敗している」と一概に主張するとしたら、ばかげている。支持できないと思われるのは、「すべてもしくはほとんどのアメリカ人は最適に食事を選んでいる」という強い主張である。食事について正しいことは、他の多くのリスク関連的行動においても同じように正しい。これらリスク関連的行動には、毎年アメリカで五〇万人以上の早期死亡を引き起こしている喫煙や飲酒も含まれる。(8)このような状況からすれば、人々の選択がすべての分野において彼らの健康を促進する最良の手段であると考えることは、とうてい合理的でない。実際、多くの喫煙者や飲酒者や食べ過ぎる人が、進んで第三者に代金を支払って、よりよい消費集合の選択を助けてもらっているのだ。

より科学的なレベルで言えば、心理学者や経済学者による三〇年にわたる調査は、個々人が下す多くの判断や決定の合理性に対する疑問を提示している。構造的な大失敗を犯すことを導くようなヒューリスティックを人々が使用していること、問題のフレーミング次第で人々が異なった選択を下すことは既に見た。(9)人々はまた、ベイズ・ルールに従った予測をすることができなかったり、選好逆転（BよりAを好み、かつ、AよりBを好むということ）を示したり[10]、自制の問題に悩まされたりする[11]。これらの研究成果のいくつかについて疑問を投げかけ、研究所の中でなく現実の世界であれば、人々はずっとましな選択をすると考えることは可能ではある[12]。しかし、現実になされている選択についての研究によれば、利害に大きく関わる場合であっても、同じような問題が多く明らかにされている[13]。自然災害に備えて保険を買うという決定は、費用や便益を系統づけて検討したことによるのではなく、つい最近起きた出来事の結果だということを思い出そう[14]。洪水が近い過去に起きていない場合、氾濫原［河川の洪水により浸水を受ける範囲の低地］に住んでいる人々はほとんど保険を買いそうにない。これらの研究成果は、人々が通常よくない選択をするとか、第三者の選択の方が通常優れているとかいうことを立証するものではない。しかしそれらは、利害に大きく関わる場合であっても、人々が最善の選択をしないことがあるということを、確かに示しているのである。

いずれにせよここでの問題は、人々の選択を阻害することではなく、選択の自由を認めた上で厚生を増進するような方向に人々を動かすための戦略を発展させることである。限定合理性に関するエビデンスや、自制の問題だけで、そのような戦略が検討に値することを示すには十分である。もちろん、厚生増進の方法としてではなく、それ自体が目的だとして選択の自由に価値を認める人々も多い。このような人々は、選択の自由を守りつつ同時に人々の生活改善を約束するアプローチに対して異議を唱えるはずもない。

パターナリズムは不可避的か？

数年前の税法改正で、使用者が提供する駐車場の料金を、労働者が税引前所得から支払えるようになった。以前は、そのような駐車料金は税引後所得から支払わなければならなかったのである。シカゴ大学は、この法改正の発表を周知するとともに、次の方針を採用した。給与部署に労働者が通知しない限り、税引後所得ではなく税引前所得から駐車料金を控除する。言い換えれば、税引前所得からの駐車料金支払いがデフォルト・オプションになるが、労働者はオプト・アウトして税引後所得から支払うことができるということを、大学が決定したわけである。この選択をプランAと呼ぼう。当然これには代替策——プランB——がある。法改正を周知した上で、もし税引前からの支払いという新たなプランに乗り換えたいなら、その旨の文書をいくつか提出せよ、と労働者に告げるというものだ。二つのプランの唯一の違いはデフォルトである。プランAでは、新しい選択肢がデフォルト、プランBでは、現状がデフォルトというわけである。

大学は、二つのデフォルトのうちからどのように選択すべきだろうか。労働者が皆、税引後所得からよりも税引前所得から駐車料金を支払うことを好むのは明らかである。そのことは実質的な費用削減になる一方で（駐車料金は一年につき一二〇〇ドルに相当する）、申告用紙を送るコストは些細なものなのだから、標準的経済理論に基づけば、大学がどちらを選択しようと実際には問題にならないと予想される。どちらのプランの下でも、すべての労働者が（プランBの場合は能動的選択によって、プランAの場合はデフォルトで）税引前所得からの支払いを選択するだろう。しかしながら、現実世界においては、大学がプランBを採用した場合、多くの労働者、とりわけ教員達は、未だに職場のどこかに用紙を埋もれさせてしまい、税引後所得に基づくより多くの駐車料金を支払っていたのではないかと疑うのが合理的である。つまりデフォルト・プランは行動に大きな影響を与えるだろう。そのプランはしばしば顕著な「固着力」を持つことになるのだ。

デフォルト・プランが結果に影響するという推測は、「現状維持」バイアスを立証する多くの実験によっても支持されている。[15] 現に存する取決めは、それが私的組織によるものであっても、政府によるものであっても、しばしば頑健性があるのだ。[16] この現象の実例を、401（k）の労働者貯蓄プランの自動加入に関する研究から見てみよう。ほとんどの401（k）プランは、オプト・イン型のものである。401（k）プランに加入できる資格を労働者が初めて取得した時、彼らはプランについての一定の情報と、加入のために揃えなければならない申込書を受け取る。別のやり方である自動加入型の場合、従業員は一定の情報を受け取った上で、脱退しない限り、その計画（貯蓄率とアセット・アロケーション［資産配分］についてのデフォルトの選択を備えたもの）に加入させられることになると聞かされる。「マッチング拠出」（労働者の拠出に見合う一定の方式（上限を定めた上で五〇％とする場合が多い）で計算した額を雇用者が拠出する）を試みる企業の場合、多くの労働者は、結局はそのプランに加入するが、その加入は、自動加入型の場合にはずっと早くなされる。たとえば、メイドリアン（Brigitte C. Madrian）とシェア（Dennis F. Shea）は、当初加入が四九％から八六％に跳ね上がることを見出し、[17] チェ（James J. Choi）及び共著者も同じような結果を見出した(18)。

自動加入はパターナリズム的だとみなされるべきだろうか。そして、もしそうなら、労働者の選好に対する余計な干渉の一種とみなされるべきだろうか。前者に対してはイエス、後者に対してはノーというのが最良の答えだ。労働者が401（k）について考える時間を持ち、加入申込書をなくさないとしたら、彼らの多くは401（k）に加入することを好むだろうと使用者が考えたのであれば、彼らはパターナリズム的な行動をとっている。自動加入型を選ぶことによって、労働者の選択を良い方向へ操縦しようと試みているのだ。しかし、何人も強制されているわけではないのだから、熱心なリバタリアンでさえ、このような操縦には異論を唱えるはずがないと考えるべきだろう。使用者はなんらかの一連のルールを選択しなければならない、そしてどちらのプランであっても従業員の選択に影響するのである。労働者が積極的にそれを選択しない限り、収入を退職年金に一切組み入れるべきではない、ということを命ずる自然法などはない。どちらのプランも選択を変化させるのだから、あるプランが他のプランと比べて、より好ましくない干渉の形式だとは言えない。

選択の自由にこだわる懐疑的な読者は、このジレンマから抜け出す方法があると考えたがるかもしれない。加入するか否かの積極的な選択をすることを労働者に**要求**すれば、使用者によるデフォルトの選択は避けられる。このやり方を**選択強制**と呼ぼう。リスクを恐れる人々もいればそれほど恐れない人々もいる中で、彼らに対応する医者や規制主体は、「あなたは自分で選択しなければなりません」と言うことがあろう。確かにある種の状況の下では選択強制は魅力的だが、いつでも最適解ではないことが、少し考えれば明らかになる。選択することを労働者に強制することそれ自体が、強いパターナリズム的要素を持っている。労働者（や患者）の中には、選択することを望まない者もいるかもしれない（そして「選択しなくてもすむ」というセカンド・オーダーの選択を行うかもしれない）。使用者は、そういった者たちに対して、選択することをなぜ強制しなければならないのだろうか？

選択強制は、ある面においては選択の自由の尊重である。しかしそれは、「選択をしないという選択」をするような人々にとっては魅力的でない。彼らの観点から見れば、不快であり、おそらく受け入れ難くすら思われるものだ。ある種の状況では、選択強制はそもそも実現すらできないだろう。すべての個人にその決定を表明してもらうことが、コストが高すぎたり時間がかかりすぎる場合があるのだ。いずれにせよ、選択強制がどのような影響をもたらすか、という経験的な問いが残る。チェ等の研究によれば、選択強制は、オプト・イン型と比較すれば加入を増加させるが、自動加入型（オプト・アウト型）には及ばない(19)。

また別の懐疑的な人々は、ほとんどの労働者が使用者にしてもらいたいであろうことを使用者がすることで、パターナリズムを避けることができ、またそうすべきだと考えるかもしれない。このアプローチに従えば、労働者の選好に従ってデフォルト・ルールを定めることで、パターナリズムを避けられる。時にはこれは妥当な良い解決法だ。既に私たちが見たように、現在のリスク評価の試みはまさにこれを行っている。しかし、多くのまたはほとんどの労働者が、安定的な選好または適切に形成された選好を持たない場合はどうだろうか？　また、労働者の選択自体が不可避的にデフォルト・ルールの産物だとしたらどうだろうか？　このような場合には、大多数の労働者がどうするのかを尋ねても意味がない。労働者の選択は、使用者が選択をどうフレーミングするかに依存するのである。このような状況では、労働者の「選好」それ自体といったものは存在しない。

貯蓄は、選好がはっきりしなさそうな分野の好例である。ほとんどの家庭は、ライフサイクルにおける最適な貯蓄率を計算するための知識がないし、それを計算する気もない。たとえそのような計算をしようと思っても、その結果は、利益率と平均余命に関する想定に大きく左右されるだろう。このことを踏まえると、実際の行動は、プランデザインの特徴にとても左右されやすいのである。

政府

選択の自由の熱烈な支持者であっても、今まで述べてきたような点は認めるだろう。そして、私的なものである限り、正しいと思われる方向に人々の選択を誘導する試みを受け入れると言うだろうか。市場の圧力と十分に幅広い選択肢があれば、好ましくない誘導に対抗する上で十分な保護になる、と彼らは考えるかも知れない。しかし私がここまで強調してきたのは、パターナリズムが必然的だという点である。この点に関しては、政府が法的ルールを定める際に行う選択のいくつかにも同じことが当てはまる。

デフォルト・ルール

ある種のデフォルト・ルールは避けられないものであり、たいていの場合、それらの規則は選好や選択に影響を与える。古典的な論文は次のように述べる。

最小限度の国家的干渉は常に必要である……自動車事故が生じ、その損失が放っておかれる［被害者側が負担したままになる］のだとしたら、それは神がそう定めたからではない。むしろそれは、国家が加害者に対して責任を負わなくてよいという権原を与えたということなのであり、犠牲者の友人たちがより力を持っているとき、彼らが加害者から［力づくで］補償を受けることを妨害するために国家は干渉するであろう。(20)

もし、法による権原付与ルールが目に見えず、それにより簡単に選択の自由が保障されるかのように思えるのだとしたら、それは、それらの法的ルールが、あたかも非常に理に適って自然であり、法による配分が一切なされていないかのように見えるからである。しかし、これは誤りである。デフォルト・ルールが選好と行動に影響するとき、それは貯蓄プランに関して使用者が行う推定と同じような効果を持つ。この効果はしばしば、不可避でありかつ著しいものだ。［しかし］人々がデフォルト・ルールを避けて別段の契約をすることが可能である限り、その法的システムは選択の自由を保障し、その意味で、リバタリアンの目標を遵守していると言ってもよいだろう。

たとえば、消費者、労働者、既婚者は、法的配分のネットワークに取り囲まれており、このネットワークが、合意を交わす上での背景となっている。（合衆国のように）労働者が「自由に」解雇されると推定されるのであろうと、（ヨーロッパのように）「正当な理由によって」のみ解雇されるという暗黙の権利によって保護されるものと推定されるのであろうと、雇用法上契約の自由と矛盾するものではない。労働者は休暇の権利を有すると推定されるかもしれないし、そうではないかもしれない。労働者は安全基準によって保護されると推定されるかもしれないし、安全性にいくら投資するかは、市場の圧力に規定された上で使用者の自由に委ねられているかもしれない。いかなる場合であっても、雇用法は、労働者が使用者からある種の権利を「買い取ら」なければならないのか、あるいはその逆なのかについて定めなければならない。この重要な意味において、法律の介入は、避けることができないものなのである。消費者、配偶者、その他法的関係に立つすべての人々についてこの点は同じである。多くの場合、仮に取引費用がゼロだったとしても、背景としての法は重要である。なぜならそれが選択と選好とに影響するからである。この点で、私人間の場合と同様、なんらかのパターナリズムは避けられない。

保険との関連で――これは恐怖にとても関係があるのだが――計画されたものではないある自然実験が、デフォルト・ルールが「固着的」でありうることを示している。[21] ニュージャージー州は、デフォルトの自動車保険プログラムとして、比較的保険料が低いかわりに訴訟提起の権利がないシステムを設けた。〔訳注〕購入者は、デフォルトのプログラムから外れて、訴訟提起の権利と高い保険料のプログラムを選び、訴訟提起の権利を購入することが認められている。それに対して、ペンシルベニア州は、完全な訴訟提起の権利と高い保険料からなるデフォルトのプログラムを提供している。購入者は、余分な訴訟提起の権利を「売り」、より低い保険料を支払う新しいプランへの変更を選択することができる。どちらの場合でも、デフォルト・ルールには固着性があった。両方の州において、大多数がデフォルト・ルールを受け入れたのである。ニュージャージー州の運転者で完全な訴訟提起の権利を取得したのは二〇パーセントにとどまり、ペンシルベニア州では七五パーセントが、その権利を保持した。ペンシルベニアの州民が、ニュージャージーの州民と体系的に異なる選好を持っていると考える理由はない。デフォルト・プランこそが、最終的な影響を生み出したのである。実際、統制実験でも同じ結果が見出されている。デフォルトのパッケージの一部として与えられた場合、訴訟提起の権利の価格はより高くなるのである。

もう一つ例をあげよう。法定のデフォルト・ルールが与える顕著な効果は、会社の休暇についての州法の規定の相違に対する法科大学院生の反応の研究においても見いだされた。(22) この研究は現実的であることを意図し、背景となる問題にとても馴染みのある被験者プールに対して行われた。ほとんどの法科大学院生は、給料と休暇、そして両者のトレードオフについて考えることに多くの時間を費やしていたのである。この研究では二つの状況が設定された。第一の条件では、州法は二週間の休暇を保障し、学生達はさらに二週間の休暇を得ることに対する(給料の減額の形による)支払意思額を述べるよう求められた。この場合、支払意思額の中央値は六〇〇〇ドルであった。第二の条件では、州法は、強制的で放棄できない二週間の休暇を保障している。しかし労働者（法律事務所のアソシエイトを含む）は、さらに二週間の休暇の権利を有し、こちらの権利は「認識した上で自発的に放棄しうる」ものである。つまり第二の条件は、デフォルト・ルールが追加の二週間の休暇を与えているということを除けば、第一の条件とまったく同じものである。第二の条件において学生達は、彼らに追加の二週間の休暇の権利を放棄させるために使用者はいくら支払わなければならないかと尋ねられた。デフォルト・ルールを変えただけで学生の回答は二倍以上になった。受取意思額の中央値は一万三〇〇〇ドルだったのである。

数えられないほどのバリエーションを想像できよう。たとえば法が、退職貯蓄制度に労働者がオプト・インで加入するような状況を制度化するかもしれない。他方で法は、自動加入制度を設けることを使用者に要求し、労働者にはオプト・アウトを認めるかもしれない。どちらのシステムも労働者の選択の自由を尊重し、その意味でリバタリアン的である。同様に法は、雇用における年齢差別を受けない権利を否定した上で、労働者が（個人的な交渉や団体交渉を通じて）その権利を契約で定めることを認めるかもしれない。逆に差別されない権利を労働者に保障した上で、

［訳注］ ニュージャージー州の場合もペンシルベニア州の場合も、訴訟提起の権利の制限は、非経済的損害に限られ、また、一定の深刻な人身被害については当該制限から除外されている。参照、Jia-Hsing Yeh, Joan T. Schmit, Auto Insurance Claims in New Jersey and Pennsylvania, in: Edward L. Lascher Jr., Michael R. Powers (ed.), *The Economics and Politics of Choice No-Fault Insurance* (Springer, 2001), pp. 139-157.

契約を通じてその権利を放棄することを認めるかもしれない。これらすべての事例において、どちらのアプローチをとるかが労働者の選択に影響を及ぼすだろう。このような意味において、私的組織のみならず政府も、パターナリズムを避けることはできないのである。

アンカー

適切に形成された選好の不在を私は強調してきたが、デフォルト・ルールについてのみ述べようというのではない。仮想的評価による研究は、安全性や環境保全の向上といった規制という財を評価する際の有力な方法であるが、(23) そこで「アンカー」ないし起点が重要な役割を果たしていることを考えてみよう。仮想的評価による研究は、市場における評価が入手不能な場合に用いられるものだが、それは規制による様々な便益に対する「支払意思額」を人々に尋ねることを試みる。仮想的評価研究の目的は人々が実際に何を欲しているかを確定することなのだから、これは人々の価値観を表出させるための取り組みであって、それに影響を与えるためのものではない。選好と選択に影響を与えるという意味でのパターナリズムがその一部をなすとは考えられていない。しかし、仮想的評価研究にとって、その発見の対象であるべき価値観そのものを構築してしまうことを避けることは、非常に難しい。(24) それらの研究が用いられるような場合、人々は明確な、あるいは適切に形成された選好を持っていない、そのため発見されるべき対象となりうるような手が加えられていない「価値観」を人々が持っているかどうかも分からないというのがその理由だ。したがって、なんらかの形態のパターナリズムは、ほとんど避けられない。人々が表明する価値観は、少なくとも一定の範囲において、どのように問いが作られるかに影響されるだろう。

この効果の最も顕著な証拠は、自動車による死亡や傷害の年間リスクを減らすことについての支払意思額（WTP）の研究から得られる。[25] 同研究の著者達は、安全性の向上のための最大と最小のWTPを表出させようとした。ある統計的リスクと金額の初期値が人々に提示され、そのリスクを消去するためにその額のWTPが「確実にある」か「確実にない」か、あるいは「どちらともいえない」かを尋ねられた。もしWTPが「確実にある」ならば、「確実にない」と述べられる時点まで提示される金額が増加する。どちらともいえない場合は、最大値と最小値を人々が特定できるまで数字は上下された。

筆者達はアンカー効果を検証しようとしたわけではない。彼らの実験手続について、「最初に表示された金額に人々は不当に影響されているかもしれない」という問題点の可能性を「警告された」ため、アンカー効果に注意深くなっていたのである。[26] この問題点を解決するため、研究は、二つの副標本にランダムに人々を割り当てて行われた。一方では初期表示額二五ポンド、他方では七五ポンドである。著者達はアンカー効果が小さいものであること、つまり［二つの副標本において］最小値や最大値に有意な影響が生じないことを期待していたのである。しかし彼らの望みは打ち砕かれた。**どのリスクのレベルにおいても、起点が二五ポンドの場合の最大WTPよりも、起点が七五ポンドの場合の最小WTPの方が高かったのである！**　たとえば、二五ポンドを起点の値とした場合、一〇万分の四の年間死亡リスク削減に対する**最大**WTPは一四九ポンドとなったが、七五ポンドを起点とした場合、**最小**WTPが二三二ポンドとなった（そして、この場合の最大WTPは三五〇ポンドである）。このことから最も理に適った結論を導くとすれば、適切な価格がいかなるものかについて人々は時に不確かなのであり、その場合常にアンカー効果が——時にはびっくりさせられるほど大きなそれが——生じるということになろう。

価値観を表出させることに（それに影響を与えることにではなく）関心を持つ人々が、この問題にどう対応するかは明らかではない。おそらく、以前の章で私が議論したような実際の職場のデータの場合、それらは決定を適切に秩序づけ、実際に用いられうるような価値観が見出されるだろう。明らかなことは、仮想的評価研究が行われるような分野では、人々は適切に形成された選好を欠き、起点が行動と選択に重大な影響をもつということである。

フレーミング

医療に関する決定では、その文脈が恐怖に満ちているだけに、フレーミング効果が顕著である。どうやらほとんどの人々は、一定の年月の後、九〇パーセントの人々が生存し（そして一〇パーセントの人々が死亡する）ような治療法をどのように評価したらよいかについて、明確な選好を持っていないようだ。将来世代に対する義務が問題になる領域——非常に議論されている政策問題であるが——においても類似の効果が示されている[27]。有力な一連の研究は、人々が、現在世代における彼らの生命を将来世代におけるそれよりもはるかに高く評価することを見出している[28]。しかし、同じ問いに対して異なった表現を用いると、著しく異なる結果が産み出されることも判明している[29]。他の文脈においてと同様、それによって法システムが稼働できるような適切に形成された選好を人々が実際にもっているかどうか、はっきりしないのである。

このことは多くの分野であてはまる。たとえば人々は、規制政策において、統計的生存者数と統計的寿命のどちらに政府が焦点を当てるべきかという問いに対して、文脈に依存しない判断基準を持ちあわせてはいないようである。人々の判断は質問のフレーミングに大きく影響されてしまう。(30) 他の場合と同様ここでも、選好や価値観は、フレーミングに先立つものではない。それらはフレーミングの産物なのである。

選択に対する影響はなぜ避けられないのか？

デフォルト・ルールや起点やフレーミングには、なぜ大きい効果があるのだろうか？　この問題に答えるためには、問題を細分化することが重要である。

暗　示

どのように行動すべきかが不確実なとき、人々はしばしば関連する二つのヒューリスティックに頼る。すなわち「多くの人々がしているようにしよう」、あるいは「そのことに詳しい人々がしていることをしよう」である（離婚する夫婦は、しばしば後者のヒューリスティックに従う）。選択を行う人は、デフォルトのプランないし価値観は、上の二つのヒューリスティックのどちらかを捉えるものだと考えるのかもしれない。多くの場面において、いかなる起点をとった場合でも、それが内容を持つ情報として伝わることによって、［人々の］選択に影響を与えることになる。デフォルト・ルールが行動に影響を与えるのは、理性的な人々が通常物事をどのように扱うかについての情報をそれが伝えるものと考えられているからかもしれない。貯蓄の文脈では、人々は選択肢のどちらかに対して弱い選好を有しているかもしれないが、多くの人々がその選択をしないことが示されると、その選好は乗り越えられてしまうかもしれないことに注意しよう。たとえば、労働者の中には、「自分は401（k）に登録しようとはあまり思わず、そうしない選好を有しているが、使用者が自動加入制度をとることが示されたとなればその考えや選好は変わってくる」と考える者もいるかもしれない。貯蓄に関して、デフォルト・プランが指定されたことは、多くの被用者に対して一定の正当性を提供する。もしかするとそれは、デフォルト・プランが、多くの人々にとって何がもっとも合理的かということについての意識的な検討に起因するものだと思われているからなのかもしれない。

惰性

惰性を指摘するもう一つの説明もある。[31] デフォルト・ルールや起点の値からのいかなる変更も、何らかの行動を要求する可能性がある。用紙を埋めて返却するといったようなちょっとした行動であっても、物忘れ、怠慢、先延ばしの結果としてやり損ねることがある。多くの人々は、税の還付金を確実に得られる場合であっても、ぎりぎりまで還付請求を行わないものだ。惰性が及ぼす力も、限定合理性の一形態として見られるべきである。

保有効果

デフォルト・ルールは、「純粋な」保有効果を引き起こすこともある。人々が当初自分に割り当てられた財を、他の人に割り当てられた財よりも高く評価する傾向があることはよく知られている(32)。デフォルト・ルールが多くの場合保有効果を引き起こすだろうこともよく知られている。保有効果が関係するとき、個人ないしは公的機関が行った初期配分は、価値判断に影響する以上、人々の選択に影響を与えるのである。

不適切に形成された選好

多くの文脈において、人々の選好は不適切に形成され、かつ曖昧である。重大なリスクに対する保険や、社会保障制度について、人々に様々な選択肢が提示される場合を想像してみよう。提示されたものの意味は理解できるかもしれない。だから混乱しているわけではない。それでも人々は、わずかに高い期待値を伴うがわずかにリスクの大きいプランを取ることについて、あるいは取らないことについての明確な選好は持ちあわせていないかもしれない。この場合彼らの選好は、デフォルト・プランに対して内生的であるかもしれない。デフォルトの起点を覆しうるような、適切に形成された願望を彼らが持っていないというだけでそうなるのである。とくに、なじみがないような状況については、適切に形成された選好は存在しそうにない。幹線道路の安全性の研究において評価に幅があるのは、背景状況になじみがないため、数字につながるような明確な選好が形成されないことの結果ではないだろうか。世代間の時間選好に関するフレーミング効果は、人々は将来世代の利益と現在生きている人々の利益をどのように交換すべきかについて明確な判断をもっていないという事実を証明している。

パターナリズムの不可避性

ここでの目的のためには、上の様々な説明のうちのいずれを選ぼうと、たいした問題ではない。重要な点は、個人の選択に対して影響が与えられることは不可避なことがあるということだ。もちろん、選択を妨害しないことは、たいていは最良である。しかし、反パターナリスト的立場は重要な点において一貫し得ない。行動や選択への影響を避ける手立ては存在しないからである。熱心なリバタリアンにとっての課題は、それらの影響のただ中で選択の自由を守ることにある。そして、フレーミング効果が避けられないものである以上、「関連する情報を人々が持たない時は、それを提供するのが最も良い対処である」と言うのは、絶望的なまでに不適切である。人々に情報を与える努力が効果的たり得るためには、人々が実際にどのように考えるかに関する理解に根ざしていなければならない。表現の仕方によって多くの違いが生まれるのだ。他の点では同一である情報であっても、それがもたらす行動上の帰結は、情報がどのようにフレーミングされるかに依存するのである。

このポイントは一般的なものだ。健康リスクに直面する際、正確な情報の提供は逆効果を生じさせるだろう。人々は、リスクについて極力考えないようにすることで自分たちの恐怖をコントロールしようとするからだ。実証研究によれば、「同一の情報を伝えるあるメッセージが、他のメッセージ以上に効果があることも、逆効果をもたらすこともある」[33]。情報キャンペーンがまるっきり失敗する場合、それはしばしば、その努力が「逆効果の防衛的対応をもたらす」からである[34]。したがって、もっとも効果的なアプローチは、単なる情報開示だけではまったく足らず、「何もしないことがもたらす結果についての恐ろしいメッセージと、提案された予防プログラムの実施が効果的であるという楽天的メッセージ」との組み合わせなのである[35]。

いかにして厚生を増進させるべきかについての複雑で興味深い問題がここにある。情報が人々の恐怖を大きく増大させるならば、その分だけ厚生が減少するだろう。一つには、恐怖自体が不快なものであることから、また一つには、恐怖は一連の連鎖効果をもたらし、それが社会的費用を発生させるからである。ここで唯一言えるのは、もし人々が情報を欠いているなら、情報処理の過程に十分な注意を払わねばならない、そしてそのような注意を欠いた場合、情報公開は無意味あるいは逆効果になりかねない、ということだ。そして、情報戦略を計画する者たちが、人々がどのように考えるのかに注意し、人々を望ましい方向へ導こうとする場合、その限りにおいて彼らの努力がパターナリスティック的側面を持つことは不可避なのである。

不可避的なパターナリズムを超えて（しかし、未だリバタリアン）

立案者が起点やデフォルト・ルールを選ばなければならないとき、パターナリズムの不可避性は最も明白となる。しかし、もし人々の厚生に焦点を当てるのだとしたら、立案者が不可避的なパターナリズムを超えてさらに進むべきかどうか、そしてそのような場合、立案者が自らがなおリバタリアンであると主張できるかという問いを立てることは、理に適っている。労働者の行動に関係する分野において、多くの実例が想像できる。労働者が、オプト・アウトの権利を持ちつつ401（k）プランに自動加入する制度の場合、オプト・アウトが効力を発する前に、使用者が一定の待機期間、さらに助言者との相談を要求することも考えられる。リチャード・セイラー（Richard Thaler）とシュロモ・ベナルチ（Shlomo Benartzi）は、リバタリアンのテストをも満たす401（k）計画への拠出増大の方策を提案した。[36] この「明日はもっと貯蓄しようプラン」――この名称自体でその簡潔な説明になっているが――では、労働者が昇給した場合には必ず貯蓄計画への年間出資額が増加するプログラムへの参加を勧奨される。労働者がいったんこのプランに参加すると、オプト・アウトするか最大貯蓄率に達しない限り、プランにとどまることになる。このプランを使用した最初の会社では、参加した労働者は二年強（昇給三回）で三・五%から一一・六%まで貯蓄率を上昇させた。計画に参加した労働者のうち脱退したのはごく一部だった。これは実際に行われ、成功したリバタリアン・パターナリズムである。

リバタリアン・パターナリズムと非リバタリアン・パターナリズムとの違いは単純でも厳密でもないことは、今や明らかに違いない。リバタリアン・パターナリストは選択肢を保つことを主張し、非リバタリアン・パターナリストは選択肢を奪うことを厭わない。しかしすべての場合における本当の問題は、選択を遂行するコストであって、そこには明確な二分法ではなく、連続的な変化がある。選択の自由をとくに重視するリバタリアン・パターナリストは、その選好に従った結果を人々が獲得することについては比較的コストをかけさせないようにする傾向があるだろう。(これを**リバタリアン・パターナリスト**と呼ぼう)。対照的に、厚生に関する自らの判断にとりわけ自信があるリバタリアン・パターナリストは、パターナリズム的観点から見て自らの最大の利益にならないような事柄をしようと思っている人々に実質的なコストを負わせることを厭わないだろう(これをリバタリアン・**パターナリスト**と呼ぼう)。

いずれの途もとらず、非リバタリアン・パターナリストが特定の選択を排除することもありうる。しかし実際問題、このような試みのほとんどすべては、それらの選択をしようとする者に高いコストを課すことに他ならないことに注意しよう。運転者にシートベルトをすることを要求する法律を考えてみよう。もしその法律が執行され、多額の罰金が科される場合、決意の固い違反者が選択の自由を行使して罰金を負担することが可能だとしても、やはりその法律は非リバタリアン的である。しかし罰金の予定額がゼロに近づけば近づくほど、その法律はリバタリアニズム寄りになっていくと言える。ここで説明され擁護されているところのリバタリアン・パターナリズムは、一般的に言って、パターナリストが提唱する選択を人々が簡単に避けられるようにしようとするものである。

具体例と一般化

リスクの分野では、リバタリアン・パターナリズムを体現する多くの実際の構想、あるいはその提案がある。情報開示を要求する規定を設けるもの、デフォルト・ルールを変更するもの、自分自身の厚生に反すると立案者に思われるような方向に向かう行動をとろうとする者に対して、契約の自由を守りつつ手続的または実質的な制約を課すものなどがある。

労働法・雇用法

雇用法における年齢差別禁止法（Age Discrimination in Employment Act、以下ADEA）の下では、労働者は、退職に際して自らの権利を放棄することが認められている(37)。そのため、年齢差別を受けない権利を法律上与えることも、契約の自由へのリバタリアン的なコミットメントを否定するものではない。しかし、「承知した上での、自発的な」権利放棄でない限り、労働者はその権利を保持するものと考えられている。権利放棄が承知した上での自発的なものであることを保障するために、ADEAは一定の手続的ハードルを設けている。つまり、権利の放棄は、ADEAの「下で生じる権利や請求権」に明確に言及するものでなければならない。労働者は、契約に署名する前に弁護士に相談するように、書面による助言を受けなければならない。また、労働者には「契約について考えるために、少なくとも二一日間」が与えられなければならない。そして、契約は、最低限、署名後七日間の取消可能期間が定められていなければならない。ＡＤＥＡは、デフォルト・ルールを労働者に有利なものに変更し、また、不十分な情報に基づく権利放棄に対して手続的障壁を設けたことで、明白にパターナリズム的側面を備えている。また、このような手続的障壁を課すことが、不可避かつ最小限度のパターナリズムを超えるものであることも明らかである。しかし、ＡＤＥＡは選択の自由を保持していることで、リバタリアン的基準も充足している。

労働法・雇用法には他の具体例もいくつか見られる。アメリカにおける解雇に関する標準的ルールは、労働者は（十分な）理由なく、又はまったく何の理由もなく解雇される可能性があるというものであるが、モデル解雇法（Model Employment Terminal Act）は、それを修正している[38]。モデル解雇法の下では、理由があるときしか解雇されない権利が労働者に与えられている。しかしこのモデル法は、勤務成績の悪さ以外を理由とする解雇の場合には使用者が離職手当を提供する契約を使用者と労働者が締結することで、この権利を放棄することを認める。その意味でリバタリアン的原理に合致するのである。この手当は、勤続一年ごとに一月分の給与額を含むものでなければならない。権利放棄に対するこの制約は実体的なものであり、ＡＤＥＡにおける手続的制約とはかなり異なっている。この意味では、他の可能性よりもリバタリアン的である程度が低いかも知れない。にもかかわらず選択の自由は保持されているといえる。

公正労働基準法（Fair Labor Standards Act）の重要な規定も同じカテゴリーに属する[39]。それによれば、労働者は、一週間に四〇時間以上働かない権利を放棄することができるが、その際には政府が決定する割増賃金（五割増）が必要となる。ここでは、上記のモデル法の場合と同様、デフォルトの取決めからオプト・アウトする労働者の権利に対して実体的な制限が課されている。

消費者保護

消費者保護法では、リバタリアン・パターナリズムの最も分かりやすい例として、一定の内容の決定に対する「クーリングオフ」期間がある(40)。それが正当化される本質的な根拠は、消費者はその場の勢いの下で、無分別・軽率な決定をするかもしれないからである。限定合理性と限定自己抑制の両者が、その根底にある課題である(41)。連邦取引委員会が一九七二年に命じた、訪問販売に関する強制的なクーリングオフ期間は、わかりやすい具体例である。同委員会が制定した規則によれば、訪問販売に際しては、取引から三日以内は購入を撤回する権利があることを購入者に知らせる書面を交付しなければならない。また、いくつかの州では、離婚判決が下される前に、強制的な待機期間を課した(42)。結婚するという決定に対しても似たような制限を課すことも簡単に想像できよう。そのような方向に実際に動いた州もある(43)。衝動的な行動、後悔するような行動を人々はしてしまうものだということを規制主体は分かっているので、彼らの選択を妨げたりはしないが、落ち着いて熟考する期間を保障するのである。強制的クーリングオフ期間がもっとも理にかなっていて、それが課されることが多いのは、以下の二つの条件が充たされる場合であることに留意しよう。（1）人々がめったに行わないような決定であるため、選択をするための十分な経験を欠いており、(2) そのとき感情が高ぶっている可能性がある、の二つである。これらはそれぞれ限定合理性や限定自己抑制が働く状況であるが、この状況では消費者は後悔するような選択をする傾向があるのだ。

普遍化

ここに至って、パターナリズム的な介入の多様な形態を分類することができる。最小限パターナリズム、選択強制、手続的制約、実体的制約である。

最小限パターナリズム

最小限パターナリズムは、立案者（民間または公的の）が行動に影響することを目的としてデフォルト・ルールや起点を構築するときはいつでも生じるパターナリズムの一つの形態である。デフォルト・プランから離れることに費用がまったくまたはほとんどかからない場合、最小限パターナリズムは最大限にリバタリアン的になる。これは、私が不可避だと述べてきたパターナリズムの形態である。

選択強制

どの選択が厚生を改善するかはっきりしない場合、立案者は、デフォルト・プランや起点を設けることを一切拒絶し、人々に明示的に選択させようとするかもしれない（選択強制の戦略）。契約当事者に自分が何を欲しているかを言わせる強いインセンティブを与えるように設計された、契約法における情報表出のデフォルト・ルールは、この選択強制の類似物だと言えよう。[44] 人々が望もうと望むまいと、選択することを強制するという意味では、立案者の行動にパターナリスティックな面がある。彼らの一部は、「自由と厚生のどちらの面から見ても選択はよいことである」と考えているようだ。他の人々がそれらに同意していようといまいと！

手続的制約

デフォルト・プランから離れる場合、それが完全に自発的・理性的であることを保障するように設計された手続的制約が付随している場合は、より積極的なパターナリズムの形態だといえる。手続的制約が存在するとき、デフォルト・プランから離れることはコストゼロではない。コストがどの程度か、パターナリズムがどの程度まで積極的なものかは、当然ながらこの制約の程度によって変化する。この制約が正当化されるかは、限定合理性や限定自己抑制に関する深刻な問題があるかどうかによるだろう。そのような問題がある場合、制約を正当化する根拠は、人々の選択に立案者が反対しているということではなく、その状況の特定の性質が、選択を欠陥があるものにしがちだということである。そのような性質として、馴染みの薄い状況、経験不足、衝動のリスクなどがあげられるだろう。

実体的制約

立案者が実体的制約を課す場合もある。デフォルトの取り決めを拒否することを人々に認めるが、いかなる条件の選択も認めるわけではない場合である。このアプローチの場合、当事者が選好する方向へと進むことが許される条件について、立案者が選別している。これがリバタリアニズムからどの程度逸脱することになるのかは、法的に特定された制約と、それがなければ当事者がとりえた条件との間の乖離の関数となろう。ここでもまた、制約の正当化根拠は、限定合理性と限定自己抑制である。

反　論

［リバタリアン・パターナリズムに対しては］、強硬な反パターナリストや、あるいは他の人も、反論があろう。ありうべき三つの反論を考えてみよう。

一つめは、リバタリアン・パターナリズムはとても滑りやすい坂を下り始めることだ、というものである。貯金やカフェテリアの配列に関するデフォルト・ルールがパターナリズム的に設計されるべきだという可能性をいったん受け入れると、高度に反リバタリアン的な介入にも抵抗できなくなると思われるかもしれない。批判者は、彼らにとって受け入れがたい、介入的形態のパターナリズムが、猛攻撃を仕掛けてくることを想像するかも知れない。オートバイの運転者にヘルメット着用を命じる、消費者の購入前に強制的な待機期間を設ける、紙巻きたばこを禁止する、さまざまな種類の介入的な医療保険改革の可能性など。そのような行き過ぎのリスクがある場合は、そもそも坂を下り始めることを避ける方が良いのではないだろうか？

それに対する応答は三つある。第一に、多くの場合、弱いパターナリズムに対する実行可能な代替案は存在せず、立案者は、少なくとも何歩かは「その坂を下りる」ことを強いられる。行動に影響を及ぼすという形のパターナリズムは、しばしば不可避的であることを想起しよう。そのような場合、坂に踏み出すことは避けられない。第二に、オプト・アウトの権利を要求するリバタリアン的な条件によって、下り坂がどの程度急になるかについては明確な限界がある。自分自身の進む道を決めようとしている人がパターナリスティックな干渉を容易に避けることができる限りにおいて、パターナリズム反対論者が強調するような危険は最小限度にとどまる。第三に、「滑りやすい坂」を論拠とするような人は、少なくとも立案者については、自己抑制の問題があることを認めている。しかし、もし立案者（官僚や人事管理者を含む）自身が自己抑制の問題をかかえているのならば、おそらくは他の人々も同様の問題をかかえているだろう。

二つめの、異なった種類の反論は、立案者（とくに政府で働く立案者）が理に適った選択をする能力への根深い不信に基づくものである。これらの人々は、誰もが合理的な選択を行うものだと普段は信じているのに、公務員が合理的な選択をすることに依拠したように見える提案は、いかなるものに対しても根深い懐疑心を持って扱うのである。この懐疑心の一部は、公務員には市場の圧力による規律が働かない、という発想に基づくものである。またその一部は、自己利益から生じるとされる厚生促進的インセンティブを個人が有している事実に根拠を有するとされる。また一部は、高度に組織化された私的集団が彼らが望む方向へと公務員を動かしがちなのではないかという恐怖心にも根ざしている。もちろん立案者も人間である。合理性は限定されているし、好ましくない圧力の影響も受ける。それにも関わらず、人間である立案者は、時には選択を行わざるを得ない。それなら人々の厚生を増大させるように試みさせる方が、その逆よりもよいことは確かだろう。悪い計画に対してもリバタリアン的なチェックがかかることで、規制主体は、熟慮されていない、あるいは悪い動機に基づく政策に対する強力なセーフガードを設けることができる。個人の利己心が立案者に対する健全な抑制となる限りにおいて、選択の自由は重要な矯正策である。

逆の方向から、三つめの反論があるだろう。限定合理性と自己抑制の問題という論拠によって勢いづいた熱狂的なパターナリストは、多くの分野においては、リバタリアン・パターナリズムをとるべきだというだけでは、あまりにも限定的であると主張するかもしれない。少なくとも、もし専らあるいはほとんど厚生に焦点を当てるのであれば、一定の状況において人々の選択能力が低いものである以上、彼らに選択の自由を与えるべきでないのは明らかではないか。なぜ無条件のパターナリズム、あるいは非リバタリアン・パターナリズムではなく、リバタリアン・パターナリズムを主張するべきなのか、というのである。

この反論は、価値と事実の両面に関わる複雑な問題を提起する。難解な哲学的領域にここで踏み込むべき理由はない。しかしこれに対しては三つの応答がある。第一に、立案者も人間である以上、真になされるべき比較は、自己抑制の問題を抱えた限定的に合理的な選択者と、彼ら自身自己抑制の問題に直面した限定的に合理的な立案者との間の比較である。この両者の比較を理に適った形で抽象的に行うことができるかどうかは疑わしい。第二に、立案者が混乱していた場合や不適切な動機を有していた場合、オプト・アウトの権利が予防手段として作用する。そして多くの文脈において、たとえオプト・アウトの権利が害をも作り出すとしても、これは欠くことができない予防手段である。第三に、提案された行動指針から人々が離れようとする場合、時には重大なコストを課す可能性、さらに時には選択の自由を完全に否定すべきだという可能性も、本書は否定しない。唯一の条件としては、第三者に対する影響が示されていない場合は選択の自由を支持するという一般的な推定が働くということである。個人の選択が明らかに自らの厚生と矛盾するときにのみ、この推定を覆すことができる。

厚生、選択、そして恐怖

ここまでの目標は、リバタリアン・パターナリズムを説明し、提唱することだった。それは、選択の自由を保持しつつ、彼ら自身の厚生を改善させるであろう方向に人々を導こうとすることを、私的機関と公的機関に対して勧めるアプローチである。その中心となる経験的な主張は、「人々の選好は多くの分野において不安定であり適切に形成されていない、それゆえ、起点とデフォルト・ルールが極めて固着的でありうる」というものである。そのような分野では、規制主体に対して単に「選好を尊重すべき」だと言っても役に立たない。人が何を選好するか——少なくとも何を選択するか――は、起点とデフォルト・ルールの結果なのである。私的機関・公的機関両方にとっての目標は、無作為・不注意・恣意的な、または有害な影響を避け、適切に定義された人々の厚生を促進するであろう状況を生み出すことであるべきである。

人々の恐怖はしばしば現実を上回る。他方で人々は、極めて深刻なリスクに対して無関心である。不運にも、現在行われている決定の多くはデフォルト・ルールの産物である。このルールが行動を形作る効果に関する真剣な省察は、これまでまったく行われていなかった。これに対する最も理に適った矯正策は、選択肢を奪う必要はないが、疑わしい場合には人々の幸福に軍配を上げるものである。リバタリアン・パターナリズムは、単なる理論的可能性だけではなく、私法・公法の多くの分野における再検討の基礎を与えてくれるのだ。

第9章　恐怖と自由

国家の安全保障が脅かされるとき、市民的自由は不当に脅かされるだろうか？　そうだとすればそれはなぜだろう？　説得力のある説明を考えてみよう。外的な脅威のまっただ中にあるときには、人々の過剰な反応が予想できる。単に恐怖だけから、人々もリーダー達も、安全を守るためにほとんど役に立たないのに、重要な自由の形式を損なってしまうような予防策を支持してしまうだろう。アメリカの歴史では、第二次世界大戦中の日系アメリカ人の抑留が恐らくもっとも顕著な例であるが、このような例は他にも多数存在する。南北戦争中のリンカーンによる人身保護令状の停止、第一次世界大戦中の反体制的な言論の抑圧、ルーズベルト政権による一九四一年のハワイ州における戒厳令、マッカーシー時代の共産主義パニックなどを考えてみよう。九・一一同時多発テロ後のブッシュ政権がとった対策の中にも、先の例と同じ基本カテゴリーに属するものがあると考えるものは多い。ある種の予防原則の下に、テロ容疑者をグアンタナモの収容所に収容することが本当に必要なのだろうか。どれぐらい収容しておくつもりなのか？　彼らの残りの人生すべてか？

人々の恐怖が、どのようにして市民的自由の不当な侵害を生み出すのかを説明する上で、誤りを産み出す二つの基底的要因が強調されるべきだろう。想起可能性ヒューリスティックと確率無視である。これらを知れば、市民的自由に対するおよそ正当化できないような侵害が生じる原因は何か、よりよく理解することができる。しかし、付け加えるべき要因がもう一つある。心理的な動態のみならず政治的動態にも注目しなければならない。安全への脅威に対する反応として政府が自由を規制するとき、その規制は広汎なものではなく選別的なものであることがしばしばである。選別的であることが深刻なリスクを産み出す。選別された［一部の］者に対してしか規制が課せられないのであれば、人々のほとんどはそれに直面しない。だから不当な制約に対する通常の政治的なチェックが機能しないのである。このような状況において、国家安全保障に対するリスクへの人々の恐怖に導かれた予防策が、市民的な自由の過度の侵害をもたらしうる。

このことが自由に及ぼす影響は明らかだろう。外からの恐怖がそれとして認知された場合、人々がその（低い）確率を考慮することなく最悪のシナリオに焦点を当てる可能性がある。規制の負担を負わされるのが特定の部分集団であるとき、そのリスクはより一層大きくなる。その結果、現実によっては正当化され得ない措置がとられてしまうのだ。第二次世界大戦中の日系アメリカ人の抑留が確率無視と関係していたことは疑いない。国家の敵に日系アメリカ人が協力し、西海岸においてパールハーバーのような事態を生み出すという最悪の場合が鮮明にイメージされることで、脅威への対応としては必要でも有用でもないような措置がとられることを煽ったのである。

そこで必要になるのが、不当な規制から守るための一連の予防手段である。立憲民主制国家では、これらの予防手段のいくつかは、通常は憲法の解釈を通じて裁判所により提供される。問題は、人々の自由への介入がはたして正当化されるか、正当化されるとすればどのような場合かを知るための情報が裁判所にはしばしば不足していることである。市民的自由の信奉者達はこの点を無視し、人々が激しい恐怖を感じている中でも憲法の解釈を変えるべきではないと考える傾向がある。このような考え方には説得力がない。政府の行動の正当性は、それを支持する論拠がどの程度強力なものであるかによる。もし国家安全保障が本当に危険にさらされているならば、その論拠が強力に思えるのは必然的であるし、実際にもしばしば強力な論拠だと言いうる。安全規制・保健規制の文脈において私は、過度の恐怖と恐怖の不足の双方に対して、費用便益分析が部分的に矯正機能を営むことを強調してきた。国家安全保障が脅かされたとき、攻撃を受ける確率を推定することはたいていの場合不可能であるから、費用便益分析への期待はずっと低くなる。

だからといって、裁判所が建設的な役割を果たせないということにはならない。三つの可能性が考えられる。**第一**に、裁判所は、市民的自由の制限について、執行府のみならず立法府によっても授権がなされるべきことを要求すべきである。**第二**に、特定のマイノリティ集団に属するメンバーの自由を規制する措置に対しては、裁判所はとくに厳しく審査するべきである。法がもたらす負担が広く共有されないとき、通常の政治的予防手段には信頼がおけないからだ。**第三**に、裁判所によるケースバイケースの衡量は、自由に対する過度の侵害にお墨付きを与えてしまうかも知れない。ゆえに明確なルールと強い推定則の方が、現実世界における衡量よりも効果的に機能するだろう。

ひどい衡量：単純な説明

恐怖の動態を理解することは、国家安全保障に対する危険に対して、個人や政府がなぜ過剰反応するのかの説明に役立つ。容易に想起可能な事象があるとき、人々は脅威を誇張するようになる。一つあるいは数少ない出来事のみにメディアが焦点を当てることで、人々の恐怖は、現実とまったく釣り合いのとれていないものになるかもしれない。また、一つあるいは数少ない出来事が、顕著性を有するだけでなく感情的にも強く訴えるものであるならば、人々は確率についてまったく考えないかもしれない。私的組織も公的組織も過剰反応するだろう。二〇〇一年のアメリカにおける炭疽菌攻撃の事例でこれが起こったことはほとんど間違いない。数少ない出来事によって、私的組織も公的組織も小さな脅威を誇張してしまうことになったのである。もちろんそのような出来事が、これから起こることの前触れになることもあるかもしれない。人々の鈍感さを防止し、誤って無視されていた危険に関心を寄せるように仕向けることもあるかもしれない。これに対して私が唯一言えるのは、人間の認識の作用の仕方からして、そうなるという保障はほとんどない、ということだ。人々の恐怖の増大は、いわれのないものかもしれないではないか。

いかなる状況においても、安全と市民的自由との間でなんらかの衡量がなされると仮定しよう。

そして自由の領域に対してどの程度までの介入が許されるかは、部分的には、その介入がもたらす安全の増大の関数であるとしよう。問題は、人々が本来そうあるべき以上に恐怖を感じている場合、そのような不釣合いな恐怖を抱いていない限り正当化されないような自由への侵害を求め、それを容認してしまうということである。仮に関連するさまざまな変数の最適なトレードオフが［本来］存在するものとしよう。ならば、想起可能性ヒューリスティックと確率無視は、社会的影響と結びついて、最適でないトレードオフを不可避的に生み出すと言える。安全の名の下に、自由を不当に犠牲にするようなトレードオフである。国家安全保障への脅威の文脈では、十分に正当な理由もなく政府が人々の自由を侵すであろうことが想像に難くない。数えきれないほどの例を歴史が教えてくれる(1)。これらは、予防原則のとくに問題がある適用例である。誇張されたリスクのために、必要もなく自由を譲り渡してしまうのだ。

さらにひどい衡量：選別的な自由の制限

国家安全保障の文脈において、またより一般的に言っても、過度の恐怖の可能性について明確に理解するためには、重要な区別をしなければならない。［まず］すべてのあるいはほとんどの人々の自由に対する制限を想像できる。たとえば、空港の保安手続を一般的に増やすことや、バイオテロリズムに利用されうる物質を扱う場合は、自国民であろうと外国人であろうと、政府の特別な調査に服するといった制限である。［次に］これとは対照的に、たとえば日系アメリカ人に対する規制や、人種プロファイリング、もしくはグアンタナモにおける敵戦闘員の収容といった、一部あるいは少数の者の自由に対する制限も想像できる。制限がすべてあるいはほとんどの人に適用されるときには、政治的安全装置によって、政府の不当な活動を強力に監視できると考えるのは理に適っている。もし制限による負担が広い範囲に共有されるならば、その制限には十分な理由があるとほとんどの人が納得しない限り、受け入れられそうにない。本当に負担になる制限であれば、十分な理由が示されるかそれが自明でない限り、人々には簡単には受け入れないだろう。（これまで論じてきたようなメカニズムによって、十分な理由が存在しない場合でも人々はそれが存在すると考えてしまう可能性はあるが、それはひとまず置こう）。しかし、制限が特定の部分集団に課せられるときには、政治的安全装置は不在である。正当化するのが困難なものであっても、自由を縮小するような介入を課すことが可能になるのである。

この点について、法の支配に関するフリードリヒ・ハイエク（Friedrich Hayek）の見解を見ることが啓発的である。彼は以下のように述べる。「すべての禁止事項と命令事項が、例外なく（別の一般規則がそのような例外を命じない限り）万人に対して禁止され、命令されるのならば、そして、法の執行に際しては、当局ですら特別な権限を有するわけではないならば、誰もがそれを行いたいと道理に適った形で願うような事柄が禁止されるようなことはほとんどないだろう。」それゆえ、「そういった制限を文字通り誰に対しても課すことは……、一部に対してのみ制限を課す場合と比べて、窮屈ではあっても、なんと無害であることか！」(2) したがって、「重要なのは、わたしたちが私事とみなすことに関する制限は、たとえば倹約令のように選別された特定の集団の人々に対してしか課されないことが通例であるか、禁酒法の場合のように政府が例外を認める権利を留保していたからこそ、実行可能だったということである」。

要約すれば、ハイエクは、負担が選別的であり、ほとんどの人々にとっては心配がない場合、不当な負担を負わせるリスクが劇的に増加すると訴えているのである。人々の恐怖が市民的自由に対する制限を生み出す状況では、とくに注目すべき主張である。もし人々の恐怖から生じる措置が、彼らに面倒な負担を課すのであれば、その恐怖が実際に正当化されるのかどうかを、人々はある程度は真剣に問うだろう。しかしそれによる負担を負うのが他の人々であって、恐怖に溺れることがコストを伴わないのであれば、単に「リスク」があるという事実だけで、恐怖が単に存在することで、正当性が提供されるかのように思えてしまうだろう。

トレードオフ無視と自由

この観点で、なぜ専門家と一般人が、特定のリスクについて意見が異なるのかを説明しようとする、ハワード・マーゴリス（Howard Margolis）の試み[3]に話を戻そう。人々は時々、ある活動の危険のみに焦点を合わせ便益に対してはそうしないことで、「備えあれば憂いなし」と結論づける、というマーゴリスの指摘については既に述べた。予防策を支持する人々の心理は、時にこのようなものである。しかし他方で、人々がその活動の便益をとても気に掛けるが、危険はそうではないという場合もある。この場合、人々は「何も賭けなければ、何も得られない［虎穴に入らずんば虎児を得ず」」と考えるのである。そのような場合、予防策は無意味だと思えてしまう。文字通り、その意味を感じとることができないのである。利益とリスクの両方が「視野に入っている」、場合にのみ、人々は便益を費用と比べてリスクを評価する。市民的自由の侵害において、リスク削減の利益は目に入るが侵害の方は目に入らないとき、深刻な問題が生じる。負担が特定の部分集団の人々に対して課される場合には、これは不可避的である。

この観点からすれば、市民的自由［への介入］について憂慮する人々が、リスクにさらされている者たちへの共感を促進しようとすること、また、人々に対して、自分自身も危険にさらされているのだとして恐怖を感じさせようとするのは当然だ。そのは、関連する負担やコストを「視野に入る」状態に置くことであり、政府の行為によって負担を負うことになる人々の範囲を広げること——想像でだけでも——なのである。かくして市民的自由の信奉者達は、一九四〇年代のドイツについてのマルチン・ニーメラー（Martin Niemöller）牧師の発言[訳注]をしばしば引用することになる。

はじめに彼らは社会主義者達を攻撃した。私は社会主義者ではなかったので、声を上げなかった。彼らが労働組合員達を攻撃したとき、私は労働組合主義者ではなかったので、声を上げなかった。彼らはユダヤ人達を攻撃したとき、私はユダヤ人ではなかったので、声を上げなかった。彼らが私を攻撃したとき、私のために声を上げるものは誰一人いなかった。

この話から得られる明白な教訓は、多くの状況において経験的には疑わしい。「彼ら」が誰かを攻撃したからといって、「彼ら」が最後には私を攻撃するとは決して言えない。「彼ら」や「私」の性質次第なのである。しかしこの話は、心理的に鋭い効果を持つ。それを聞いた人々に、行き過ぎた政府は簡単には抑え込むことができないというリスクの恐怖を植え付けるのである。

不当な侵害の危険性は、侵害の犠牲者が「私達」から容易に分離できる、特定の集団だとみなされうる時に最も深刻である。人々が恐怖の状態にある時には、集団に対するステレオタイプが顕著に増大する。自分自身の死について考えるような状態にあるとき、人々はよりいっそう、集団に基づくステレオタイプに従って、考え、行動する傾向があるのである。(4) この点に関する実験による発見でも、人々が怖がっている時には「外部集団」のメンバーの自由を削減するような政

［訳注］ハロルド・マルクーゼ（Harold Marcuse）のWebサイト（http://www.history.ucsb.edu/faculty/marcuse/niem.htm）によれば、ニーメラー牧師のこの有名な警句には複数のバージョンがあり「オリジナル」と言えるものは存在しないようである。列挙される迫害の対象もバージョンによって異なる。ここで著者が引用しているのはおそらくアメリカでもっとも流布したバージョンであり、「共産主義者」や「教会」が含まれていない。これらを含める他のバージョンとしてたとえば参照、丸山真男『現代政治の思想と行動』未来社、一九六四年、四七五―四七六頁。Milton Mayer, *They thought they were free: The Germans 1933-1945*, The University of Chicago Press, 1955, p.168. M・マイヤー／田中浩・金井和子訳『彼らは自由だと思っていた――元ナチ党員十人の思想と行動』未来社、一九八三年、一六七頁からの引用。

府の活動をより許容しがちであるという直観が支持されている。それが正しければ、社会的な恐怖への反応が自由への侵害という形をとるとき、それは、多数派が利益と被害とを同時に受けるときであれば働くような通常の政治的チェックを受けることがないだろう。簡潔に言えば、自由を侵害するような活動は、それを支持する者が同時に負担をも負うような場合、正当化されうるものである可能性が高い。その場合、政治過程が、不当な規制に対して備えている本来の防護を提供するのである。いずれにせよ、政府は、市民的自由への不当な介入を含む、社会的な恐怖への過剰な反応を防止するためのなんらかの手段を必要としていると言える。

自由を守る

ここまでの議論を、国家の安全保障が危機に曝されているときであっても、市民的自由を保護するために、司法が積極的な役割を果たさなければならないことの根拠として受け取ることもできよう。しかしそこには、本当に複雑な問題がある。環境保護派の著作によく見られる主張だが、想起可能性ヒューリスティックと確率無視は、人々にリスクを誇張して語らせるというよりも、従来無視されてきた危険を真剣に受け止めさせることにつながることがあると言われる。人々の視野にそれまで現れていなかった危険に意識を向けさせるというのである。環境の文脈でいう限り、その指摘は正しい。容易に想起可能な事柄が、従来鈍感さと無関心に支配されていた人々を動員する手助けになる。極端な恐怖を生み出しているのとまったく同じ認知プロセスが、恐怖の不足に対抗する役割を果たしているのである。

国家安全保障に対するリスクについても同じことがあてはまるだろう。実際、九・一一以前に航空安全対策が手薄であったのは、テロリストの攻撃が「想起できなかった」ことによる。想起可能性バイアスは想起可能性ヒューリスティックによって生じるが、同じ想起可能性ヒューリスティックによって想起不可能性バイアスも生じる。つまり、専門家による警告がある場合でさえ（九・一一以前、真剣な保安措置がとられてないことについてしばしば警告がなされてきた）、ある出来事が想起できない場合には、個人であっても機関であっても不十分な予防策しかとれないのである。確率無視は低確率リスクに対する強い恐怖を生み出しうる。しかしあるリスクが注目をまったく集めなければ、本来相当に注目を受けるに値するにも関わらず、その確率がゼロであるかのように扱われる。人々の恐怖にこうした二面性があることを私は何度も強調してきた。危険は「著しいもの」のように見えるか、さもなければ、存在すらしないように見えるのである。ここまで議論してきたこのようなメカニズムは、ヒステリックな過剰反応を説明するのに役立つ一方で、無視に対する矯正策の提供もできるのだ。

制度上の問題もある。市民的自由の制限が擁護しうるものかどうかを判断する上で、裁判所は、控えめに言っても、よい立場にいるとは言えない。危険の適切な評価をするために必要な事実認定能力を欠いているのである。グアンタナモの一ダースほどの囚人を釈放した場合、些細とは言えないテロ攻撃のリスクを生み出すかどうかという問題についての専門家ではない。戦争のまっただ中における市民的自由の保護の問題について、司法が積極的姿勢を取ることは、ものごとをより良くするどころかむしろ悪くするだろう。いずれにせよ、公衆が支持するような市民的自由の制限に対して介入することを伝統的に裁判所は好まない。公的機関も市民も支持しているような制限を単に「阻む」ことは好まないのだ。[5] 二〇〇四年の連邦最高裁判所の注目すべき決定は主に単純な点を反映したものだ。つまりもし人々が自由を剥奪されるならば、それが適法になされているかを問うために、聴聞を受ける権利を有するということである。[6] これは非常に重要な原理だが、ごく控えめなものでもある。

裁判所は、制度的レンズを通して関連する問題にアプローチすることができるのであり、そうすべきだ。この制度的レンズは、基底となる政治的動態に十分注意を払うものである。ここには三つのポイントがある。第一の、最も重要な点は、**市民的自由の制限は、それが明確に立法府によって授権されていない限り許されるべきではない**ということである。このような制限が執行府のみによって行われることを認めてはならない。第二に、恐怖への不当な反応に対しての保護として、裁判所は、一般的ではなく特定の集団に対して課される自由の侵害に対して、より懐疑的になるべきだということである。第三の、そして最後のポイントは、憲法原理は、アド・ホックな衡量よりもむしろ、ルールや推定規則を産み出すセカンド・オーダーの衡量を反映すべきということである。その理由は、時流の圧力によって、アド・ホックな衡量によれば政府が支持される（本当はそうではないのに）という結論を裁判所は出してしまいがちだからである。

明確な声明の原則

長年に渡って、イスラエル総保安部（GSS）は、拷問と呼ばれることもあるような特定の形式の直接的強制をテロリストの被疑者に対して行ってきた。GSSによると、このようなことが行われるのは極端な事例においてのみであるし、テロリストによる攻撃や多くの生命の喪失を防ぐために必要だと思われる場合における最後の手段としてなされるものである。それにもかかわらず、「拷問」という名に値するような行為は確かに行われたし、それが稀だとも言えなかった。これらの行為がイスラエル憲法に適合しないのではないかということが、同国の最高裁判所で争われた。それに対する政府の応答は、しばしばテロリズムの対象になる地域での大量死を防ぐためには一定の状況においてどうしても必要な行為があるのであって、人権に関する抽象概念を現実世界の必要性に優先させてそういった行為を禁止することはあってはならない、というものだった。政府によると、そのような状況では身体的強制が正当化される。それを認めないような司法部の決定は不当な積極主義であり、傲慢ですらあるというのだ。

この事案に関する判決において、イスラエル最高裁は、もっとも根本的な問いに関する判示を行うことは避けた。(7) 仮に民主的立法府が公安機関のこれらの行為について明確な授権を与えていた場合でもそれが不法であるかについては何も述べなかったのである。しかし最高裁はこれらの行為は違法だと判示した。裁判所の主要な論拠は、仮にそのような強制を認める余地があるとしても、限られた権限しか有しないGSSがそれを認める立場をとっているからという理由で認めることはあり得ないというものであった。このような争いのある行為は、最低でも、まさにその点について十分民主的に議論された上で、国家の立法府によって是認されなければならない。「これは、国民を代表する立法権によって決定されなければならない問題である。当裁判所は現時点でこの点についての判断を示さない。立法権において様々な考慮事項が検討されなければならないのである。」

この判決の中心的な特徴が何か、ここで少し考えてみる価値があるだろう。イスラエル最高裁は、根本的な問いに関する判示は行わず、GSSのみが判断を行うことは民主主義的観点から不適切だという論拠に依拠したのである。控えめに言っても、この組織の構成員達が社会の幅広い範囲を代表しているとは言えないだろう。GSSで働く人々は、ものの見方や考え方の準拠枠を共有している可能性が高すぎる。そういった人達がお互いに議論すると、集団極化が起きやすい。参加者達は［議論によって］自分たちの既存の信念を問い直すのではなく、むしろ強化してしまい、それが人権侵害を招く可能性は高い。より広い範囲の考え方を集めて広範に議論することが、この種の強制行為を行う前提条件である。イスラエル最高裁は、このような自由の侵害について、法律による明確な授権を要求した。曖昧な法状況における政府の判断では不十分だというのである。

この判決は、可否について議論がわかれるような市民的自由の侵害がなされる場合には、統治機構のうちの立法府がそれを明確に授権しなければならないという一般原則を支持したものと理解するにとができる。このような予防手段が求められる理由は、不十分な検討しかなされていない制限がとられないようにするため、また、多様性の府であり議論の府であるところの統治部門が同意することが、市民的自由に対する侵害に関する最小の必要条件であることを主張するためである。執行府内の集団極化によって、十分に広範な議論にさらされていないような措置がとられうる特別のリスクがある。立法府における議論の方が、ある自由の制限が実際に正当化しうるようなものでなければならないことを保障できる可能性が高いだろう。立法府はより多くの人々、より多様な人々から構成されているため、［規制により］負担を負うことになる人々をも含む可能性がより高い。それゆえに立法過程は、ハイエクが法の支配と等しいものとみなした保障を提供できる潜在力があるのだ。これらの点において、「立法による明確な言明」の原則は、個人の権利を守るために抑制と均衡の理念を動員するものである。政府の行動を単純に禁止することによってではなく、一つではなく二つの政府部門の支持を要求することによってそうするのだ。

二〇〇二年にアメリカ司法省法制意見室がホワイトハウスに対して提出した拷問に関する覚書は広く話題にされたが、皮肉な比較としてこれを検討してみよう。この覚書のもっとも注目すべき面は、軍総司令官としてのアメリカ大統領が、テロリストの疑いがかけられる者に拷問を行う権限を有しているという主張である。この主張によって、議会が拷問の実行を禁止することが憲法上認められないようにしようとしているのである。イスラエルの最高裁判所が拷問を許すためには明確な立法上の承認が必要だと判断したのに対し、アメリカ合衆国司法省は明確な立法上の禁止があっても拷問を禁ずるには不十分だと結論づけた(8)。しかし司法省の立場は、十分な根拠を有するものではなく、独立した裁定者としての最高裁判所がこの立場を受け入れることはありそうにない。

アメリカ合衆国では、冷戦の真っただ中に下された、連邦最高裁判所のケント対ダレス判決(9)(Kent v. Dulles)が良いモデルを示している。この事件において最高裁判所は、共産党員であるアメリカ国民のロックウェル・ケント(Rockwell Kent)に対して国務長官が旅券発給を拒否できるかどうかについての決定を求められた。ケントは、発給拒否は憲法上の権利の侵害であって取消されるべきだと主張した。連邦最高裁は、そのような憲法問題に対しては判断を下さなかった。その代わり、旅券発給拒否は、その根拠について、少なくとも議会によって明確に授権されなければならないとする。そして最高裁は、議会がこの種の場合に執行府が旅券発給を拒否できるという授権を明確に行っていないため、国務長官の決定は違法だとしたのである。

議会が正面からそうできることを認めない限り、執行府は憲法上微妙な領域に対して立ち入ることはできないとする多くの判決が、ケント対ダレス判決に従っている。付け加えるとすれば、過剰な恐怖、理由が無い恐怖のリスクがある以上、外的な脅威——現実のものだろうと想像上のものだろうと——を理由に市民的自由が制限されるときには、このアプローチは常に有益だということである。議会の授権を要求することで、執行府が市民的自由を侵害したとされる場合、裁判所はまずは簡単な問いを発することができる。「議会は、問題の行為を行うことをその行政部門に対して明確に認めたのか」という問いである。

もちろん明確な授権を要求することは万能薬ではない。立法府が、過剰な恐怖に自らも突き動かされて、原理的に正当化され得ないような事柄を大統領が行うことを許してしまうことはありうる。逆に、正当化される、あるいは必要不可欠とさえ思われるような行動を執行府に授権することを立法府が怠るということもありうる。ここで私が主張したいのは、安全保障リスクに対する過剰予防・過少予防に関連する危険を避ける上で、立法府の承認を必要とすることは、一般的に言って、よい方法だということである。

選別的に自由を否定する場合には特別の審査を

人々の恐怖が議会の過剰反応を引き起こしうることを私は強調してきた。そのようなリスクは、すべての人々ではなくある特定の集団［のみ］が負担を負わされるとき、とりわけ深刻である。アメリカ最高裁判所ロバート・ジャクソン（Robert Jackson）裁判官の有名な補足意見の一節は啓発的である。(10)

デュー・プロセス条項に依拠して実体法上の法律や条例の効力を否定することを主張する者たちには、重いハードルを課すべきである。自治体の規制に対して同条項を慎重に適用しようとするだけでも、結果的にはあらゆるレベルの政府――州、自治体、連邦――に対して、問題となっている行為への対処を難しくさせる。デュー・プロセスの要請は州政府・連邦政府に対しても適用されるからだ。デュー・プロセスを理由に法律や条例を無効とすれば、多くの人々が好ましくないと思うような行為を統制しないことに、またそれができないことになってしまう。

他方で、平等保護条項を援用することは、どのレベルの政府に対しても、目前の課題を処理できなくさせるものではない。それは単に、禁止や規制はより広範な射程を持たなければならないということを意味するに過ぎない。私の見るところ、平等保護条項とは、市も州も連邦も、規制の対象と密接に関連した道理にかなった区別を別にすれば、住民に対して差別的に権力を行使してはならないという、有益な原則である。この平等は、単なる抽象的な正義の要請ではない。当局がある法原則を少数派に課そうとするのであればその原則は同時に一般に対しても課されなければならないとすることが、恣意的や不合理な政府に対する最も効果的かつ実際的な保障なのだということを憲法起草者は知っていた。今日の我々もそれを忘れるべきではない。逆に、法律の適用対象となるほんのわずかの人たちを選別し、より多くの人が影響を受けるとしたら生じるであろう政治的な報復を回避することを当局に許すことは、最も効果的に、専断的行動への扉を開けることとなろう。裁判所が法律の公正性を要求する上で、法律の適用における平等を要求することがもっとも望ましい手段なのである。

ジャクソン裁判官は、ここで二つの点を指摘している。第一に（デュー・プロセス条項を通じて）ある行為に対する規制がまったく許されないと裁判所が判示する場合、それは民主政の過程に正面から介入し、当該行為を「規制不能」にしてしまうということである。たとえば公共の場

における それのような、すべての人に対して適用される保安対策が、個人のプライバシーの領域を過度に侵害するため許されない、という判決を想定してみよう。第二に、裁判所が平等原則に依拠して政府の行為を違法とする場合は、規制の射程を広くして、不当な負担への政治的抑制が働くようにすることを要求しているにすぎないということである。たとえば、肌の色が黒い者に対してのみ適用される保安対策は、人々を平等に扱っていないため許されない、という判決を想定してみよう。

ジャクソンの議論を少し発展させれば、市民的自由の違法な侵害があるという主張がなされる場合に裁判所がとりうるアプローチの可能性が示されていると言える。政府が負担を市民全体に課す場合、または無作為に抽出された市民に課す場合、司法としては政府を尊重するのが適切な姿勢である（ただし、少なくとも、言論の自由、投票権、政治的結社の自由が関係していない場合に限られる。これらの権利なしには民主政の過程が上手く機能しないことを考慮すれば、これらの権利を例外とすることは合理的である）。政府がすべての者に対して干渉しようとする場合、適切な理由——恐怖のみに根拠を有するわけではないもの——がない限り、そうすることはないだろう。法の支配に関するハイエクの主張を思い出してみよう。他方政府が、市民のうちの特定できる部分集合に負担を課す時には、警告旗を揚げなければならない。その負担に対して、裁判所は、注意深く、綿密な審査を行うべきである。

もちろんこれらの一般命題だけでは、具体的な事例を解決することはできない。そこでの憲法問題の具体的な性質によるのである。しかし、選別性がもたらすリスクを理解することで、適切な方向性が示唆される。第二次世界大戦中における日系アメリカ人の収容が問題となった著名なコレマツ対合衆国事件[11]（Korematsu v. United States）において、連邦最高裁は、政府による正当化に対してもっと懐疑的であるべきだったろう。人種差別主義的・選択的な収容に対しては、自由の不当な侵害がないかについての政治的チェックがとくに小さかったからである。ほとんどのアメリカ人は、そのような収容を恐れる必要がなかった。同じ点は、現代の「テロとの戦い」のいくつかの側面にも当てはまる。アメリカ合衆国では、これに関連する制限の多くが、アメリカ国民以外に対してのみ課されている。そのことは過剰規制の現実的リスクを産み出すのである。最も分かりやすい例は、グアンタナモ湾での勾留である。アメリカ国民でないものは投票権がなく、政治的な力を欠いている。彼らが不当に扱われたり虐待されたりしても、通常の政治的チェックは使えないのである。

法の文言上合理的な疑いがある場合、裁判所は、政治過程において自分自身を守ることができない人々に負担を課すことについての、政府の正当化が認められるものかどうか、慎重に吟味すべきである。したがって、外国人が勾留に異議を唱えている場合、彼らに対してとられている措置の合法性を争うために連邦裁判所にアクセスする権利を持つと連邦最高裁が断言したことは、称賛されるべきである[12]。

ブッシュ大統領は、敵性戦闘員は特別な軍事裁判所で審理されてもよいという考えを支持する、あまり熟慮されていない見解をいくつか述べたが、そのうちの一つをこの点で対比してみよう。「どのような手続であったとしても、九・一一で殺されたアメリカ人に彼らが与えたものよりも公正な手続を被告人達は享受する」と大統領は言うのである。この主張の問題点は、被告人達が実際に九・一一に関与したかという問いを素通りしてしまっていることにある。恐怖や報復欲がいかに市民的自由の不当な侵害を引き起こしうるかということを示す例がここにある。不幸にも、ジョン・アッシュクロフト（Jonh Ashcroft）司法長官も数年後に同じ間違いを繰り返した。二〇〇四年の最高裁判決は「テロリストに新しい権利」を与えたと彼はいうのだが、そこでの本来の問題は、勾留された者たちがそもそもテロリストなのかどうか、ということだったのである。

衡量、そしてセカンドオーダーの衡量

ここまで私は、単純な枠組みに基づいて議論を進めてきた。いかなる状況においても、安全と市民的自由の間にある種の衡量、そして最適なトレードオフのようなものが存在すると想定してきたのである。［この場合］脅威の大きさが増大すれば、市民的自由の侵害を支持する論拠も増大することになる。もしリスクが重大なものであれば、政府はたとえば空港での検査を増やしたり、公共の場所に常に警官を配置して頻繁に身分証明書を要求したり、テロリスト活動の容疑者に対して軍事法廷による審理を認めたり、テロリズム関係の疑いがある者の勾留を認めたり、通常の状況では認められないような措置を警察がとることを認めたりするかもしれない。

衡量アプローチによる場合、すべては、問題とされる恐怖に根拠があるかどうかによる。リスクの程度はどのようなものだろうか？　関連する変数の適切なトレードオフを見つけようとする

のであれば、恐怖の過剰は、安全のために自由を犠牲にしてしまい、必然的に深刻な問題を引き起こすことになる。自由と安全の関係に関するこのアプローチは標準的かつ直感適合的であり、私が正しいと思うアプローチもこれに近い。だがこれに問題がないわけではない。たとえば、政府による侵害が許されないような、衡量の対象とすることが適切でないような、権利の「核」とでもいうべきものがあるかもしれない。拷問を考えてみよう。どんな状況であろうと拷問は正当化されないと信じている人がいる。人々の恐怖に十分に根拠がある場合であっても正当化できないというのだ。この種の議論の一つの形態として、その帰結の評価がいかなるものであろうとこの種の侵害は決して認められないという信念に依拠するものがある。私はこの形態の議論は道徳ヒューリスティックの一種であって[13]、あまりに厳格であり、狂信的ですらあると考える。確実な死から何千もの人々を守る唯一の手段が拷問である時、それを禁止することは本当に賢明だろうか。爆弾が今にも爆発し、何千人、何十万人もの人々を殺すことになろうとしている、そして拷問を行わなければその爆弾が本当に爆発してしまうと合理的な人々が信じていると仮定しよう。その場合でも拷問は道徳的に許されないだろうか？　むしろそれを行うことこそが道徳的な義務ではないだろうか？　拷問の禁止を道徳ヒューリスティックとみなすことは容易だろう。それは通常うまく機能するが、大失敗をおかすこともありうるのである。

より有望な議論の形態として、ルール功利主義によるものがある。拷問を一律に禁止し、個別事例における衡量を認めないことが、ある種のセカンド・オーダーの衡量を根拠として正当化されるかもしれない。つまり、拷問を原理的に決して正当化されないものと結論づけるのではなく、もし拷問を完全に禁止しなかったら、正当化されない場合でも政府は拷問を行うだろう、そして拷問から重大な利益が得られることは稀なのだから、例外的な場合において拷問を認めることは、結局は害の方が益よりも大きいと結論づけるのである。この見解が正しいかどうか私は確信は持てないが、十分説得力のある議論ではある。そして、もしそうであるならば、人々の恐怖が極めて大きく、かつ十分根拠がある場合であっても、拷問に対してはしっかりと障壁を設けておくべきだということになる。現実世界の状況では、ほとんどの場合、そのような障壁が確かに正当化されると私は考える。

その他の権利についても同様の理解が可能だろうか？　合衆国における言論の自由法理の分野における恐怖と言論規制との関係について考えてみよう。冷戦時、政府は、共産主義の影響を増加させると政府が考える言論を規制しようとした。一九四六年に制定されたスミス法は、いかなる者であっても「合衆国内におけるいかなる政府についても、それを倒壊もしくは打倒することが義務・必然・望ましいまたは適切であると、煽動し、教唆し、助言し、もしくは教導することを意図して行うこと[訳注]」は犯罪であるとした。デニス対合衆国事件（*Dennis v. United States*）[14]において、政府は合衆国共産党を組織したかどで人々を起訴した。共産党は実力によって合衆国政府を転覆させることを教導し煽動する組織だと政府は言うのである。連邦裁判所は、スミス法の合憲性は、問題の言論が「禁止された犯罪を企図しもしくは実現することについて『明白かつ現在

［訳注］　スミス法については、奥平康弘『「表現の自由」を求めて——アメリカにおける権利獲得の軌跡』岩波書店、一九九九年、二一四頁以下参照。

の危険』を創出する」かどうかによるとした。そして裁判所は分析を進め——この点がもっとも重要なのだが——「明白かつ現在の危険」基準は、危険が実際に明白かつ実在しなければならないことを意味しないと結論づける。「反乱がまさに実行されようとするまで、すなわち計画が作られてあとはゴーサインを待つだけだという段階まで待たなければ政府は行動できない」わけではないと裁判所は言う。ある集団がその構成員を教化し、ある方向の行動をするようしむけるように試みるときには、「政府の行動が必要だ」というのである。

このような裁判所の分析は、予防原則、そしてジョージ・W・ブッシュ大統領の先制戦争論と密接な関連性があることに注意しよう。国家安全保障上の脅威に直面して、ブッシュ大統領は、もしリスクが「切迫する」まで国が行動を待てば、手遅れになるかもしれないともっともらしく主張した。「手遅れになるまで待ってしまうことになるのではないか」というのである。予防原則の主唱者も「手遅れになる」と言うだろうか。また、謀議についても同じ議論があてはめようとするだろうか、その「謀議」がもっぱら言論によってなされる場合であっても。

デニス判決は、高名な控訴裁判所判事ラーネッド・ハンド執筆の原審判決が述べる以下の解釈に従い、明白かつ現在の危険の基準を衡量の形で理解し、切迫性要件を要求しない。「個別事件において、（裁判所は）『害悪』の重大さの程度を、蓋然性の低さで割り引いた上で、その危険を避けるために、言論の自由に対する問題の制限が正当化されるかを問わなければならない」。連邦最高裁も「同基準に関する［ハンドの］この解釈を採用する」というのだ。その上で裁判所は、有罪判決を維持する。暴動がまったく起こらなかったことは認められる。しかし、衡量テストによれば、「火薬のような世界情勢、他国における同様の暴動、（被告人が）少なくともイデオロギー的には共感している国々との一触即発の関係」に鑑みると、刑事処罰は正当化されるというのだ。

デニス判決は、少なくともカタストロフィ的被害の可能性がある事例においては、明白かつ現在の危険基準を個別事例（ad hoc）衡量の一つとして捉えている。連邦最高裁は、反カタストロフィ原則に従った上で、現在はリスク状況ではなくむしろ不確実性状況だと考えたと言うことすらできるかもしれない。しかし、多くの人々は、個別事例衡量をもはやアメリカ憲法は採用しないと考え、それに対して懐疑的である。現在連邦最高裁は、明白かつ現在の危険の考え方を、危険が起こりそう（likely）ものであり、かつ切迫している（imminent）という両方の要件を必要とするものと理解し[15]、予防思考を明示的に排除する。このアプローチは、ハンド判事の衡量テストとはまったく異なる。害悪をその確率によって割り引くことを裁判所に求めるアプローチ——それによれば、極端に深刻な害悪が（仮に）二〇％でも発生する可能性があれば、言論規制を容認することになるだろう——ではないのだ。もしそのリスクに七〇％の発生可能性があり、「起こりそう」だと言えるとしても、それが切迫していない限り、「現在の最高裁によれば」言論規制は認められない。仮に深刻な危害のリスクについて信憑性のある計算ができない場合でも、規制は許されない。つまり、政府は危害が発生しそうであり、かつ今にも発生しそうになるまで待たなければならないのだ。これは「先制戦争」に反対し、脅威が本当に「切迫」しない限り国家は他国に戦争を仕掛けてはならないとする多くの人々が強調する考え方である。

衡量アプローチと、蓋然性（likelihood）と切迫性の両方を要求するアプローチとをどのように比較したらよいだろうか？　少なくとも帰結主義的な根拠からは、デニス判決のアプローチの方が一見よりよいように見える。リスクが起きる可能性がたった一〇パーセントだとしても、それが現実化すれば一〇万人の人々が死ぬのであれば、政府は手遅れになるまでただ傍観するべきではない。環境の文脈では、衡量アプローチの方が、蓋然性と切迫性の両方を必要とするルールよりも確かに望ましい。地球温暖化では、私たちは深刻な害が私たちに迫ってくるまで待つべきではない。犯罪やテロのリスクを減らす目的の保安対策もそうだろう。もし実際のリスクを示す証拠があるなら、最も深刻な危害が起こりそうだとまでは言えない場合であっても、相当の資源を投資するに値する。

それでは、蓋然性と切迫性を要件とすることを擁護する論拠としては何があるだろうか？　我々はあらゆる衡量を疑うのだ、とも言えよう。現実世界ではデニス判決のアプローチは過度の言論規制を生み出すだろうという判断に基づく対処として、両要件を要求するのだとも言えよう。もし我々の衡量が完全に正確なものであるのならば、衡量をなすべきだろう。しかし、評判の悪い言論、人々がそれに対しておびえるような言論に対しては、政府は「『害悪』の重大さの程度を、蓋然性の低さで割り引いた上で」規制は正当化されるというだろう。実際にはそうとは言えない場合であっても。これらの理由から、蓋然性と切迫性の要件には、理に適った制度的正当性を見出すことができる。それは政府当局者、そして市民自身のインセンティブ及び態度と関わるものだ。

言論の自由の文脈では、また別に考慮すべき点がある。言論の内容ないしそこに示された思想が人々にとって容認し難いとき、それらの言論が危害をもたらすという判断に至るかもしれない。仮に検閲の本当の動機が、それがもたらす危害ではなくむしろそれに賛成できないことにあるのだとしても。(16)そして、危害が切迫していないのであれば、検閲よりも、よりいっそう議論することのほうが適切な対策である。公共的な議論・討論を行う時間がある限り、通常は、より多くの話し合いこそが、危害のリスクを産み出すように思える言論に対する最良の対応である。切迫性の要件は、この考え方を正しく認識している。この観点からは、蓋然性と切迫性の両要件を求める明白かつ現在の危険テストは、一種のセカンド・オーダーの衡量を反映していると言える。リスクと危害に関するその場での判断を信用せず、非常に重い立証責任を政府に課すのである。この擁護論からすれば、明白かつ現在の危険テストは、衡量の考え方を原理的に排斥し、安全への脅威の程度によって自由の保護が変わって来ることはないと主張するものではない。このテストは単に、我々の衡量が実際上間違った方向に向かいうることを正しく認識しているだけである。それゆえ我々は、自分自身が行いうる誤った衡量に対する防護手段を発達させなければならない、とくに人々の恐怖が間違った方向に向かわせる場合にはとくにそうだ、という認識でもある。

既に述べたように、拷問を一般的に禁止することも同様の意味で理解され得る。結果を参照して拷問を擁護することは絶対にあり得ないという議論をとる必要はない。カタストロフィを防止する唯一の策がテロリストの拷問であるならば、拷問も正当化されよう。より理に適った拷問禁止の正当化は、拷問を行う権限を政府に認めれば、拷問が正当化されない場合でも拷問を行うだろうということである。また、拷問禁止の社会的費用は、結局のところ、それによる社会的利益に匹敵するだけの大きさになりはしないということである。筆者はこの判断が必ず正しいと述べているのではない。拷問が実際に正当化できるような状況を想像することもできるかもしれない。とにかくここで議論したいのは、市民的自由や公民権の積極的保護は、大衆の恐怖やヒステリーによって、すべてを考慮すれば本来は正当化されないような措置がとられてしまうことに対しての防護手段としてしばしば擁護できるということである。賢明な政府であれば、自由をある意味で「過剰保護」する。（最適の）ケースバイケースの衡量がなされたとしたら保護されるであろう水準よりも強く保護するのである。最適の衡量は現実世界においては行われる可能性が低いのだから、ルールに従った保護が、セカンド・ベストとして正当化される。

言論の自由の積極的保護は、裁判所は「病理学的視点」をとるべきだという根拠からも正当化される。これは、人々が、そして司法部も、時の勢いにより、擁護しがたいような制限を認めてしまいたくなるような時期にこそ適切な視点である。(17) 言論の自由に関する法は、ルール的な強力な保護を構築し、衡量を退け、保護すべきではない言論をも時には保護すべきだというのだ。「病理学的知見」の目標は、自由が四面楚歌になり非常に危なくなったときでも機能しうる防護手段を作り出すことだ。この病理学的視点には明らかな問題がある。自由が四面楚歌になっているような状況にある場合、公的必要から実際に自由の制限が要求されているという場合もありうるということである。つまり病理学的視点は、自由を過剰に保護する危険を冒すことになる。しかし、ここでの議論が正しいとすれば、最悪の事態のシナリオによって高められた人々の恐怖が、自分を守れないような人々に対して選別的に負担を強いることになると考えることには理由がある。そのような場合、憲法は衡量ではなくルールや推定則を用いることによって最善の機能を果たす。やむを得ない必要性が示された時にのみに自由を犠牲にすることを政府に許すのである。

恐怖と自由

ここでの私の目標は、恐怖におびえる人々が、一種の予防原則を発動して市民的自由の不当な侵害をもたらすことになるメカニズムの一端を明らかにすることにあった。想起可能性ヒューリスティックや確率無視は、人々がリスクを実際のものよりもかなり大きいものとして取り扱うように仕向け、相当な損害をもたらす一方でほとんど利益をもたらさないようなリスク軽減方策を受け入れさせてしまう。政府の規制による負担に直面するのが多数派ではなく少数派である場合、不当な行動がなされるリスクはかなり増加する。第二次世界大戦中の日系アメリカ人収容はその顕著な一例にすぎない。予防措置は愚かな不注意よりなお悪いかもしれない。残酷でかつ不正なものでありうるのである。

これに対してどのような対応がありうるだろうか。本章では三つの可能性を示した。第一に、裁判所は、明白な法律上の授権なしに執行府が市民的自由を侵害することを認めてはならない。第二に、裁判所は、すべてあるいはほとんどの者に適用されるような自由の侵害に対しては、

［政府の判断を］比較的尊重すべきであるが、容易に特定可能な少数派の自由を政府が制限するときは、より一層疑ってかかるべきである。第三に、裁判所は、自由と安全を個別事例において比較衡量することは避けるべきである。恐怖が過剰だというリスクがあることに適応しうるような、一種のセカンド・オーダーの衡量を反映した原則を裁判所は発展させるべきである。

これら三つの戦略は、市民的自由主義者が求める保護のすべてを与えることにはならないだろう。しかし、国家安全保障へのリスクが現実のものであるとき、通常時と同様に積極的であることに裁判所が尻込みするのは適切なことである。リスクが現実的であれば、ある程度の自由の侵害は不可避的であり望ましい。我々の課題は、人々の恐怖によって正当性を欠く規制がもたらされるリスクに対抗する一方で、自由を保障する諸制度に対してそれが適していないような役割までも認めてしまうことを避けることなのである。

結論：恐怖と愚行

恐怖はその本性として選別的である。ある人々は飛行機を怖がるが、自動車の運転は怖がらない。他の人々は薬を怖がるが、薬を避けることのリスクは怖がらない。運動不足のリスクを恐れる一方で、過剰に日光を浴びる危険性を無視するかもしれない。テロのリスクは恐れるが、喫煙のリスクは無視するかもしれない。残念ながら、すべてのリスクに対して強い予防措置をとることは不可能である。とても心配しているように見える人々、危険を避けようと固く決心しているように見える人々が、まさに危険を取り除こうとする努力それ自体によって、かえってリスクを増大させることもしばしばである。

これらの点においては、国家も一般人と同様である。政府は予防措置をとると言いながら、リスクを減少させるのではなくむしろ増大させているかもしれない。いかなる先制戦争も、とくに二〇〇三年のイラク戦争は、結果としてその実例たりうる。遺伝子組換え食品規制によって安全性がより低い代替物を企業が使うようになったり、燃料費を急騰させたりするような環境規制の場合もまた同様である。

これらの理由から、予防原則を私は批判してきた。少なくともそれが、現実化しそうにもないリスクを積極的に規制する口実として理解されるのであれば批判の対象である。この考えは、まさに一貫しえないものである。規制それ自体がリスクを産み出しうるからだ。もし予防原則が明確な指針を提示するように見えるのだとしたら、それはただ、人間の認知と社会的影響が、特定のハザードを背景から突出して目立たせるという理由からである。たとえば、ある特定の事象が、すぐに思い浮かぶという意味で「想起可能」であるとき、人々は必要以上に心配してしまう傾向がある。彼らは最も想起しやすいリスクに対して過剰な予防措置を講じるだろう。他方、あるリスクを連想させるような鮮烈な例がない時には、恐れを感じないかもしれない。それによって自らを現実の危険にさらすことになるのだ。

恐怖の選別性は確率無視によって悪化させられる。強烈な感情が働くため、人々は、発生確率を無視して最悪のシナリオに注目してしまうのだ。確率無視は、間違った優先順位を導くため深刻な問題だ。社会的影響は、問題をさらに増幅する。恐怖を感じる人々が互いに話したり聞いたりすることで、彼らの恐怖は現実を無視して高められる。そして恐怖を感じていない人々が、温暖化やアスベストや職業病を心配している人々の不当な狂信について互いに語り合うことで、そこに潜んでいる危険が深刻な場合であっても、彼らはますます恐怖を感じなくなるのである。

これに対してどんな対処が可能だろうか？　賢明な規制主体は、教育や情報を通して、恐怖を管理できる。費用便益分析は非常に望ましい手法である。規制的介入によって何が得られ、何を失うのかという利害に関する理解を提供してくれるからである。もしある環境規制に莫大な費用がかかり、他方で公衆衛生や環境をほとんど向上させない場合、それを採用すべき理由はない。同時に、費用分析の結果だけで決定してはならない。規制によって便益を受ける人々が貧しく、費用を負担する人たちが裕福だということがありうる。その場合、費用便益分析の結果に関わらず規制は正当化できるかもしれない。人々は市民であって単なる消費者ではない、彼らの熟慮した判断によって、費用便益衡量の結果には沿わないような政策を支持することもありうるということを私は強調してきた。さらに、潜在的にカタストロフィ的であって確率を割当てることができないようなリスクに人々が直面するときには、予防原則は正当な役割を果たしうる。そのため反カタストロフィ原則は、規制政策において役割を果たしうることも私は述べてきた。

リバタリアン・パターナリズムは、恐怖の過剰と不足という両方の問題に対処する上で、とくに有望なアプローチである。数えきれない分野において、私的、公的双方の制度が、選択の自由を取り除くことなく人々をより良い方向へと導くことができる（かもしれない）。時に私たちの選択は、生活を悪化させる方向へと私たちを導いてしまう。私たちの選好はしばしば、起点やデフォルト・ルールの産物である。より良い開始点をとることによって、人々は、自分自身の観点から見てより良い選択を行うことについての手助けを受けることができるのである。

人々の恐怖が過剰であるとき、自由に対する不当な侵害が生み出されうる。二〇世紀の民主主義国家では、人々の恐れが不当な投獄、警察による不合理な自由侵害、人種的・宗教的差別、公的な虐待・拷問、そして、言論の検閲をもたらした。一言で言えば、恐怖はもっともグロテスクな類の人権侵害をもたらしうるのだ。もし、特定の集団のみが自由の侵害による負担を被って多数派が制限を受けることがないのであれば、自由への危険は一層高まる。これらの状況下において、裁判所は三つの有用な対策を講じることができる。第一に裁判所は、いかなる自由の侵害に際しても議会が個別的にその権限を授権すべきことを要求することができる。第二に裁判所は、特定の少数派に負担を負わせる規制についてより注意深く審査することができる。第三に裁判所は、どんな「衡量」においても自由がいつも負ける側に立たされる危険を防ぐための、判断ルールや原則を採用することができる。

恐怖は、人間の生活から切り離せないものである。それはしばしば私たちを正しい方向に向かわせる。個人のみならず国家も恐怖に注意を払う。しかし民主主義社会では、政府が市民の恐怖に盲従したり、一般的な予防思想が有益な指針を提供しうるかのように偽ったりしてはならない。民主主義政府は、恐怖のみならず事実にも関心を持つ。自由と私的自治を尊重し、人々の生活をより良くしようと願う以上、人々の意見には注意深く耳を傾ける。しかし民主主義政府は、同じ理由から、法と政策が、恐怖を感じる人々が犯しがちな誤りを法と政策によって減少させることを——それを反復するのではなく——保障するように注意深い措置をとるのである。

監訳者あとがき

本書はCass R. Sunstein, *Laws of Fear. Beyond the Precautionary Principle*, Cambridge University Press, 2005の邦訳である。原題の"Laws"は、本書が属する学問分野としての「法（律）」と、恐怖に関連する様々な心理的・社会的メカニズムに関する「法則」という二重の意味を持たされていると思われるが、邦題は後者を優先し、『恐怖の法則——予防原則を超えて』とした。

著者のキャス・サンスティーンは、巻末の略歴欄にあるように、ハーバード大学ロースクール教授（原著公刊時はシカゴ大学ロースクール教授）であり、二〇〇九年から二〇一二年にかけて、かつてシカゴ大学の同僚であったオバマ大統領の下で、行政管理予算局情報・規制問題室長も務めた。憲法・行政法・環境法・法理学・法と経済学といった幅広い分野における極めて多数の著作がある（彼の議論の全体像について参照、駒村圭吾他編『アメリカ憲法の群像——理論家編』尚学社、二〇一〇年、二五五頁以下（森脇敦史執筆））。邦訳されたものとして、『自由市場と社会正義』（有松晃／柳沢和夫／紙谷雅子訳、食料・農業政策研究センター、二〇〇二年）、『インターネットは民主主義の敵か』(石川幸憲訳、毎日新聞社、二〇〇三年)、『実践行動経済学』(リチャード・セイラーとの共著、遠藤真美訳、日経BP社、二〇〇九年)、『最悪のシナリオ——巨大リスクにどこまで備えるのか』(田沢恭子訳、みすず書房、二〇一二年)、『熟議が壊れるとき——民主政と憲法解釈の統治理論』(那須耕介監訳、勁草書房、二〇一二年)、『動物の権利』(マーサ・ヌスバウムとの共編著、安部圭介/山本龍彦/大林啓吾監訳、尚学社、二〇一三年)がある。この中で『実践行動経済学』は本書第八章と、『最悪のシナリオ』は第三章をはじめとした本書の多くの部分と、それぞれ密接に関連するため、訳出にあたってはしばしば参照させていただいた。

本書の内容は、「はじめに」及び「結論」で著者自らが簡潔にまとめているため、以下ではそれを繰り返すことはせず、特徴的と思われる点について三点のコメントを付すにとどめたい。

第一に本書は、近年環境問題・環境法に関する議論において重要性が高まっている予防原則に対して、根底的批判を試みている。予防原則が社会的に有用な活動を阻害するという観点からの批判だけではない。同原則を文字通り受け止めれば、「問題のあらゆる面にリスクが存在する」(六頁)以上、同原則は何ら指針を与えず、機能不全に陥ってしまう(三四頁以下)というのである。また、イラク戦争(五頁)やグアンタナモ(二八五頁以下)が「予防」の名の下に正当化される危険を幾度も強調しているのは、もちろん原著公刊時における関心の高さを反映したものだろうが、環境保護に肯定的で予防原則にシンパシーを感じる者が多いと思われるリベラル派を意識した議論だとも考えられよう。

予防原則を「リスク一般」を対象に「予防措置一般」を命ずるものとして、かつ、著者の言うところの「強いバージョン」（二二頁）において理解するとすれば、これは説得的な批判である。しかし、現実世界で議論される予防原則は、そこで問題になるリスクの種類について、予防措置のあり方とその程度について、明示的であれ暗黙であれ、なんらかの前提を置いていると思われる。予防原則を擁護するとすれば、それらの前提を明確に意識化して議論する必要があるだろう。もっとも本書は、既になされているいくつかの精緻化の試みは成立し得ないと批判し（七五頁以下）、本来機能不全に陥るはずの予防原則があたかも機能しているように思えるのは、人々に内在する心理メカニズムに由来する一種の錯誤、「ある種の目隠し」（四五頁）に過ぎないという立場をとる。その上で著者なりの再構築――反カタストロフィ原則及びリスク・手段・安全マージンの特定化の試みがなされる（第五章）。このような予防原則批判と再構築が成功しているとみるかは、読者それぞれの判断に委ねられるだろう（批判的見解として参照、中山竜一「予防原則と憲法の政治学」法の理論二七号、二〇〇八年、八三―八五頁、愛敬浩二「リスク社会における法と民主主義」法哲学年報二〇〇九年、一六頁以下）。

第二に本書は、心理学・行動経済学の知見を広範に取り入れている。個人のヒューリスティックやバイアス（第二章・第三章）、そして集団極化などの社会的プロセスによる増幅過程（第四章）が吟味され、それに対する処方箋としてのリバタリアン・パターナリズムが提唱される（第八章）。本書出版後の二〇〇九年に（原著が）出版された『実践行動経済学』の表現を借りれば、完璧な経済人「エコノ」ではなく、我々「ヒューマン」の性質に即した制度設計が主張されているのである。

しかし、行動経済学に常につきまとうジレンマでもあるが、「ヒューマン」の判断が本当に「不合理」ないし「誤謬」と言えるのか、それはなぜかを理論的に詰めていくことは難しい（参照、川濱昇「行動経済学の規範的意義」平野仁彦／亀本洋／川濱昇編『現代法の変容』有斐閣、二〇一三年、四〇五頁以下、若松良樹「行動経済学とパターナリズム」平野他編・前掲書四四五頁以下。また参照、那須耕介「可謬性と統治の統治」平野他編・前掲書二八五頁以下、三〇二頁）。本書はそのような理論的問題にはさほど踏み込まず、「不合理」「誤謬」の存在をひとまず前提とする。また、専門家自身のヒューリスティックとバイアスの存在を認めつつ、一般人よりは彼らの判断が優れている可能性が高いと考え、「競合的合理性」論には懐疑的である（一一四頁以下）。他方で本書は、仮に根拠のない恐怖であっても、恐怖自体が現実の社会的費用である以上、それに政府が対応する可能性も認める（一七三頁以下）。サンスティーンの「バランス感覚と現実感覚」（那須・前掲論文三〇一頁）が表れている議論であろう。

第三に本書は、冒頭で熟議民主主義の立場に立つことを宣言し（二頁）、「私たちはポピュリストにもなれないしテクノクラートにもなれない」（一四三頁）という。しかしこれは難問である。熟議民主主義の理論的な支えの一つとして、個々人の選好は熟議の過程で変わりうるものであり、またその過程において形成されるという「選好の変容」論がある（参照、田村哲樹『熟議の理由』勁草書房、二〇〇八年、三四頁以下。同書では、サンスティーンの一九九三年の論文"Democracy and Shifting Preferences"が引用されている）。しかし仮に、熟議が、集団極化やカスケードによって、主として不適切な方向へと我々の選好を変容させる構造をそなえているとしたらどうだろう。それでも我々は、熟議民主主義にコミットできるだろうか。

サンスティーンが示す処方箋は、事実と価値の古典的な二元論を前提とする。「民主政においては、人々の思慮深い価値観が優先すべきである。しかし重視しなければならないのは、誤認された事実ではなく、価値観なのである」（三頁）として、事実については専門家に優位性を認めた上で、価値観については民主的決定を優先し、「費用が便益を上回る場合であっても、あることを行うことを選択する」可能性を認めるべきだという「認知的観点からの費用便益分析擁護論」（一七八頁）が展開される。「費用便益分析の最も重要な点は、何が実際に問題となっているかについてより具体的な感覚をもたらすことで、過剰な恐怖や不十分な恐怖に対する対応となることである。……それは算数によって拘束衣を着せようというのではなく、分析を整理して一貫性を促進するためのものである」（二四二頁）。

これはそれなりに常識的な立場ではある。しかし、専門家による「事実」認識についてどの範囲までの一致が得られているかは、場合によりさまざまであろう。著者も認める専門家の構造的バイアスの可能性も見逃されるべきではない。方法も結論も様々に異なる専門知のどの範囲までを考慮すべきものとして民主主義的過程に組み込むべきか、というメタレベルの問いに対する答えがまず求められることも少なくない（たとえば本書があげるホルミシス効果（三八―三九頁）については見解が分かれるのではないか）。また、客観的な「事実」をまず与えられても、「価値観」に関する議論が、やはり集団極化やカスケードを免れられないことも十分考えられるが、その点に対する解決策は特段示されていない。どちらかといえば本書では、民主主義的過程の再構築よりも、個人主義的価値を強調するリバタリアン・パターナリズム（第八章）のような処方箋がより強調されている印象を受ける（参照、那須・前掲論文、二九二―二九三頁）。「誰がどのような権限のもとで、そうしたアーキテクチャーを設計できるのか」という問い（中山竜一「リスク社会における公共性」井上達夫編『社会／公共性の哲学』岩波書店、二〇〇九年、一四五頁）がそこには残される。支払意思額（WTP）やそれに基づく統計的生命価値（VSL）を「より一層個別化」（二〇二頁）していこうという議論にも、同様の基調を見て取ることができるかも知れない。

さて、「恐怖」が余りにもアクチュアルになった三・一一以降に生きる我々にとって、本書の議論はどのような意味を持つだろうか。人々が「時に恐れるべきでないときに恐れ、恐れるべきときに恐れを知らない」（一頁）ことは我々もしばしば痛感している。一方では「安全神話」、他方で過剰に不安を煽る言説に取り巻かれてもいる。我々の認知メカニズムと社会的相互作用の過程が孕む危うさを指摘してくれる本書から学ぶべきものは多いだろう。しかし他方、今、実際にリスクとつきあいながら生活している人々の意思決定や合意形成の過程のありようやそこでなされる語り合いは、本書が提示する課題や処方箋よりも、あるいはもう少し「先に進んでいる」かもしれない。だとしてもなお、我々の立ち位置を改めて確認して方向を見定める上で、本書から得るものは多いと思われる。

本訳書の成り立ちについても一言しておきたい。本訳書は、神戸大学法経連携専門教育プログラム（ＥＬＳプログラム）において監訳者角松が担当した（監訳者内野もＴＡとして参加）外国書講読授業（二〇一二年度後期）の成果である。同プログラムは、法学・経済学の両方の基礎的素養を身につけられるようにデザインされた少人数教育中心のプログラムであり、法学部・経済学部二年生を中心とする二六名の学生達（炭谷祐司、中井彩紀子、日野翔介、堀井怜利、松浦嵩、横江祐太（以上、法学部）、杉原大輔、足立芽依、磯野由佳、市村達大、岩堀涼祐、榎原啓介、片岡真麻、片山孝章、神原真人、北中杏奈、高橋優、兵頭滉平、藤原将之、増田哲朗、宮本一輝、森林雅也、森本美香、山下一成、山本真里（以上、経済学部）、嬌姝（大学院法学研究科））の参加は大変意欲的であった。毎回学部生参加者全員で各章を分担して訳文を作成し、報告班・コメント班からのチェックを経て、四か月の授業の間に本文すべての翻訳を完成させた（その後参加者有志（炭谷、高橋、中井、堀井、森本、森林）の協力により、再チェックと注を含めた原稿を作成した）。その上で監訳者両名が訳語調整と文章表現の修正を行ったが、もっぱら角松の事情により作業が遅れに遅れ、結局、当初の予定より一年近く遅れた出版となった。学生諸君の努力に心より敬意を表するとともに、同プログラムの運営にあたっている関係教職員にお礼を申し上げる。ただし、翻訳上の誤りは、もちろんすべて監訳者両名の責任である。なお、監訳作業の過程でＪＳＰＳ科研費24243011及び24330011の助成を受けた。

山本顯治（神戸大学大学院法学研究科教授）、榊素寛（神戸大学大学院法学研究科准教授）、水野倫理（神戸大学大学院経済学研究科准教授）の各氏からは翻訳や訳注に関する貴重なアドバイスをいただいた。楊雅舒さん（神戸大学大学院法学研究科博士後期課程）は索引の作成を手伝ってくれた。記して謝意を表したい。最後に勁草書房の二人の編集者、本出版企画を快く引き受けて準備を整えてくれた長谷川佳子さん、的確な編集作業と激励で遅れがちな監訳作業を前に進めてくれた橋本晶子さんにも、心よりお礼を申し上げたい。

二〇一五年一月

角松生史
内野美穂

大森秀臣　共和主義の法理論　—公私分離から審議的デモクラシーへ　A5判　三九〇〇円　10161-0

篠田英朗　「国家主権」という思想　—国際立憲主義の歴史　四六判　三三〇〇円　35160-2

ロビン・ルブラン　尾内隆之訳　バイシクル・シティズン　—「政治」を拒否する日本の主婦　四六判　三四〇〇円　35162-6

安藤馨　統治と功利　—功利主義リベラリズムの擁護　A5判　四〇〇〇円　10169-6

宇佐美誠　濱真一郎編著　ドゥオーキン　—法哲学と政治哲学　A5判　三三〇〇円　10208-2

橋本祐子　リバタリアニズムと最小福祉国家　—制度的ミニマリズムをめざして　四六判　二八〇〇円　15394-7

C・サンスティーン　那須耕介編監訳　熟議が壊れるとき　—民主政と憲法解釈の統治理論　四六判　二八〇〇円　15422-7

＊表示価格は二〇一五年二月現在。消費税は含まれておりません。

勁草書房刊

恐怖の法則　予防原則を超えて

2015年2月10日　第1版第1刷発行

著　者　キャス・サンスティーン

監訳者　角松生史
　　　　内野美穂

訳　者　神戸大学ELSプログラム

発行者　井村寿人

発行所　株式会社　勁《けい》草《そう》書房

112-0005 東京都文京区水道2-1-1　振替 00150-2-175253
（編集）電話 03-3815-5277／FAX 03-3814-6968
（営業）電話 03-3814-6861／FAX 03-3814-6854
三秀舎・松岳社

ISBN978-4-326-15435-7　Printed in Japan

＊落丁本・乱丁本はお取替いたします。
http://www.keisoshobo.co.jp

著者略歴

キャス・サンスティーン　Cass R. Sunstein

1954年生．ハーバード大学ロースクール教授．専門・憲法，行政法，環境法，法哲学，1978年ハーバード大学ロースクール修了．連邦最高裁判所で最高裁判事補佐官を務めた他，マサチューセッツ州最高裁判所，米国司法省等に勤務．1981年よりシカゴ大学，2008年から現職．2009年，行政管理予算局の情報・規制問題室長に就任．著作として，『インターネットは民主主義の敵か』（毎日新聞社，2003年），『実践行動経済学』（日経BP社，2009年，リチャード・セイラーとの共著），『最悪のシナリオ』（みすず書房，2012年），『熟議が壊れるとき』（勁草書房，2012年）など．

リチャード・セイラー　Richard Thaler（第8章共著者）

1945年生．シカゴ大学ブース・ビジネス・スクール教授．邦訳された著書として，サンスティーンとの共著『実践行動経済学』（日経BP社，2009年），『セイラー教授の行動経済学入門』（ダイヤモンド社，2007年）．

監訳者略歴

角松生史（かどまつ・なるふみ）

1963年生．1992年東京大学大学院法学政治学研究科博士課程単位取得退学．東京大学社会科学研究所助手，九州大学法学部助教授を経て，2005年より神戸大学大学院法学研究科教授．主著に，「『公私協働』の位相と行政法理論への示唆」公法研究65号（2003年）200頁以下，「手続過程の公開と参加」磯部力他編『行政法の新構想Ⅱ』（有斐閣，2008年）289頁以下，「『協議調整型』まちづくりの制度設計とルール／スタンダード論」日本不動産学会誌27巻3号（2013年）55頁以下，『エコノリーガル・スタディーズのすすめ――社会を見通す法学と経済学の複眼思考』（有斐閣，2014年）第8章（共著）ほか．

内野美穂（うちの・みほ）

1978年生．神戸大学法学研究科博士課程後期課程在学中．主要業績に，シュミット-アスマン「法規命令：法律及び行政規則との関係において」神戸法学雑誌60巻3／4号（2011年，角松生史との共訳）ほか．

事項索引

＊　数字のうち正体のものは本文，斜体は原注のページを指す．

か　行

さ　行

た　行

な　行

は 行

ま　行

や　行

ら　行

わ　行

人名索引

あ 行

か 行

さ 行

た 行

な 行

は 行

ま 行

ら 行

原　注

はじめに

（1）　私はこの考えを Cass R. Sunstein. *Legal Reasoning and Political Conflict*（New York: Oxford University Press. 1996）において支持し，詳述している．

（2）　参照，Martha C. Nussbaum, *Upheavals of Thought*（New York: Cambridge University Press,2002）.

（3）　Joseph E. LeDoux, The Emotional Brain（New York: Simon & Schuster, 1996）．松本元他訳『エモーショナル・ブレイン――情動の脳科学』東京大学出版会，2003 年）.

（4）　ブッシュのウェスト・ポイント演説（2002 年 6 月 3 日）の全文は参照，http://www.newsmax.com/archives/articles/2002/6/2/81354.shtml.（現在リンク切れ）

（5）　参照，Roland Eggleston. Bush Defends War（Feb. 9. 2004）．http://www.globalsecurity.org/wmd/library/news/iraq/2004/02/iraq-040209-rfer101.htm.

第 1 章

（1）　予防原則についての文献は膨大である．一般的議論として参照，
The Precautionary Principle in the 20th Century: Late Lessons from Early Warnings, ed. Poul Harremoes, David Gee, Malcolm MacGarvin, Andy Stirling, Jane Keys, Brian Wynne, and Sofia Guedes Vaz（London: Earthscan, 2002.）;Arie Trouwborst, *Evolution and Status of the Precautionary Principle in International Law*（The Hague: Kluwer Law International, 2002.）; *Interpreting the Precautionary Principle*, ed. Tim O'Riordan and James Cameron（London: Cameron May, 2002）; *Precaution, Environmental Science and Preventive Public Policy*, ed. Joel Tickner（Washington, D.C.: Island Press, 2002）; *Protecting Public Health and the Environment: Implementing the Precautionary Principle*, ed. Carolyn Raffensperger and Joel Tickner（Washington, D.C.: Island Press, 1999）．ヨーロッパにおける予防原則に関する問題についての価

値ある考察は Giandomenico Majone, What Price Safety? The Precautionary Principle and Its Policy Implications, 40 *J. Common Mark. Stud.* 89 (2002).
（2） この点の複雑さの一端について参照，John S. Applegare, The Precautionary Preference: An American Perspective the Precautionary Principle, *6 Hum. and Ecol. Risk Assess.* 413 (2000); Peter H. Sand, The Precautionary Principle: A European Perspective. *6 Hum. and Ecol. Risk Assess.* 445 (2000).
（3） International Joint Commission, *Biennial Report on Scientific Priorities* 89 (1996). 以下の文献から引用した． Carolyn Raffensperger and Peter L. DeFur, Implementing the Precautionary Principle: Rigorous Science and Solid Ethics, *5 Hum. and Ecol. Risk Assess.* 933,935 (1999). [訳注：International Joint Commission,1993-95 Priorities and Progress under the Great Lakes Water Quality Agreement, August 1995,p. 89 (http://www.ijc.org/files/publications/ID1033.pdf) にも同じ表現が見られる].
（4） 参照，Trouwborst（前注 1).
（5） 有益な議論として参照，David Freestone and Ellen Hey, Origins and Development of the Precautionary Principle, in *The Precautionary Principle and International Low* 3, ed. David Freestone and Ellen Hey (The Hague: Kluwer Law International, 1996); Jonathan B. Wiener, Precaution, Risk, and Multiplicity（未発表原稿，2004); Jonathan B. Wiener, Precaution in a Multirisk World, in *Human and Ecological Risk Assessment* 1509, ed. Dennis D. Paustenbach (New York: John Wiley & Sons, 2d ed., 2002).
（6） 参照，Owen Mclntyre and Thomas Mosedale. The Precautionary Principle as a Norm of Customary International Law, 9 J. *Env. Law* 221 (1997); 一般的に参照，Trouwborst,（前注 1).
（7） Michael Pollan, The Year in Ideas, A to Z: Precautionary Principle, New York Times, Dec. 9, 2001, p. 92, col. 2.
（8） Christian Gollier and Nicolas Treich, Decision-Making under Scientific Uncertainty:The Economics of the Precautionary Principle,27 *J.Risk and Uncertainty* 77, 77 (2003). から引用.
（9） 参照，Per Sandin, Dimensions of the Precautionary Principle, *5 Hum. and Ecol. Risk Assess.* 889 (1999).
（10） Julian Morris, Defining the Precautionary Principle, in *Rethinking Risk and the Precautionary Principle* 1, ed. Julian Morris (Oxford: Butterworth-Heinemann, 2000).

(11)　参照，*Interpreting the Precautionary Principle*（前注 1）．

(12)　たとえば以下参照，*American Trucking Association v. EPA*, 283 F.3d 355（D.C. Cir. 2002); *Lead Industries Association*（＊）*v. EPA*, 647 F.2d 1130（D.C. Cir. 1980）．

(13)　参照，Indur Goklany, *The Precautionary Principle: A Critical Appraisal of Environmental Risk Assessment 3*（Washington, D.C.: Cato Institute, 2001）．一覧として，http://www.biotech-info.net/treaties_and.agreements.html. どうやらここにはカスケード効果が見られるようである．情報や評判に影響を受けて予防原則が気軽に多用されるようになっているので，むしろ予防原則を採用しない方が過激な言明に思われてしまうのだ．予防原則がよく使われているというただそれだけの理由で，国際協定の関係者は，予防原則をまた使う方が賢明だ，と考えてしまうようである．そしてとても多くの人が，環境保護に熱心であることと予防原則とを同一視しているので（参照，たとえば *Protecting Public Health and the Environment*（前注 1）），予防原則を拒絶するいかなる国家も，国際的な批判を受けるリスクを冒すことになる．何をするのが理にかなっているのかについての情報が他者の決定によって伝達されることになるという情報カスケードについて一般的に扱うものとして参照，David Hirschleifer, The Blind Leading the Blind: Social Influence, Fads, and Informational Cascades, in *The New Economics of Human Behavior* 188–89, ed. Mariano Tommasi and Kathryn Ierulli（Cambridge: Cambridge University Press, 1995）．評判の圧力について参照，Timur Kuran, *Private Truths, Public Lies*（Cambridge, Mass.: Harvard University Press,1995）．

(14)　Goklany（前注 13），4 頁．

(15)　同上，5 頁．

(16)　欧州連合条約 174 条（旧 130r 条）（1997 年）．［現在：欧州連合運営条約 191 条］

(17)　David Vogel, *Risk Regulation in Europe and the United States*（Berkeley, Calif.: Haas Business School, 2002）．

(18)　http://europa.eu.int/comm/dgs/health_consumer/library/press/press38_en.html.

(19)　欧州憲法条約草案　第Ⅲ -129 条［ Draft Treaty establishing a Constitution for Europe, O.J. C 169, 18.07.2003 Art.III 129 para.2. なお，最終的に調印され（しかし全加盟国による批准がなされず発効しなかった）欧州憲法条約（O. J.C 310, 16.12.2004）では第Ⅲ -233 条に当たる］．

(20)　参照，Morris（前注10）1-19頁；Wiener, Precaution, Risk, and Multiplicity（前注5）.

(21)　Bjorn Lomborg, *The Skeptical Environmentalist* 348（＊）(New York: Cambridge University Press,2001）山形浩生訳『環境危機をあおってはいけない 地球環境のホントの実態』文藝春秋社，2003年，568頁，から引用．［訳注：国連環境開発会議「環境と開発に関するリオ宣言」第15原則（本文の訳文は環境省資料 http://www.env.go.jp/council/21kankyo-k/y210-02/ref_05_1.pdf　によった（原文は http://www.un.org/documents/ga/conf151/aconf15126-1annex1.htm で参照できる））］

(22)　Morris，前注10，3頁から引用．

(23)　参照，Goklany（前注13）6頁．［訳注：同条約第3条第3号．環境省による翻訳（http://www.env.go.jp/earth/cop3/kaigi/jouyaku.html）に従った］.

(24)　同上参照．Raffensperger and DeFur（前注3）934頁は，強いバージョンを擁護している．［訳注：http://www.sehn.org/wing.html 「環境政策における予防的方策・予防原則のあり方に関する研究会報告書（2004年10月）に邦訳（グリーンピース・ジャパン訳）がある］．http://www.env.go.jp/policy/report/h16-03/mat15.pdf.

(25)　参照，Lomborg（前注21），348頁［邦訳568頁］.

(26)　http://www.logophilia.com/WordSpy/precautionaryprinciple.asp.

(27)　Brent Blackwelder博士（Friends of the Earth会長）による上院歳出委員会労働健康福祉小委員会による証言（2002年1月24日）.

(28)　参照，Goklany,（前注13），6頁．［訳注：http://www.mofa.go.jp/mofaj/gaiko/kankyo/jyoyaku/cartagena.html］

(29)　第一回ヨーロッパ「リスクに直面する海」会議の最終声明付属文書1（コペンハーゲン，2004年）.

(30)　欧州委員会「予防原則に関する委員会コミュニケーション」（ブリュッセル，2000年2月2日），http://ec.europa.eu/dgs/health_consumer/library/pub/pub07_en.pdf（＊）［訳注：「環境政策における予防的方策・予防原則のあり方に関する研究会報告書（前注24）に邦訳（高村ゆかり訳）がある．http://www.env.go.jp/policy/report/h16-03/mat03.pdf.

(31)　Wiener. Precaution, Risk, and Multiplicity，前注5の啓発的な議論を参照．；Jonathan B. Wiener and Michael D. Rogers, Comparing Precaution in the United States and Europe, 5 J. *Risk Research*: 317 (2002).

（32） 同上，323 頁.
（33） 参照，David Vogel and Diahanna Lynch, *The Regulation of GMOs in Europe and the United States: A Case-Sudy of Contemporary European Regulatory Politics*（Publication of the Study Group on Trade, Science and Genetically Modified Foods, Apr. 5. 2001），(http://www.cfr.org/agricultural-policy/regulation-gmos-europe-united-states-case-study-contemporary-european-regulatory-politics/p8688)（＊）. Symposium, Are the US and Europe Heading for a Food Fight Over Genetically Modified Food?（2001）(http://pewagbiotech.org/events/1024/［リンク切れ］); Tony Gilland, Precaution, GM Crops, and Farmland Birds, in *Rethinking Risk and the Precautionary Principle* 84, 84–88,ed. Julian Morris（Oxford: Butterworth-Heinemann. 2000）.
（34） 参照，Richard Merrill. FDA's Implementation of the Delaney Clause: Repudiation of Congressional Choice or Reasoned Adaptation to Scientific Progress? 5 *Yale J. on Reg.* 1（1988）.
（35） 参照，Steven Kelman, *Regulating America, Regulating Sweden: A Comparative Study of Occupational Safety and Health Polity*（Cambridge, Mass.: MIT Press. 1981）.
（36） 参照，Wiener and Rogers（前注 31）.
（37） 参照，Gary E. Marchant and Kenneth L. Mossman, *Arbitrary and Capricious: The Precautionary Principle in the European Union Courts*（Washington, D.C.: American Enterprise Institute（2004），予防原則の実際の機能に関する詳細がここでは述べられている.
（38） Case C-236/01, *Monsanto Agricoltura Italia v. Presidenza del Consiglio dei Ministri*, 2003 EC 0（法務官）¶108.
（39） Case C-241/01, National Farmers' Union v. Secrétariat général du gouvernement（ECLI:EU:C:2002:415）（法務官）¶76.（＊）.
（40） Case T-13/99, *Pfizer Animal Health S.A. v. Council*, 2002 WL 31337, 2002 ECJ CELEX LEXIS 3613（欧州第一審裁判所，Sept. 11, 2002）.
（41） J. Wiener, Whose Precaution after All? A Comment on the Comparison and Evolution of Risk Regulatory Systems, 13 *Duke J. Comp. and Int'l L.* 207, 217.
（42） Case T-70/99, *Alpharma Inc. v. Council*, 2002 WL 31338, 2002 ECJ CELEX LEXIS 3612（欧州第一審裁判所，Sept. 11, 2002）.
（43） 同上. ¶50.

(44) 同上. ¶156.
(45) 同上. ¶192.
(46) Case T-74/00, *Artegodan GmbH v. Commission*, 2002 ECR 11-4945（第一審裁判所）.
(47) Case T-13/99, *Pfizer Animal Health S.A. v. Council*, 1999 ECR II-1961（CELEX No. 699 B00113）（1999）（第一審裁判所長官）, ¶76.
(48) Case C-236/01, *Monsanto Agricoltura Italia v. Presidenza del Consiglio dei Ministri*, , 2003 ECJ CELEX LEXIS 359（欧州第一審裁判所, Mar. 13, 2003）.
(49) 同上. ¶27.
(50) 同上. ¶138.
(51) Case C-241/01, *Nat. Farmers' Union v. Sec. General of the French Government*, 2001 OJ C245/7（法務官意見）.
(52) 参照, Marchant and Mossman（前注 37）. 54–63 頁.
(53) 参照, 同上 52–54 頁.
(54) 参照, W. David Montgomery and Anne E. Smith, Global Climate Change and the Precautionary Principle, 6 *Hum. and Ecol. Risk Assess.* 399（2000）.
(55) 参照, http://www.pipa.org/OnlineReports/GlobalWarming/buenos_aires_02.00.html#1.
(56) 参照, John D. Graham, Decision-Analytic Refinements of the Precautionary Prnciple, *4 J. Risk Research* 127（2001）.
(57) 参照, Morris, 前注 10, 1 頁, 17.
(58) 参照, Sandy Starr, Science, Risk, and the Price of Precaution, http://www.spikedonline/Articles/00000006DD7A.htm［リンク切れ］.
(59) 参照, Daniel Kahneman and Amos Tversky, Prospect Theory: An Analysis of Decision under Risk, in *Choices, Values, and Frames* 17, ed. Daniel Kahneman and Amos Tversky（Cambridge: Cambridge University Press, 2000）.
(60) Alan McHughen, *Pandora's Picnic Basket*（New York: Oxford University Press. 2000）.
(61) 議論として参照, Richard A. Posner, *Catastrophe: Risk and Response*（New York: Oxford University Press, 2004）; Lomborg, 前注 21 ; William D. Nordhaus and Joseph Boyer, *Warming the World: Economic Models of Glob-*

al Warming 168 (Cambridge, Mass.: MIT Press, 2000).

(62) 参照，Ling Zhong, Note: Nuclear Energy: China's Approach Towards Addressing Global Warming. 12 Geo. Int'l Envtl. L. Rev.493 (2000). 各国が石炭火力発電や原子力発電への依存を低下させ，太陽エネルギーのような環境上より望ましい代替策をとるべきことを各国に強いることももちろん可能ではある．全般的議論として参照，*Renewable Energy: Power for a Sustainable Future*, ed. Godfrey Boyle (Oxford:Oxford University Press in association with the Open University. 1996); Allan Collinson,Renewable Energy (Austin, Tex.: Steck-Vaughn Library, 1991); Dan E. Arvizu, Advanced Energy Technology and Climate Change Policy Implications. *2. Fl. Coastal L.J. 435 (2001)*. しかしこれらの代替策は，実現可能性や費用を含むそれ自身の問題を生ぜしめる，参照，Lomborg (前注 21)，118-48 頁．[訳書 201-247 頁].

(63) 参照，Charles W. Moore 海軍中将（海上作戦即応能力・兵站部門副官）による下院天然資源委員会漁業資源・野生生物・海洋保護小委員会での証言（2002 年 6 月 13 日）.

(64) この点を扱う優れた文献として，John D. Graham, Decision-Analytic Refinements of the Precautionary Principle, 4 J. *Risk Research* 127, 135-38 (2001).

(65) 参照，Judith P. Kelly et al., Risk of Breast Cancer According to Use of Antidepressants, Phenothiazines, and Antihistamines, 150 Am. J. Epidemiology 861 (1999); C. R. Sharpe et al., The Effects of Tricyclic Antidepressants on Breast Cancer Risk, 86 Brit. *J. of Cancer* 92 (2002).

(66) Maurice Tubiana, Radiation Risks in Perspective: Radiation-Induced Cancer among Cancer Risks, 39(1) *Radiat. Environ. Biophy*. 3, 8-10 (2000).

(67) 同上．重要な点におけるいくつかの反証として参照，Lennart Hardell 他，Further Aspects on Cellular and Cordless Telephones and Brain Tumours, 22 *Intl. J. Oncology* 399 (2003)（携帯電話とガンの関連性に関する証拠についての議論）.

(68) 線形性の仮定への批判として参照，Tubiana（前注 66），8-9 頁.

(69) 参照，Edward J. Calabrese and Linda A. Baldwin, Hormesis: The Dose Response Revolution, 43 *Annu. Rev. Pharmacol. Toxicol.* 175 (2003): Edward J. Calabrese and Linda A. Baldwin, The Hormetic Dose-Response Model is More Common than the Threshold Model in Toxicology, 71 *Toxicol. Sciences* 246 (2003).

(70) J. C. Hanekamp 他, Chloramphenicol, Food Safety, and Precautionary Thinking in Europe, 6 Env. Liability 209 (1003).
(71) John Bohannon, Zambia Rejects GM Corn on Scientists' Advice, 298 Science 1153 (Nov. 8, 2002), http://www.bio.utexas.edu/courses/stuart/zambiareject.pdf. [リンク切れ]
(72) リスクとリスクのトレードオフに関する議論として参照, John Graham and Jonathan Wiener, *Risk vs. Risk* (Cambridge, Mass.: Harvard University Press, 1995) 菅原努訳『リスク対リスク――環境と健康のリスクを減らすために』昭和堂, 1998年; Cass R. Sunstein, Health-Health Tradeoffs, in Cass R. Sunstein, *Risk and Reason*, 133-52 (Cambridge: Cambridge University Press, 2002).
(73) 参照, Goklany (前注13), 13-27頁.
(74) 参照, *Corrosion Proof Fitting vs. EPA*, 947 F.2d 1201 (5th Cir. 1991).
(75) 「しかし私たちはとりわけ西部や中西部では, ヒ素が700 PPBかそれ以上の確率で自然に発生している実例を見ています. それを改善するための費用のために水道会社は倒産し, 人々は井戸を掘るほか水を得る方法がないままとり残されるのです. そして人々は, 水道会社を通じて得ていた水よりもさらに質の悪い水を得ていることになります.」Christine Todd Whitman (米国環境保護庁長官) Robert Novak and Al Hunt, CNN Evans, Novak, Hunt and Shields, Cable News Networkによるインタビュー (2001年4月11日) による.
(76) ターゲット・リスク以外にも, 他のリスクを減らすことによって, 規制には付随的利益もあることにも留意すべきである. 有益な議論として参照, Samuel J. Rascoff and Richard L. Revesz, The Biases of Risk Tradeoff Analysis, 69 *U. Chi. L. Rev.* 1763 (2002).
(77) Ralph Keeney, Mortality Risks Induced by Economic Expenditures, 10 *Risk Anal.* 147 (1990); Randall Lutter and John F. Morrall, 111, Health-Health Analysis: A New Way to Evaluate Health and Safety Regulation, 8(1) *J. Risk and Uncertainty* 43, 49 table 1 (1994).
(78) 参照, Keeney (前注77).
(79) 参照, Robert W. Hahn et al., *Do Federal Regulations Reduce Mortality?* (Washington. D.C.: American Enterprise Institute, 2000).
(80) 参照, Kenneth S. Chapman and Govind Hariharan, Do Poor People Have a Stronger Relationship between Income and Mortality than the Rich?

Implications of Panel Data for Health-Health Analysis, 12 *J. Risk and Uncertainty* 51, 58-63 (1996).
(81)　参照，Lutter and Morrall（前注 77），49 頁，表 1.
(82)　参照，Wiener and Rogers，前注 31.
(83)　参照，Sand（前注 2），448 頁.

第 2 章

（1）　参照，Daniel Kahneman, Paul Slovic, and Amos Tversky, *Judgment under Uncertainty: Heuristics and Biases* (Cambridge: Cambridge University Press, 1982).
（2）　参照，Daniel Kahneman and Shane Frederick, Representativeness Revisited: Attribute Substitution in Intuitive Judgment, in *Heuristics and Biases: The Psychology of Intuitive Judgment*, 49, 53, ed. Thomas Gilovich, Dale Griffin, and Daniel Kahneman (Cambridge: Cambridge University Press, 2002).
（3）　参照，Amos Tversky and Daniel Kahneman, Judgment under Uncertainty, in Daniel Kahneman, Paul Slovic, and Amos Tversky, *Judgment under Uncertainty*: Heuristics and Biases 3, 11-14 (Cambridge: Cambridge University Press, 1982). 村井章子訳「不確実性による判断——ヒューリスティクスとバイアス」ダニエル・カーネマン『ファスト＆スロー（下）』早川文庫，2014 年，411-393 頁（ただし，同論文の初出（Science 185（1974），pp. 1124-1131 の翻訳）.
（4）　同上，11 頁［邦訳 403 頁］.
（5）　同上，［邦訳 403-402 頁］.
（6）　同上，［邦訳 402 頁］.
（7）　Paul Slovic, *The Perception of Risk* 40 (London: Earthscan, 2000).
（8）　Kahneman and Tversky は，彼らが特定するヒューリスティックが「きわめて経済的で，おおむね効率的である」ということを強調しているが，同時に，それらが「系統的で予測可能なエラーにつながる」ということも強調する．参照，Tversky and Kahneman,（前注 3）20 頁（邦訳 394-393 頁）．一部のヒューリスティックは非常にうまく機能するということを特に強調する者として，Gerd Gigerenzer がいる．参照，Gerd Gigerenzer, P. M. Todd, and the ABC Group, *Simple Heuristics that Make Us Smart* (New York: Oxford University Press, 1999); Gerd Gigerenzer, *Adaptive Thinking: Rationality in the Real World* (New York: Oxford University Press, 2000); 彼は，ヒューリ

スティックやバイアスによって生み出される過誤を強調する人々に対する反論としてこの点を持ち出す．ここから生まれる議論に対して私の立場を明確にするつもりはない．仮に多くのヒューリスティックが日常生活でほとんどの場合うまく機能するとしても，分別のある政府であれば，それらに頼るよりもはるかに良い可能性があるのだ．

（9） 参照，George Loewenstein and Jane Mather, Dynamic Processes in Risk Perception, 3 *J. Risk & Uncertainty* 155 (1990).

（10） 同上，172 頁．

（11） In Steven J. Sherman et al., Imagining Can Heighten or Lower the Perceived Likelihood of Contracting a Disease: The Mediating Effect of Ease of Imagery, in *Heuristics and biases: The Psychology of Intuitive Judgment* 98 (＊), ed. Thomas Gilovich, Dale Griffin, and Daniel Kahneman (Cambridge: Cambridge University Press, 2002).

（12） 参照，Dan M. Kahan and Donald Braman, More Statistics, Less Persuasion: A Cultural Theory of Gun-Risk Perceptions, 151 *U. Pa. L. Rev.* 1291 (2003).

（13） 参照，Paul Slovic et al., Violence Risk Assessment and Risk Communication, 24 *Law Hum. Behav.* 271 (2001).

（14） 参照，Eric J. Johnson et al., Framing, Probability Distortions, and Insurance Dcisions, 7(1) *J. Risk & Uncertainty* 35 (1993).

（15） 参照，A. S. Alkahami and Paul Slovic, A Psychological Study of the Inverse Relationship between Percived Risk and Perceived Benefit, 14(6) *Risk Anal.* 1086, 1094 (1994).

（16） 啓発的な議論として以下を参照，Howard Chang, Risk Regulation, Endogenous Public Concerns, and the Hormones Dispute: Nothing to Fear except Fear Itself?, 77 *So. Cal. L. Rev.* 743 (2004).

（17） 牛肉および牛肉製品（ホルモン）に対する EC の措置に関する上級委員会報告，WT/DS48/AB/R，提出日：1998 年 1 月 16 日（採択日　1998 年 2 月 13 日），(Westlaw, WTO-DEC file, 1998 WL 25520 から引用．以下，「上級委員会」)．

（18） Richard H. Thaler, The Psychology of Choice and the Assumptions of Economics, in *Quasi Rational Economics* 137, 143 (New York: Russell Sage Foundation, 1991)（「損失は利得より大きな存在として現れる」と論じる）; Daniel Kahneman, Jack L. Knetsch, and Richard H. Thaler, Experimental

Tests of the Endowment Effect and the Close Theorem, 98(6) *J. Pol. Econ.* 1325,1328 (1990); Colin Camerer, Individual Decision Making, in *The Handbook of Experimental Economics* 587, 665-70, ed. John H Kagel and Alvin E. Roth (Princeton, N. J.:Princeton University Press,1995).

(19) 参照，Thaler, Quasi Rational Economics (前注 18).

(20) 参照，Paul Slovic, *The Perception of Risk* 140-43 (London: Earthscan, 2000).

(21) Paul Rozin, Technological Stigma: Some Perspectives from the Study of Contagion, in *Risk, Media, and Stigma: Understanding Public Challenges to modern Science and Technology* 31, 38, ed. James Flynn, Paul Slovic, and Howard Kunverther (London: Earthscan, 2001.

(22) 同上.

(23) 参照，Slovic, (前注 20) 291 頁.

(24) 参照，James P. Collman, *Naturally Dangerous* (Susalito, Calif.: University Science Books, 2001). 渡辺正・久村典子訳（抄訳）『天然モノは安全なのか？：有機野菜やハーブもあぶない』丸善，2003 年.

(25) 参照，Daniel B. Botkin, Adjusting Law to Nature's DISCORDANT HARMONIES, 7 *Duke Envtl. L. & Pol'y Forum* 25, 27 (1996).

(26) 同上，31 頁（*）.

(27) 参照，Collman, (前注 24).

(28) 参照，Botkin, (前注 25) 31 頁.

(29) Dietrich Dörner, *The Logic of Failure: Recognizing and Avoiding Error in Complex Situations* (New York: Metropolitan Books, 1996). 近藤駿介訳『人はなぜ失敗するのか』ミオシン出版，1999 年.

(30) 参照，Howard Margolis, *Dealing with Risk* (Chicago: University of Chicago Press, 1996).

(31) 参照，The Program on International Policy Attitudes, Americans on the Global Warming Treaty, available at http://www.pipa.org/OnlineReports/GlobalWarming/glob_warm_treaty.html at Box 15.

(32) 同上.

(33) 同上，Box16.

(34) 同上.

(35) 参照，Matthew Harrington, People's Willingness to Accept Airport Security Delays in Exchange for Lesser Risk 6-7 (Jan. 28, 2002)（未公刊，著者

所蔵．飛行機のかなりの遅延を経験したことのある12人の回答者は，それほどの遅延を経験したことのない24人の回答者らと比較して，追加的な空港警備のためにお金を支払うことに消極的だとしている）．

（36） 参照，Matthew E. Kahn, The Beneficiaries of Clean Air Act Regulation, 24(1) *Regulation* 34 (2001)．

（37） 参照，たとえば，Joseph Aldy, Peter Orszag, and Joseph Stiglitz, Climate Change: An Agenda for Global Collective Action（未公刊，2001年）；Bjorn Lomborg, *The Skeptical Environmentalist* 291-302 (New York: Cambridge University Press, 2001) ビョルン・ロンボルグ／山形浩生訳『環境危機をあおってはいけない 地球環境のホントの実態』文藝春秋社，2003年，474-493頁．

（38） けれども，もしその関心が貧困国の側からのそれを含めたものであるならば，それらの国々が有する多くニーズ，そしてそれらのうちで豊かな国々による提供が可能なものが何かを考慮すると，地球温暖化にとりわけ高い優先順位があることが明白なわけではない．参照，Lomborg，（前注37）322-24頁（＊）［邦訳525-530頁］；Indur Goklany, *The Precautionary Principle: A Critical Appraisal of Environmental Risk Assessment* 71-88 (Washington, D.C.: Cato Institute, 2001)．

（39） Cass R. Sunstein, *Risk and Reason* 14 (Cambridge: Cambridge University Press, 2002); Aaron Wildavsky, *But Is It True?* 61 (Cambridge, Mass.: Harvard University Press, 1995)．

（40） 参照，Goklany，（前注38）55頁．

（41） 参照，Giandomenico Majone, What Price Safety? The Precautionary Principle and its Policy Implications, 40 *J. Common Mark. Stud.* 89, 106 (2002)．

（42） 参照，David Dana, A Behavioral Economic Defense of the Precautionary Principle, 97 *Nw. U.L. Rev.* 1315 (2003)．

（43） 参照，Shelley E. Taylor, *Positive Illusions: Creative Self-Deception and the Healthy Mind*, 8-11（＊）(New York: Basic Books, 1989) 宮崎茂子訳（抄訳）『それでも人は，楽天的な方がいい——ポジティブ・マインドと自己説得の心理学』日本教文社，1998年，22-26頁．

（44） 参照，同上10頁［邦訳25頁］．

（45） 参照，Neil D. Weinstein, Unrealistic Optimism about Susceptibility to Health Problems, 10(5) *J. Behav. Med.* 481 (1987)．

(46) Christine Jolls, Behavioral Economic Analysis of Redistributive Legal Rules, in *Behavioral Law and Economics* 291, ed. Cass R. Sunstein (Cambridge: Cambridge University Press, 2000).
(47) 同上.
(48) 参照, George A. Akerlof and William T. Dickens, The Economic Consequences of Cognitive Dissonance, in George A. Akerlof, *An Economic Theorist's Book of Tales* 123, 124-28 (Cambridge: Cambridge University Press, 1984). 幸村千佳良・井上桃子訳『ある理論経済学者のお話の本』1995年, ハーベスト社, 149頁, 149-155頁.
(49) Carolyn Raffensperger and Katherine Barrett, In Defense of the Precautionary Principle, 19 *Nature Biotechnology* 811 (Sept. 2001).
(50) Lillian Auberson-Huang, The Dialogue between Precaution and Risk, 20 *Nature Biotechnology* 1076 (Nov. 2002).
(51) 同様のものとして参照, Joel A. Tickner and Carolyn Raffensperger, The Precautionary Principle: A Framework for Sustainable Business Decision-Making, 5 *Env. Policy* 75 (1998).
(52) Maurizio Iaccarino, A Cost/Benefit Analysis about the Precautionary Principle, *6 EMBO Reports* 454 (2000).
(53) 参照, Raffensperger and DeFur, (前注3) 937頁.
(54) 同上.
(55) Talbot Page, A Generic View of Toxic Chemicals and Similar Risks. 7 *Ecology L.Q.* 207 (1978).
(56) リアル・オプション・アプローチにおける不可逆性の定義について参照, Christian Gollier and Nicolas Treich, Decision-Making under Scientific Uncertainty: The Economics of the Precautionary Principle, 27 J. *Risk and Uncertainty* 77, 84 (2003) ストック外部性, 環境不可逆性, 資本不可逆性の区別について. 同上, 87-91頁.
(57) Chan S. Park and Hemantha S. B. Herath, Exploiting Uncertainty - Investment Opportunities as Real Options: A New Way of Thinking in Engineering Economics, 45 *Engineering Economist* 1, 3-4 (2000).
(58) Gollier and Treich, (前注56) 88頁.「将来に情報を受け取れる期待があれば, 現在においてはより柔軟な立場をとるというのが基本的な洞察である. その直観的な根拠は明確である. 柔軟でない立場を選ぶことは, 情報の価値を下げることになる. つまり, 情報を受ける可能性が高まるにつれて柔軟なまま

でいるインセンティブと，それを活用することによる利益が高まるのである」.

(59) Scott Farrow and Hiroshi Hayakawa, Investing in Safety: An Analytical Precautionary Principle, 33 *J. Safety Research* 165, 166–67 (2002).「しかしながら，民間部門による新たな分析手法――リアル・オプション分析――は一定の限界の下での予防を提案している.」(文献参照部分は省略)

(60) Kenneth Arrow and Anthony Fischer, Environmental preservation, Uncertainty and Irreversibility, 88 *Q.J. Economics* 312, 313–14 (1974).

(61) 参照, Frank H. Knight, *Risk, Uncertainty, and Profit* (Boston, Mass.: Houghton Mifflin Co., 1933) 奥隅榮喜訳『危険・不確実性および利潤』文雅堂書店，1959 年；Paul Davidson, Is Probability Theory Relevant for Uncertainty? A Post-Keynesian Perspective, 5(1) *J. of Econ. Perspectives* 129 (1991). 政策決定者は，ありうるすべての結果について宝くじのように確率を割り当てることができるのだから不確実性なるものは存在しないとして異議を唱える人もいる．しかし，理論あるいは経験の積み重ねによらないそのような割り当てには認識的な信頼性ないだろう．たとえば地球温暖化を引き起こすような多くのリスクに関連する問題は，そのような種類の事例なのである.

(62) 無知と予防措置について参照，Poul Harremoes, Ethical Aspects of Scientific Incertitude [*sic*] in Environmental Analysis and Decision Making, 11 *Journal of Cleaner Production* 705 (2003).

(63) 有益な議論のために，以下を参照，Jon Elster, *Explaining Technical Change* 185–207 (Cambridge University Press, 1983).

(64) 参照，Wildavsky,（前注 39）433 頁.

(65) リスクの社会的増幅に関する議論として参照，Slovic,（前注 7）及び *Social Amplification of Risk*, ed. Roger Kasperson et al. (Cambridge: Cambridge University Press, 2003).

第３章

(１) 参照，Daniel Kahneman and Amos Tversky, Prospect Theory: An Analysis of Decision under Risk, in *Choices, Values and Frames* 17, ed. Daniel Kahneman and Amos Tversky (Cambridge:Cambridge University Press, 2000).

(２) George Loewenstein et al.. Risk as Feelings, 127 *Psych. Bull.* 267 (2001); Eric Posner, Law and the Emotions, 89 *Geo. L.J.* 1977, 1979–84 (2001).

(３) 参照，Yuval Rottenstreich and Christopher Hsee, Money, Kisses, and

Electric Shocks: On the Affective Psychology of Risk, 12 *Psych. Sci.* 185, 186–88 (2001); Loewenstein et al..（前注 2）276–78 頁.

（4） 多角的視点のために，以下を参照 Ronald De Sousa, *The Rationality of Emotion*（Cambridge, Mass.:MIT Press, 1987）; Jon Elster, *Alchemies of the Mind*（Cambridge: Cambridge University Press,1999）; Martha C. Nussbaum, *Upheavals of Thought*（New York: Cambridge University Press,2001）.

（5） ある研究は，脳が感情のための特別のセクターを持っており，恐怖に対する反応を含む一定のタイプの感情は，認知をより多く担当するセクターが関与するよりも前に引き起こされるということを示唆している Joseph LeDoux. *The Emotional Brain*（New York: Simon & Schuster, 1996）．松本元・川村光毅他訳『エモーショナル・ブレイン――情動の脳科学』東京大学出版会，2003 年．人は，突然正体のわからない音を聞くと，音がどこから来るのかを特定するよりも前に恐怖を感じる． Robert B. Zajonc. On the Primacy of Affect, 39 *Am. Psych.* 151（1980）.Robert B. Zajonc, Feeling and Thinking: Preferences Need No Inferences, 35 *Am. Psych.* 151（1980）．扁桃体を刺激するプロカインの静脈注射を与えられた人たちはパニック感覚を報告している． David Servan-Schreiber and William M.Perlstein, Selective Limbic Activation and its Relevance to Emotional Disorders, 12 *Cognition & Emotion* 331（1998）．人間を対象とした研究で，扁桃体への電気刺激が恐怖や悪い予感を引き起こすことが報告されている．何も理由がない場合であっても，たとえばまるで誰かに追われているように感じるといったことを口にすることになるのである．Jaak Panksepp, Mood Changes, in *Handbook of Clinical Neurology* vol. 45, ed. Pierre J.Vinken, G. W. Bruyn, H. L Klawans, and J. A. M. Frederiks（New York: Elsevier. 1985）．しかし，人間における恐怖は一般的に前認知的あるいは非認知的だと言うのは正しくない．確かにある場合においてはそうなのだが，人間の日常生活で直面するリスクの大部分が否認知的な恐怖を引き起こすかどうかは明らかではない．

（6） 参照，Clayton P. Gillette and James E. Krier. Risk, Courts, and Agencies. 138 *U. Pa. L. Rev.*1027, 1061–85（1990）競合的合理性の考え方を支持している．専門家が無視するような価値について一般人が合理的に気に掛ける場合があることを，私は否定するつもりはない．ここで言いたいのは，一般の人々が結果の悪さには注目するがその確率には注目しない場合，その限りにおいて，専門家と比べて明晰に思考していないと言えるということだ．

（7） 一般的に参照，*Social Judgments*, ed. Joseph P. Forgas, Kipling D. Wil-

liams, and William Von Hippel (New York: Cambridge University Press. 2003); *Dual-Process Theories in Social Psychology*, ed. Shelly Chaiken and Yaacov Trope (New York: Guildford Press, I999); Daniel Kahneman and Shane Frederick. Representativeness Revisited: Attribute Substitution in Intuitive Judgment, in *Heuristics and Biases: The Psychology of Intuitive Judgment* 49, ed. Thomas Gilovich, Dale Griffin, and Daniel Kahneman (Cambridge: Cambridge University Press, 2002).

(8) 参照, Kahneman and Frederick, (前注7). 2つのシステムを異なる物理的な空間を占領しているものとみる必要はない. それらは, ヒューリスティック(!)としてすら理解されうるかもしれない. 参照, 同上. しかしながら, 脳の異なるセクターがシステムI, システムIIにそれぞれ関係しているかもしれないという証拠もある. 参照, LeDoux, *The Emotional Brain* 106-32 (前注5訳書130-157頁) の恐怖に関する議論を参照. より一般的に扱ったものとして, Matthew Lieberman, Reflexive and Reflective Judgment Processes: A Social Cognitive Neuroscience Approach, in *Social Judgments*, ed. Joseph P.Forgas. Kipling D. Williams, and William Von Hippel (New York: Cambridge University Press, 2003).

(9) Robin M.Hogarth and Howard Kunreuther, Decision Making under Ignorance, 10 *J. Risk & Uncertainty* 15 (1995).

(10) Oswald Hober et al., Active Information Search and Complete Information Presentation in Naturalistic Risky Decision Tasks, 95 *Acta Psychologica* 15 (1997).

(11) Jonathan Baron, *Thinking and Deciding* 246-47 (Cambridge: Cambridge University Press. 3d ed., 2001). における要約を参照.

(12) 同上. 246-47頁.

(13) Phaedra S. Corso et al., Valuing Mortality-Risk Reduction: Using Visual Aids to Improve the Validity of Contingent Valuation, 23(2) *J. Risk& Uncertainty* 165, 166-68 (2001).

(14) Howard Kunreuther et al., Making Low Probabilities Useful, 23(2) *J.Risk and Uncertainty* 103,107 (2001).

(15) 参照, Christian Schade/ Howard Kunreuther/Klaus Peter Kaas, Probability Neglect a nd Concern in Insurance Decisions with Low Probabilities and High Stakes, (http://www.opim.wharton.upenn.edu/ris k/downloads/rain%20%20paper%20%20apr01.pdf)] (*)

(16) 参照，Christopher Hsee, Attribute Evaluability: Its Implications for Joint-Separate Evaluation and Beyond, in *Choices, Values, and Frames*. 543, 547–49,ed. Daniel Kahneman and Amos Tversky (Cambridge: Cambridge University Press, 2000).

(17) Michael W. Jones-Lee et al., The Value of Safety: Results of a National Sample Survey, 95 *Ec. J.* 49 (1985).

(18) Michael W. Jones-Lee et al., Valuing the Prevention of Non-Fatal Road Injuries, 47 *Oxford Economic Papers*: 676 (1995).

(19) C. T. Jordan Lin and Walter Milon. Contingent Valuation of Health Risk Reductions for Shellfish Products, in *Valuing Food Safety and Nutrition* 83, ed. Julie A. Caswell (Boulder,Colo.: Westview Press, 1995).

(20) Young Sook Eom. Pesticide Residue Risk and Food Safety Valuation: A Random Utility Approach, 76 *Am.J. of Agric. Economics* 760 (1994).

(21) V. Kerry Smith and William H. Desvouges, An Empirical Analysis of the Economic Value of Risk Changes, 95 *J. Polit. Econ.* 89 (1987).

(22) Corso et al.,（前注 13），166–68 頁.

(23) 参照，Corso et al.,（前注 13）.

(24) Kunreuther et al.,（前注 14）.

(25) Kai T. Erikson, *Everything in its Path: Destruction of Community in the Buffalo Creek Flood* 234 (New York: Simon & Schuster, 1976).

(26) 参照，George A.Akerlof and William T. Dickens, The Economic Consequences of Cognitive Dissonance, in George A. Akerlof, *An Economic Theorist's Book of Tales* 123, 124–28 (Cambridge: Cambridge University Press. 1984). 幸村千佳良・井上桃子訳『ある理論経済学者のお話の本』1995 年，ハーベスト社，149 頁，149–155 頁.

(27) 参照，Bonnie L.Halpern-Felsher and Susan G. Millstein, The Effects of Terrorism on Teens ' Perception of Dying, 30 *J. Adolescent Health* 308 (2001).

(28) 参照，Donald L. Coursey et al., Insurance for Low Probability Hazards: A Bimodal Response to Unlikely Events, 7 *J.Risk & Uncertainty* 95 (1993).

(29) 参照，Baron,（前注 11），255 頁.

(30) 参照，Kahneman and Tversky,（前注 1）Howard Margolis, *Dealing With Risk* 83–84 (Chicago: University of Chicago Press, 1996).

(31) Ian Shapira, Long Lines, Even Longer Odds, Looking for a Lucky Num-

ber? How About I in 76,275,360? *Washington Post.* Apr. 12, 2002, p. B Ⅰ.
(32) Rottenstreich and Hsee,（前注 3），176–88 頁.
(33) データは，全体的方法としては 2 × 2 分散分析検定（確率×描写の感情性）を利用し，各セル間では t 検定によって分析された
(34) 全体像をとらえるために，以下を参照，Loewenstein et al.,（前注 2）276 頁.
(35) 同上.
(36) 同上.
(37) Peter Sandman et al., Communications to Reduce Risk Underestimation and Overestimation,3 *Risk Decision & Policy* 93 (1998); Peter Sandman et al., Agency Communication, Community Outrage, and Perception of Risk: Three Simulation Experiments. 13 *Risk Anal.* 589 (1993).
(38) 参照，Sandman et al., Communications to Reduce.（前注 37）102 頁.
(39) 同上，106 頁.
(40) 同上.
(41) 同上. 106–7 頁. 次の指摘を特に考慮しよう：「人々が高憤慨・低リスク状況において興奮している場合，トラブルの原因となり信頼されていないような情報源からの説明はあまり役に立たないかもしれない．また，情報源が信頼されている場合でも，リスクの確率データをただ提供することもあまり役に立たないかもしれない．しかし，信頼されている中立的な情報源が，バックグラウンドリスクとの比較や，リスクの梯子・リスク同市の比較・行動基準などの図表を示した場合は，脅威を認識し行動を起こそうとする意図を相当程度削減することができた」.
(42) 参照，Paul Slovic et al., Violence Risk Assessment and Risk Communication, 24 *Law Hum. Behav.* 271 (2000).
(43) 参照，Eric J. Johnson et al., Framing, Probability Distortions, and Insurance Decisions. 7(Ⅰ) *J. Risk and Uncertainty* 35 (1993).
(44) W. Kip Viscusi, Alarmist Decisions with Divergent Risk Information, 107 *Ec.J.* 1657, 1657–59 (1997).
(45) 同上. 1666 頁.
(46) 同上. 1668 頁.
(47) 参照，John Weingart, *Waste Is a Terrible Thing to Mind* 362 (Trenton. N. J.: Center for Analysis of Public Issues. 2001).
(48) 参照，Paul Slovic et al., The Affect Heuristic, in *Heuristics and Biases:*

The Psychology of Intuitive Judgment, ed. Thomas Gilovich, Dale Griffin, and Daniel Kahneman (Cambridge: Cambridge University Press, 2002).

(49) 参照, Timur Kuran and Cass R. Sunstein, Availability Cascades and Risk Regulation, 51 *Stan.L. Rev.* 683. 691–98 (1999) (ラブ・キャナルにおける恐怖の増大について論じている).

(50) Lois Marie Gibbs, *Love Canal: The Story Continues* 44 (Stony Creek, Conn.: New Society Publishers. 1998). 山本節子訳『ラブキャナル——産廃処分場跡地に住んで』せせらぎ出版, 2009 年, 50 頁.

(51) 同上.

(52) 参照, James T. Hamilton and W. Kip Viscusi, *Calculating Risks? The Spatial and Political Dimensions of Hazardous Waste Policy* 91–108 (Cambridge, Mass.: MIT Press, 1999) (影響を受ける人口規模に対して政府があまり関心を持たないことについての議論).

(53) 参照, Robert V. Percival et al., *Environmental Regulation: Law, Science, and Policy* 524 (New York: Aspen Publishers, 4th ed., 2003).

(54) 参照, Howard Kurtz, Shark Attacks Spark Increased Coverage, *Washington Port On-Line*. Sept. 5. 2001,available at http://www.washingtonpost.com/wp-dyn/articles/A44720-2001Sep5.html [リンク切れ]

「海洋の専門家は, サメの襲撃よりも, ハチ, スズメバチ, ヘビあるいはワニが原因でより多くの人々が死んでいると昨夜の『NBC ナイトリー・ニュース』のなかで述べた. しかし, ハチでは視聴率はとれない. 不愉快な小さな生き物ではあるが, 怖さが足りない. 『ジョーズ』の音楽まで実際に BGM で流しながら, メディアは事態を『サメの夏』へと変えてしまった. 去年と比べてこの夏の襲撃数は実際には減っていることなど気にするな. サメたちはここにいる. 奴らは危険だ. あなたの近くの海岸にやってくるかもしれないのだ, というわけである」.

(55) 参照, Paul Slovic, *The Perception of Risk* 219–23 (London: Earthscan, 2000).

(56) 参照 Gillette and Krier, (前 注 6), 1071–85 頁. 57, Slovic, (前 注 55), 231 頁.

(57) Slovic, (前注 55), 231 頁.

(58) 参照, Slovic et al., (前注 48).

(59) 参照, Sheldon Rampton and John Stauber. *Trust Us, We're Experts!* (New York: Jeremy P. Tarcher/Putnam, 2001) 栗原百代訳『リスキー・ビジ

ネス』角川書店，2002年．特に企業からの資金源と客観的だと称する研究結果との間のつながりに関する驚くべき報告についてたとえば，同上．pp. 216–21頁（訳書299–307頁）．また親和性バイアス（affiliation bias）に関する知見について参照，Slovic.（前注48），311頁，

(60)　参照，Joel Best, *Random Violence: How We Talk about New Crimes and New Victims* (Berkeley: University of California Press. 1999).

(61)　参照，Slovic,（前注55），396–402頁.

第4章

（1）　http://www.jondube.com/resume/msnbc/snipersshadow.htm

（2）　Richard Wilson and Edmund A. C. Crouch, *Risk-Benefit Analysis* 208–9 (Cambridge, Mass.:Harvard Center for Risk Analysis. 2001). デンバーで生活するリスクはわずかに高い放射線レベルに由来する．できたてのパンを食べることのリスクは，ホルムアルデヒドに由来する．

（3）　参照，George Loewenstein and Jane Mather, Dynamic Processes in Risk Perception. 3 *J. Risk & Uncertainty* 155 (1990).

（4）　参照，Dan M. Kahan and Donald Braman, More Statistics. Less Persuasion: A Cultural Theory of Gun-Risk Perceptions, 151 *U. Pa. L. Rev.* 1291 (2003).

（5）　参照，Baruch Fischoff. Heuristics and Biases in Application, 730, 733–34 ,in *Heuristics and Biases: The psychology of Intuitive Judgment*, ed. Thomas Gilovich. Dale Griffin. and Daniel Kahneman (Cambridge: Cambridge University Press. 2001).

（6）　同上.

（7）　文化的問題について，参照，Mary Douglas and Aaron Wildavsky. *Risk and Culture* (Berkeley: University of California Press. 1982).

（8）　Chip Heath et al., Emotional Selection in Memes: The Case of Urban Legends, 81. *J. Personality* & *Soc.psych.* 1028 (2001); Chip Heath, Do People Prefer to Pass Along Good or Bad News? Valence and Relevance as Predictors of Transmission Propensity, 68 *Organizational Behavior & Human Decision Processes* 79 (1996).

（9）　参照，David Hirschleifer, The Blind Leading the Blind: Social Influence, Fads, and Informational Cascades, in *The New Economics of Human Behavior* 188, 193–94, ed. Mariano Tommasi and Kathryn Ierulli (Cambridge:

Cambridge University Press, 1995).

(10) 参照，Jacob Gersen, Strategy and Cognition: Regulating Catastrophic Risk (2001年，未公表)［シカゴ大学学位論文］.

(11) Hirshleifer.（前注9）204頁.

(12) John F. Burnham, Medical Practice à la Mode: How Medical Fashions Determine Medical Care, 317 *New England Journal of Medicine* 1120, 1211 (1987).

(13) 参照，Sushil Bikhchandani et al., Learning from the Behavior of Others: Conformity, Fads. and Informational Cascades, 12(3) *J. Econ. Perspect.* 151, 167 (1998).

(14) 参照，Timur Kuran and Cass R. Sunstein, Availability Cascades and Risk Regulation, 51 *Stan.L. Rev.* 683 (1999).

(15) 参照，Heath et al.,（前注8）.

(16) 食品選択の決定との関係で面白くまとめたものとして，参照，Joseph Henrich et al., Group Report: What Is the Role of Culture in Bounded Rationality? in *Bounded Rationality: The Adaptive Toolbox* 353–54, ed. Gerd Gigerenzer and Reinhard Selten (Cambridge, Mass.: MIT Press, 2001).

(17) 参照，Neal Feigenson et al., Perceptions of Terrorism and Disease Risks: A Cross-National Comparison. *U. Cin. L. Rev.* 近刊)［その後 69 *Mo.L.Rev.* 991で公表された］.

(18) 参照，Jere R. Behrman et al., (Feb. 18,2003), ssrn.comで閲覧可能［http://ssrn.com/abstract=382844. なお，44 *Demography* 1 (2007) にも掲載されている］.

(19) 同上，10頁.

(20) 同上，18頁.

(21) 参照，Erich Goode and Nachman Ben-Yehuda. *Moral Panics: The Social Construction of Deviance* (Oxford: Blackwell. 1994).

(22) 参照，Cass R. Sunstein, *Why Societies Need Dissent* (Cambridge. Mass.: Harvard University Press, 2003).

(23) Roger Brown, *Social Psychology* (New York/London, The Free Press, 2nd Edition, 1996) 224.（＊）

(24) 参照，David G. Myers, Discussion-Induced Attitude Polarization. 28 *Human Relations* 699 (1975). p. 99.

(25) David G. Myers and George D. Bishop, Discussion Effects on Racial At-

titudes, *Science* 169(170),778,778-779（＊）

（26） 参照，同上.

（27） 参照，Cass R. Sunstein, Reid Hastie, John W. Payre, David A. Schkade, and W. Kip Viscusi, *Punitive Damages: How Juries Decide* (Chicago: University of Chicago Press, 2002).

（28） 参照，Cass R. Sunstein et al., Ideological Voting on Federal Courts of Appeals: A Preliminary Investigation, 90 *Va. L. Rev.* 301 (2004).

（29） 参照，Robert S. Baron et al., Social Corroboration and Opinion Extremity, 32 *J. Experimental Soc. Phych.*537 (1996).

（30） 参照，Elaine Hatfield, John T. Cacioppo, and Richard L. Rapson, *Emotional Contagion* (Cambridge: Cambridge University Press. 1994).

（31） http://www.intelligence.senate.gov/108301.pdf（＊）

（32） 同報告書，20 頁（＊）.

（33） Report of the Columbia Accident Investigation Board, available at http://www.nasa.gov/columbia/home/CAIB_Vol1.html, at 12.

（34） 同上，102 頁.

（35） Johanna Neuman, In a Sniper's Grip: Media's Role in Drama Debated, *Los Angeles Times*,Oct. 24, 2002, part 1. p. 16.

（36） 参照，Elliott Aronson, *The Social Animal* 150 (New York: W. H. Freeman. 7th ed., 1995. 岡隆・亀田達也共訳『ザ・ソーシャル・アニマル：人間行動の社会心理学的研究』サイエンス社，1994 年（第 6 版，1992 年，の翻訳）141 頁［なお，原著第 11 版（2011 年）152 頁（岡隆訳，サイエンス社，2014 年，148 頁）では，該当箇所の表現が「最初の印象や信念を確証しようとする傾向」と変更されている］.

第 5 章

（1） 参照，Richard Posner, *Catastrophe: Risk and Response* 50-58, 155-65 (New York: Oxford University Press, 2004).

（2） 参照，John C. Harsanyi, Morality and the Theory of Rational Behavior, in *Utilitarianism and Beyond* 40, ed. Amartya Sen and Bernard Williams (Cambridge: Cambridge University Press, 1982).［参照，亀本洋「ハーサニ対ロールズ論争の争点」平野仁彦・亀本洋・川濱昇編『現代法の変容』有斐閣，2013 年，469-503 頁（487-489 頁）］.

（3） 参照，Stephen Gardiner, A Core Precautionary Principle（未公刊，

2004). [Journal of Political Philosophy: Volume 14, Number 1, 2006, pp. 33–60 に公表].

(4) 参照 John Rawls, *A Theory of Justice* (Cambridge, Mass.: Harvard University Press, 1971) 154. 川本隆史・福間聡・神島裕子訳『正義論 改訂版』紀伊國屋書店, 2010 年 210 頁. 監訳者の判断で訳文を若干変更した.

(5) 参照, W. David Montgomery and Anne E. Smith, Global Climate Change and the Precautionary Principle, 6 *Hum. & Ecol. Risk Assess.* 399 (2000).

(6) 以下のような実証的事実は, 本文で述べたような異論を間接的に支持するものである. 財やサービスの配分の決定について問われたとき, ほとんどの人が, 哲学に関する文献において最も広く議論されている 2 つの原則——ハーサニが支持する平均効用と, ロールズが支持する格差原理 (最も恵まれない者に有利に働く場合に限り不平等を許容するというもの) ——を拒絶するのである. Norman Frohlich and Joe A. Oppenheimer, *Choosing Justice: An Experimental Approach to Ethical Theory* (Berkeley: University of California Press, 1992). 代わりに, 人々は下限制約付き平均効用を選択する. これは, 人々は全体の福祉を最大化する手法を好むが, 社会の誰も適切な最低基準を下回ってはならないとの制約を条件とする, というものである. 全員に対して厚生の絶対最小値を強調した上で, その下限を超える部分については人々は厚生の最大化を求める. 人々のリスク回避性向の帰結は, 下限という実際的な閾値である. 類比としては厳密でないが, 似たようなものがリスクへの予防措置との関連で働いているのかもしれない. もしマキシミン原則が賢明な個人や社会に福祉の適切な最低基準を下回ることを強いるならば, おそらく彼らはマキシミン原則を使いたがらないだろう.

(7) 少々専門的だが有益な議論として, 以下を参照. Christian Gollier and Nicolas Treich, Decision-Making under Scientific Uncertainty: The Economies of the Precautionary Principle, 27 *J. Risk & Uncertainty* 77 (2003).

(8) 参照, Adam Burgess, *Cellular Phones, Public Fears, and a Culture of Precaution* (Cambridge: Cambridge University Press, 2004).

(9) 参照, Montgomery and Smith, (前注 5) 409–10 頁. 以下も参照. Scott Farrow and Hiroshi Hayakawa, Investing in Safety: An Analyical Precautionary Principle, 33 *J. Safety Research* 165 (2002).

(10) 以下と比較せよ. Per Sandin, Dimensions of the Precautionary Principle, 5 *Hum. & Ecol. Risk Assess.* 889 (1999).

(11)　参照，J. S. Gray, Statistics and the Precautionary Principle, 21 *Marine Pollution Bulletin* 174 (1990).
(12)　Per Sandin et al., Five Charges against the Precautionary Principle, 5 *J. Risk Research* 287, 290-91 (2002).
(13)　Richard B. Stewart, Environmental Regulatory Decisionmaking under Uncertainty, 20 *Res. L. & Econ.* 71, 76 (2002).
(14)　参照，John D. Graham, Decision-Analytic Refinements of the Precautionary Principle,, 4 *J. Risk Research* 127, 135-38 (2001).
(15)　Communication from the Commission on the Precautionary Principle (Brussels, Feb. 2, 2000). 以下で見ることができる．http://ec.europa.eu/dgs/health_consumer/library/pub/pub07_en.pdf（＊）.
(16)　同上，4 頁.
(17)　同上，13 頁.
(18)　同上，14 頁.
(19)　参照，Lisa K. Goldman and Stanton A. Glantz, Evaluation of Antismoking Advertising Campaigns, 279 *J.A.M.A.* 772 (1998).
(20)　参照，*The Social Amplification of Risk*, ed. Nick Pidgeon. Roger E. Kasperson, and Paul Slovic (New York: Cambridge University Press, 2003).

第６章

(１)　参照，Cass R. Sunstein, *Risk and Reason* (Cambridge: Cambridge University Press, 2002).
(２)　参照，Frank Ackerman and Lisa Heinzerling, *Priceless: On Knowing the Price of Everything and the Value of Nothing* (New York: New Press, 2004).
(３)　参照，66 Fed. Reg. 6979, 7012 (2001/1/22). 2003 年７月のトランス脂肪酸に関する食品薬品安全局の表示規制では，650 万ドルという VSL が用いられている．参照，68 Fed. Reg.41434,41489 (2003/7/11). 同じ食品薬品安全局による 2003 年３月 13 日の栄養成分・栄養サプリメントに関する規制案では，500 万ドルと述べられている．参照，68 Fed. Reg. 12158, 12229-30 (2003/3/13)（この値によって，「1 日あたりの生命の統計的価値」が求められている）.
(４)　参照，W. Kip Viscusi, *Fatal Tradeoffs: Public and Private Responsibility for Risk* (New York: Oxford University Press,1992).

（5） 価値がある包括的な概観として，W. Kip Viscusi and Joseph E. Aldy, The Value of a St atistical Life: A Critical Review of Market Estimates Throughout the World, *27.J. Risk & Uncertainty* 5（2003）.

（6） たとえば参照，James K. Hammitt and Jin-Tan Liu（＊）, Effects of Disease Type and Latency on the Value of Mortality Risk, 28. *J. Risk & Uncertainty* 73（2004）.

（7） 参照，Viscusi（前注 4）.

（8） 参照，Environmental Protection Agency, *Guidelines for Preparing Economic Analyses* 89（Washington, D.C.: US EPA, 2000）.

（9） これらの疑問について参照，Richard W. Parker, Grading the Government, 70 *U. Chi. L Rev.* 1345（2003）. and Robert H. Frank and Cass R. Sunstein, Cost-Benefit Analysis and Relative Position, 68 *U. Chi. L. Rev.* 323（2001）.

（10） 参照，Peter Dorman and Paul Hagstrom, Wage Compensation for Dangerous Work Revisited, 52（1） *Industrial & Labor Relations Review* 116（1998）.

（11） Viscusi and Aldy（前注 5），44 頁.

（12） John D. Leeth and John Ruser, Compensating Wage Diffentials for Fatal and Nonfatal Injury Risk by Gender and Race, 27 *J. Risk & Uncertainty* 257（2003）.

（13） Viscusi and Aldy（前注 5），23 頁.

（14） 同上，18 頁.

（15） 参照，Sunstein, The Arithmetic of Arsenic, in *Risk and Reason*（前注 1），153 頁．この規制は 2 億ドルくらいの費用が予測され，便益の金銭換算は VSL を 610 万ドルとすれば 1 億 9000 万ドルくらいだった．もし VSL が 380 万ドルであればこの規制を正当化することが不可能であること，他方 900 万ドルであれば異論を唱えることが不可能であることがわかるだろう．

（16） 参照，Viscusi and Aldy（前注 5），22 頁.

（17） EPA はインフレーションに対応して関連する数値を更新したが，他の調整は行っていない．

（18） 参照，Dora L. Cosca and Matthew E. Kahn, The Rising Price of Nonmarket Goods, 93 *Am. Econ. Rev.* 227, 229 table1（2003）（現時点での VSL は 1200 万ドルに上るのではないかと示唆）．現在の数字が確かに低すぎることについての最近のエビデンスについて参照，W. Kip Viscusi, Racial Difference in

Labor Market Values of a Statistical Life, 27 *J.Risk & Uncertainty* 239,252 table 5（2003）（以下単に Viscusi, Racial Differences）．同論文は，白人男性の場合 VSL は 1510 万ドルだとしている．ヒ素規制の文脈では，EPA も，感度分析において，適切な調整を行えば VSL が 610 万ドルから 670 万ドルに増加することを指摘している．66 Fed. Reg. 6979,7012（2001/1/22）．最近のエビデンスを参照して，現時点の VSL がサンプル全体では 470 万ドル，ブルーカラー男性では 700 万ドル，ブルーカラー女性では 850 万ドルとするものとして，W. Kip Viscusi, The Value of Life: Estimates with Risks by Occupation and Industry, 42 *Ec. Inquiry* 29（2004）（以下単に，Viscusi, Value of Life）．

（19） 参照，Richard Posner, *Catastrophe: Risk and Response* 166–71（New York: Oxford University Press, 2004）．

（20） Viscusi, Value of Life（前注 18），39–41 頁．

（21） 参照，Richard L Revesz, Environmental Regulation, Cost-Benefit Analysis, and the Discounting of Human Lives, 99 *Colum. L. Rev.* 941,962–74（1999）．

（22） 参照，Hammitt and Liu（前注 6）．

（23） 参照，同上．

（24） 参照，George S. Tolley et al., State-of-the-Art Health Values, in *Valuing Health for Policy*, 339–40, ed. George S. Tolley and Robert Fabian（Chicago: University of Chicago Press, 1994）．

（25） 参照，Viscusi and Aldy（前注 5），22 頁．同様の研究として，Wesley A. Magat et al, A Reference Lottery Metric for Valuing Health, 42 *Management Science* 1118（1996）（ガンによる死と自動車事故による死の評価に差異は見出せないとする）．

（26） 参照，Ackerman and Heinzerling（前注 2）．

（27） 職場のリスクは自発的に代償と引き替えに引き受けられたものであるという考え方を疑うことはもちろん可能である．また［逆に］，都市居住者やその他非自発的リスクに直面している者も，費用をかければこれらのリスクを避けることができる．ここで私が述べた区別は，程度と言うよりは種類の問題である．参照，Cass R. Sunstein, Bad Deaths, 14*J. Risk & Uncertainty* 259（1997）．

（28） 参照，Paul Slovic, *The Perception of Risk*（London: Earthscan, 2000）．

（29） 参照，Fredrik Carlsson et al, Is Transport Safety More Valuable in the Air? Working Papers in Economics, Gotenborg University. Department of

Economics 84（2002）．［後に 28 *J.Risk & Uncertainty* 147-163 に掲載］．
(30) 表 6.1 参照．
(31) Viscusi and Aldy（前注 5），25 頁．
(32) 参照，Sunstein, The Arithmetic of Arsenic, in *Risk and Reason*（前注 1）．
(33) 66 Fed. Reg. 6979,7014（2001/1/22）．
(34) 同上．
(35) 参照，Revesz（前注 21），982.
(36) 参照，Sunstein（前注 27）．
(37) 参照，Louis R. Eckhoudt and James K. Hammitt, Background Risks and the Value of a Statistical Life, 23 *J. Risk & Uncertainty* 261（2000）．
(38) 参照，Viscusi and Aldy（前注 5）51 頁．反対を示すエビデンスとして Cass R. Sunstein, Lives, Life-Years, and Willingness to Pay, 104 *Colum. L. Rev.* 205（2004）．
(39) 参照，Joseph E. Aldy and W. Kip Viscusi, Age Variation in Workers' Value of Statistical Life（2003）（http://www.nber.org/papers/w10199.pdf）．
(40) まったく暫定的で不確定であるが，概観として，Environmental Protection Agency, *Children's Health Valuation Handbook*（Washington D.C.: US EPA, 2003）．
(41) 同上，3-12-3-13 は，EPA の *Guidelines for Preparing Economic Analyses*（Washington D.C.: US EPA,2003）を参照している．
(42) 参照，Sunstein（前注 38）．
(43) 同上．
(44) 同上．
(45) 参照，Viscusi and Aldy（前注 5），45 頁．
(46) 同上，27-28 頁．
(47) 同上，26-27 頁から引用．
(48) 参照，Leeth and Ruser（前注 12），266 頁．
(49) 同上，270 頁．
(50) 同上，275 頁．
(51) Viscusi,Racial Differences（前注 18），252 頁．
(52) 同上．
(53) 参照，Viscusi, Value of Life（前注 18），39 頁．
(54) 参照，Viscusi and Aldy（前注 5）．

第７章

（１） Matthew E. Kahn, The Beneficiaries of Clean Air Act Regulation, 24 *Regulation* 34 (2001).

（２） Price V. Fishback and Shawn Everett Kantor, *A Prelude to the Welfare State* (Chicago: University of Chicago Press, 2000).

（３） 参照, Jon Elster, *Sour Grapes* (Cambridge: Cambridge University Press,1983); Matthew Adler and Eric A. Posner. Implementing Cost-Benefit Analysis when Preferences Are Distorted, 29 *J.Legal Stud.*146 (2000).

（４） 参照, George A. Akerlof, An Economic Theorist's Book of Tales 123,123-37 (Cambridge: Cambridge University Press, 1984). 幸村千佳良／井上桃子訳『ある理論経済学者のお話の本』149, 149-163頁.

（５） Daniel T. Gilbert and Timothy O. Wilson. Miswanting: Some Problems in the Forecasting of Future Affective States. in *Feeling and Thinking: The Role of Affect in Social Cognition* 178, ed. Joseph P. Forgas (Cambridge: Cambridge University Press, 2000); Timothy O. Wilson and Daniel T.Gilbert, Affective Forecasting, 35 *Advances in Experimental Soc. Psych.* 345 (2003).

（６） 一般的な議論について参照, Daniel Kahneman. A Psychological Perspective on Economics, 93(2) *Am. Econ. Rev.* (*Papers & Proc.*) 162 (2003); Daniel Kahneman et al., Back to Bentham? Explorations of Experienced Utility. 112 *Q.J. Econ.*375・379-80 (1997).

（７） See Richard A. Epstein, A Theory of Strict Liability, 2 *J. Legal Stud.* 151 (1973); Richard Posner, *Economic Analysis of Law* 38-45 (New York: Aspen Publishers. 6th ed., 2003).

（８） Amartya Sen, *Rationality and Freedom* 287-89 (Cambridge. Mass.:Harvard University Press, 2003).

（９） 同上, 289頁.

(10) 貴重な議論として参照, Richard A. Posner. *Catastrophe: Risk and Response* 165-70 (New York: Oxford University Press, 2004).

(11) 参照, 同上.

(12) 参照, http://www.ipcc.ch/publications_and_data/publications_and_data_reports.shtml (＊).

(13) 参照, 同上.

(14) John Broome, Cost-Benefit Analysis and Population, 29 *J. Legal Stud.* 953-95 7 (2000) は, この結論は著者 (Broome) が拒絶するところの「人の

選好を表すための金銭計量的効用機能」の産物だとする．しかし私は，「単純な設例」の場合は，金銭計量的効用機能はばかげていないし，より難しい設例の場合もそうとまではいえないと思う．IPCC における次のような議論（Climate Change 2001, http://www.grida.no/climate/ipcc_tar/wg3/302.htm） も参照．「VSL は一般的に貧しい国々において豊かな国々よりも低いが，その規模において国際的であり国際共同体によって決定される政策において，異なる値を課することは受け入れがたいと，多くの分析者は考えている．そのような事情から，分析者は，平均的な VSL を全ての国々にあてはめる．もちろんそのような値は，個人がリスク削減のために支払うところの値ではなく，『衡平のために調整された』値であって，低所得者の集団の WTP により大きな比重が与えられている．EU と米国の VSL，そして所得分配に向けた政府の政策という観点から広範な説得力をもつような重み付けのシステムによって，世界平均 VSL は約 100 万ユーロ（1999 年の交換レートで 100 万米ドル）と見積もられた．」

（15） 参照，Kahn（前注 1）．

（16） これがカルドア-ヒックス基準の一つのバリエーションに過ぎないというのは，金銭的等価物によって厚生を測定しているからである．仮に厚生の直接的評価が可能だとしたら，ここでの規制はカルドア-ヒックス基準を根拠として正当化されるといえる．

（17） たとえば参照，Louis Kaplow and Steven Shavell, Why the Legal System is Less Efficient than the Income Tax in Redistributing Income, 23 *J. Legal Stud*. 667, 667（1994）（「法的ルールによる再分配は，所得税による再分配と比して利点はなく，概して効率性に劣る」）；Steven Shavell, A Note on Efficiency vs. Distributional Equity in Legal Rulemaking. 71 *Am. Econ.Rev.*（*Papers & Proc.*）414,414（1981）（非効率な責任ルールを所得税が補って所得を再配分できることを示している）；David A. Weisbach. Should Legal Rules be Used to Redistribute Income? 70 *U. Chi. L. Rev*. 439, 439-40（2003）（「所得再分配には，税制の方が法的ルールよりも優れた手段である」）．

（18） 参照，William D. Nordhaus and Joseph Boyer, *Warming the World: Economic Models of Global Warming* 168（Cambridge, Mass.:MIT Press, 2000）「最後に，京都議定書は重要な再分配的をもたらす...... コストの最大の部分はアメリカ合衆国が負担する．実際，世界の他の国々が差し引きで言えば京都議定書から利益を得る中で，アメリカは純損失を被るのである．」

（19） 同上，161 頁．

(20)　同上，152 頁.
(21)　同上，168 頁（*）.
(22)　同上，162 頁.
(23)　同上.
(24)　参照，Richard B. Stewart and Jonathan B. Wiener, *Reconstructing Climate Policy*（Washington D.C.:AEI Press. 2003）.
(25)　参照，Posner（前注 10）.
(26)　参照，http://www.api.org/globalclimate/wefaslateimpacts.htm［現在リンク切れ］.

第 8 章

（1）　参照，James j. Choi et al., Defined Contribution Pensions: Plan Ruls, Participant Choices. and the Path of Least Resistance, 16 *Tax Policy & the Economy* 67, 70（2002）, Brigitte C. Madrian and Dennis F. Shea, The Power of Suggestion: Inertia in 401(k) Participation and Savings Behavior, 116 *Q.J. Econ.* 1149, 1149-50（2001）.
（2）　参照，Richard H. Thaler and Shlomo Benartzi, Save More Tomorrow: Using Behavioral Economics to Increase Employee Saving. 112*J. Polit. Econ.* S164（2004）.
（3）　リバタリアン・パターナリズムを擁護する主張は，「非対称的パターナリズム」の主張と密接に関連している．これに関する啓発的な議論として，Colin Camerer et al., Regulation for Conservatives: Behavioral Economics and the Case for "Asymmetric Paternalism." 151 *U. Pa. L. Rev.* 1211（2003）がある．Camerer 他は，政府は弱い形態のパターナリズム——誤りを冒しがちな人々を救済する一方で，完全に合理的な人々には最小のコストのみを課すようなもの——を検討するべきだと主張する．同論文 1212 頁参照.
（4）　参照，Donald A. Redelmeier, Paul Rozin, and Daniel Kahneman. Understanding Patients' Decisions: Cognitive and Emotional Perspectives. 270 *J.A.M.A.* 72, 73（1993）.
（5）　参照，Milton Friedman and Rose Friedman, *Free to Choose: A Personal Statement*（New York: Harcourt Brace Jovanovich, 1980）西山千明訳『選択の自由——自立社会への挑戦（新装版）』（日本経済新聞出版社，2012 年）. もちろん，自由な選択への影響を最小にしようとする，あるいは，無制限の選択の自由を最大にしようとする，リバタリアニズムのより強い解釈を考えるこ

とは可能である．しかし，後に論じるように，選択の自由への影響はしばしば不可避なのである．
（6） 常にではないが，たいていの場合はこのような主張に基づくものである．パターナリズムに対するいくつかの標準的な反論は，帰結ではなく自律に依拠する．人はたとえ間違いをおかすとしても，自ら選択する権利がある，という信念に基づくものである．たとえばジョン・スチュアート・ミルの『自由論』（John Stuart Mill, *On Liberty*（1859）. in *Utilitarianism, On Liberty Considerations an Representative Government* 69, ed. H. B. Acton（London: J. M. Dent&Sons,1972）．斉藤悦則訳『自由論』（光文社，2012年，その他邦訳多数）には，自律性に基づく主張と帰結主義的主張とが混在している．ここでの主要な関心事は，厚生と結果であるが，後に示すように，選択の自由は時には厚生の構成要素とある．これも後で論ずるように，自律性の尊重は，リバタリアン・パターナリズムのリバタリアニズム的側面によって適切に確保されている．
（7） 参照，たとえば，Eugenia E. Call et al., Body-Mass Index and Mortality in a Prospective Cohort of U.S. Adults, 341(15) *New Eng. J. Med.* 1097（1999）（肥満に関連するすべての要因によって増加する死亡リスクについて議論している）．また，参照，National Institute of Diabetes and Digestive and Kidney Diseases, *Understanding Adult Obesity*, NIH Pub. No. 01-3680（Oct 2001），オンラインでは，http://www.niddk.nih.gov/health/nutrit/pubs/unders.htm#Healthrisks（visited May 10, 2003）（現在は http://win.niddk.nih.gov/publications/PDFs/adultobesbw1201.pdf）（肥満とがん，糖尿病，心臓病，高血圧，脳卒中の関連を示している）．
（8） 参照，Cass R. Sunstein, *Risk and Reason* 8-9（Cambridge: Cambridge University Press, 2002），依拠しているのは J. Michael McGinnis and William H. Foege, Actual Causes of Death in the United States, 270 *J.A.M.A.* 2207（1993）である．興味深い議論として参照，Jonathan Gruber, Smoking's "Internalities," 25(4) *Regulation* 52, 54–55（2002/3）（喫煙者の短期的な自己満足願望と，長期的な健康願望との間に一貫性がないことを発見し，タバコへの課税は，喫煙者が，彼らの長期的利益のための行動に必要な自制を働かせることに役立ちうると提言する）．
（9） 参照，Colin F. Camerer, Prospect Theory in the Wild: Evidence from the Field, in *Choices, Values, and Frames* 288, 294–95, ed. Daniel Kahneman and Amos Tversky（Cambridge: Cambridge University Press, 2000）; Eric J.

Johnson et al, Framing, Probability Distortions, and Insurance Decisions, 同上, 224, 238 頁. 出来事に対する自身の感情的な反応を人々は予測できないことについての近時の文献も挙げておく. この文献はリバタリアン・パターナリズムの有用性にも関係するだろう. 参照, Timothy D. Wilson and Daniel T. Gilbert, Affective Forecasting, 35 *Advances in Experimental Soc. Psych.* 345 (2003)

(10) 参照, David M. Grether, Bayes' Rule as a Descriptive Model: The Representativeness Heuristic, 95 *Q.J. Econ.* 537 (1980). ベイズ・ルールは, 新しい証拠が見出されたときに, ある特定の仮説の確率に関する現状の信念をどのように変えるべきかを説明する. 参照, Jonathan Baron, *Thinking and Deciding* 109-15 (Cambridge: Cambridge University Press. 3d ed., 2000) (数学的な説明とベイズ・ルールの応用例を提供している).

(11) 参照, Richard H.Thaler, *The Winner's Curse: Paradoxes and Anomalies of Economic Life* 79-91 (New York: Free Press, 1992) リチャード・セイラー/篠原勝訳『セイラー教授の行動経済学入門』124-143 頁. 法学の文脈では参照, Cass R. Sunstein et al., Predictably Incoherent judgments, 54 *Stan. L. Rev.* 1153 (2002).

(12) 参照, Shane Frederick, George Loewenstein, and Ted O'Donoghue, Time Discounting and Time Preference: A Critical Review, 40 *J. Econ. Lit.* 351, 367-68 (2002).

(13) 現実世界で現実の金銭が関係する時でさえ, ヒューリスティックやバイアスが働くことの根拠として, 参照, Werner F. M. De Bondt and Richard H. Thaler, Do Security Analysts Overreact, 80(2) *Am. Econ. Rev.* 52 (1990). (セキュリティの分析者が市場のデータに過剰に反応し, 過度に楽観的にも過度に悲観的にも予測を形成することを示す), Robert J. Shiller, *Irrational Exuberance* 135-47 (Princeton, N. J.: Princeton University Press, 2000) (市場行動におけるアンカリングと自信過剰について議論している), Colin F. Camerer and Robin M. Hogarth, The Effects of Financial Incentives in Experiments: A Review and Capital-Labor-Production Framework,19 *J. Risk and Uncertainty* 7 (1999) (金銭的インセンティブがアノマリーや持続的な非合理性を決して排除していないことを見出している). また, 参照, Colin F. Camerer, *Behavioral Game Theory: Experiments in Strategic Interaction* 60-62 (Princeton, N. J.: Princeton University Press, 2003) (人々は利己的であるとの仮説を試験するために設計された最後通牒ゲームにおいて, 賞金の増加の影響がほとんどない

ことを見出し，「賞金を引き上げることで利己性へとつながる最後通牒的な行動を引き起こすと経済学者が主張する際にいつでも，私が1ドルもらえるとしたら，プライベート・ジェットが一日中私のためにスタンバイしていることになろう」と付け加えている）．

（14） 参照，Paul Slovic, Howard Kunreuther, and Gilbert F. White, Decision Processes, Rationality and Adjustment to Natural Hazards（1974）in Paul Slovic, *The Perception of Risk* 14（London: Earthscan, 2000）（想起可能性ヒューリスティックは，「自然災害の認識において起こり得る歪みを理解するために役に立つ，潜在的に最も重要な観念の一つである」と説明している）．また，参照，Howard Kunreuther, Mitigating Disaster Losses through Insurance, 12 *J. Risk & Uncertainty* 171, 174-78（1996）（なぜ個人が自然災害に対して費用効率的な予防策を採ることや，自発的に保険に加入することができないのかを説明している）．

（15） 参照，Daniel Kahneman, Jack L .Knetsch, and Richard H. Thaler, The Endowment Effect, Loss Aversion, and Status Quo Bias: Anomalies, 5(1) *J. Econ. Perspect.* 193, 197-99（1991）; William Samuelson and Richard Zeckhauser, Status Quo Bias in Decision Making, 1 *J. Risk and Uncertainty* 7（1988）．

（16） 参照，前注1及び付随する本文．

（17） 参照，Madrian and Shea（前注1）1158-59頁．

（18） 参照，Choi et al.（前注1）76-77頁（自動加入制度を導入すると，3つの会社における雇用六か月後の労働者加入率は，それぞれ26.4%から93.4%，35.7%から85.9%，42.5%から96%に増加した）．別の現象であるが，デフォルト・ルールも，選択される出資率に重大な影響を与える．参照，Madrian and Shea（前注1）1162-76頁．デフォルトの出資率（3%）は固着的な傾向があった．自動加入導入以前は，労働者の約10%しかこの出資率を選択しなかったにも関わらず，［以後は］労働者の半数以上がデフォルトの出資率を維持したのである．同上，1162-63頁．同じ結果は投資におけるデフォルトの配分でも見出された．マネーマーケットファンドに100%投資することは，労働者の7%未満によってしか選択されていなかったにも関わらず，それがデフォルト・ルールとされた場合，相当多数（75%）の労働者がそれを維持した．同上，1168-71頁．デフォルトの比率全体（3%の出資率＋マネーマーケットファンドへの100%投資によるプランへの参加）は61%だったが，それがデフォルトとして導入される以前には，労働者の1%のみしかこの組合せを選択しなか

ったのである．
(19)　比較として，Choi et al.（前注 1）86 頁（将来の昇給分を貯蓄することを確約するプログラムに参加することを提案された被用者の 78% が受諾し，62% が受諾後 3 回の昇給の後も参加し続けていた）．同上，77 頁（3 つの会社の雇用後 6 か月のオプト・アウト型の貯蓄プランへの参加率が，93.4%，85.9%，96.0% であることを示している）．
(20)　Guido Calabresi and A. Douglas Melamed, Property Rules, Liability Rules, and lnalienability: One View of the Cathedral. 85 *Harv. L. Rev.* 1089, 1090–91（1972）松浦以津子訳「所有権法ルール，損害賠償法ルール，不可譲な権原ルール：大聖堂の一考察」松浦好治編訳『不法行為法の新世界』木鐸社，1994 年，115–172 頁（116 頁）[訳文は監訳者の判断で若干変更している]．
(21)　参照，Camerer（前注 9）294–95 頁，Johnson et al.（前注 9）238 頁．
(22)　参照，Cass R. Sunstein, Switching the Default Rule, 77 *N.Y.U. L. Rev.* 106, 113–14（2002）．
(23)　参照，たとえば，*Valuing Environmental Preferences*, ed. Ian J. Bateman and Kenneth G. Willis（Oxford: Oxford University Press, 1999）．しかし参照，Peter A. Diamond and Jerry A. Hausman, Contingent Valuation Debate: Is Some Number Better than No Number? 8 *J. Econ. Perspect.* 45, 49–52（1994）（仮想評価法が，公共財に関する支払意思額の選好を正確に測定できないことを主張）．"Ask a Silly Question …": Contingent Valuation of Natural Resource Damages, 105 *Harv. L. Rev.* 1981（1992）にも言及しておく（不公平な責任負担を導くであろう偏った結果を生み出しているとして，天然資源への損害額を確定するための仮想評価法を批判している）．
(24)　参照，W. Payne, James R. Bettman, and David A. Schkade, Measuring Constructed Preferences: Towards a Building Code, 19*J. Risk & Uncertainty* 243, 266（1999）．
(25)　参照，Michael Jones-Lee and Graham Loomes, Private Values and Public Policy, in *Conflict and Tradeoffs in Decision Making* 205, 208–12, ed. Elke U. Weber, Jonathan Baron, and Graham Loomes（Cambridge: Cambridge University Press, 2001）．
(26)　同上，210 頁．
(27)　参照，Shane Frederick. Measuring Intergenerational Time Preference: Are Future Lives Valued Less?, 26 *J. Risks and Uncertainty* 39（2003）（世代間帰属時間選好が，具体的にどのような質問がなされたかによって大きく影響

されうることを見出している).
(28) 参照, Maureen L. Cropper, Sema K. Aydede, and Paul R. Portney, Preferences for Life Saving Programs: How the Public Discounts Time and Age, 8 *J. Risk & Uncertainty* 243 (1994); Maureen L. Cropper, Sema K. Aydede, and Paul R. Portney, Rates of Time Preference for Saving Lives, 82 *Am. Econ. Rev*, 469, 472. (1992).
(29) 参照, Frederick (前注 27) 50 頁 (ここで試みられている表出手続の多くは将来の生命価値に対する実質的な割引を示すものではない).
(30) 参照, R. Sunstein, Lives, Life-Years, and Willingness to Pay, 104 *Colum. L. Rev.* 205 (2004).
(31) 参照, Madrian and Shea (前注 1) 1171 頁 (自動的な参加の下では, 個人は「受動的な貯蓄者」になり, 「デフォルトの出資率から動かそうとしない」).
(32) 一般的に参照, Russell Korobkin, Status Quo Bias and Contract Default Rules, 83 *Cornell L. Rev.* 608 (1998); Richard H. Thaler, *Quasi Rational Economics* (New York: Russell Sage Foundation, 1991).
(33) Andrew Caplin, Fear as a Policy Instrument, in *Time and Decision: Economic and Psychological Perspectives on Intertemporal Choice* 441, 443, ed. George Loewenstein, Daniel Read, and Roy Baumeister (New York: Russell Sage Foundation, 2003).
(34) 同上, 442 頁.
(35) 同上, 443 頁.
(36) 参照, Richard Thaler and Shlomo Benartzi, Save More Tomorrow: Using Behavioral Economics to Increase Employee Saving. 112 *J. Polit. Econ.* 164 (2004).
(37) 29 USC §626(f) (2000).
(38) 参照, Model Employment Termination Act, reprinted in Mark A. Rothstein and Lance Liebman, *Statutory Supplement, Employment Law: Cases and Materials* 211 (New York: Foundation Press, 5th ed., 2003).
(39) 参照, 29 USC §207 (2000).
(40) 有用な議論として参照, Camerer et al. (前注 3) 1240–47 頁.
(41) 16 CFR §429.1(a) (2003).
(42) 参照, たとえば, Cal. Fam. Code §2339(a) (離婚判決が確定するまでに, 6 か月の待機期間を要求している), Conn. Gen. Stat. §46b-67(a) (離婚申立て

の手続きをするまでに9日間の待機期間を要求している). 全般的議論として, 参照, Elizabeth S. Scott, Rational Decisionmaking about Marriage and Divorce, 76 *Va. L. Rev.* 9 (1990).
(43) 参照, Camerer et al. (前注3) 1243頁 (「将来の新婚カップルに対して, 結婚許可が発行されてから結婚するまでの短期の待機期間を強制する」州法を引用している).
(44) 参照, Ian Ayres and Robert Gertner, Filling Gaps in lncomplete Contracts: An Economic Theory of Default Rules, 99 *Yale L.J.* 87, 91 (1989).

第9章

(1) アメリカのみについてだが, 参照 Geoffrey R. Stone, *Perilous Times* (New York: Norton. 2004).
(2) Friedrich A. von Hayek, *The Constitution of Liberty* 155 (Chicago: University of Chicago Press,1960) 気賀健三・古賀勝次郎訳『自由の条件II 自由と法 (新版ハイエク全集第I期第6巻)』2007年, 春秋社, 155-156頁 (監訳者の判断により, 訳文を若干変更した).
(3) 参照, Howard Margolis, *Dealing With Risk* 71-143 (Chicago: University of Chicago Press. I996).
(4) 参照, William von Hippel et al., Attitudinal Process vs. Content: The Role of Information Processing Biases in Social Judgment and Behavior, in *Social Judgments* 251, 263. ed , Joseph P. Forgas, Kipling D. Williams, and William von Hippel (Cambridge: Cambridge University Press, 2003).
(5) 参照, William Rehnquist, *All the Laws but One* (New York: Knopf, 1998).
(6) 参照, *Hamdi v. Rumsfeld*, 124 S. Ct. 1653 (2004); *Rasul v. Bush*, 124 S. Ct. 2686 (2004).
(7) *Association for Civil Rights in Israel v. The General Security Service* (1999). Supreme Court of Israel: Judgment Concerning the Legality of the General Security Service's Interrogation Methods, 38 *I.L.M.* 1471 (1999).
(8) 確かに法務省の立場は, ある程度暫定的なものとして示されたものであり, 戦場における尋問に関する限り, 議会が拷問を禁止することは違憲「かもしれない」としか述べていない. しかし文書全体の印象としては, 禁止をおそらく違憲とみなしているようである.
(9) *Kent v. Dulles*, 357 U.S. 116 (1958).

(10) *Railway Express Agency v. New York*, 336 U.S. 106, 112-13 (1949) (Jackson 裁判官補足意見).

(11) *Korematsu v. United States*, 323 U.S. 214 (1944).

(12) 参照, *Rasul v. Bush*, 124 S. Ct. 2686 (2004).

(13) 参照, Cass R. Sunstein, Moral Heuristics, *Behavioral and Brain Sciences* (近刊). [後に *Behavioral and Brain Sciences* 28 (4):531-542 (2005) に掲載].

(14) *Dennis v. United States*, 341 U.S. 494 (1951).

(15) 参照, *Brandenburg v. Ohio*, 395 U.S. 444 (1969).

(16) この点に関する裏付けは多い. 参照, Stone, 前注 1.

(17) 参照, Vincent Blasi. The Pathological Perspective and the First Amendment, 85 *Colum. L.Rev* 449 (1985).